A Justiça em Aristóteles

A Justiça em Aristóteles

2021 · 2ª Edição

Eduardo C. B. Bittar

A JUSTIÇA EM ARISTÓTELES
2ª EDIÇÃO
© Almedina, 2021

Autor: Eduardo Carlos Bianca Bittar

Diretor Almedina Brasil: Rodrigo Mentz
Editora Jurídica: Manuella Santos de Castro
Editor de Desenvolvimento: Aurélio Cesar Nogueira
Assistentes Editoriais: Isabela Leite e Larissa Nogueira

Diagramação: Almedina
Design de Capa: FBA.

ISBN: 9786556271996
Março, 2021

Dados Internacionais de Catalogação na Publicação (CIP)
(Câmara Brasileira do Livro, SP, Brasil)

Bittar, Eduardo Carlos Bianca
A justiça em Aristóteles / Eduardo Carlos Bianca
Bittar. – 2. ed. – São Paulo: Almedina, 2021.

ISBN 978-65-5627-199-6

1. Aristóteles 2. Direito – Filosofia 3. Justiça
(Filosofia) I. Título.

21-55694   CDU-340.12

Índices para catálogo sistemático:

1. Direito: Filosofia 340.12

Maria Alice Ferreira – Bibliotecária – CRB-8/7964

Este livro segue as regras do novo Acordo Ortográfico da Língua Portuguesa (1990).

Todos os direitos reservados. Nenhuma parte deste livro, protegido por copyright, pode ser reproduzida, armazenada ou transmitida de alguma forma ou por algum meio, seja eletrônico ou mecânico, inclusive fotocópia, gravação ou qualquer sistema de armazenagem de informações, sem a permissão expressa e por escrito da editora.

Editora: Almedina Brasil
Rua José Maria Lisboa, 860, Conj.131 e 132, Jardim Paulista | 01423-001 São Paulo | Brasil
editora@almedina.com.br
www.almedina.com.br

NOTA DO AUTOR

A primeira proposta destes apontamentos sobre a teoria da justiça em Aristóteles nasceu em 1992-1993, quando da elaboração de uma investigação de *Iniciação Científica*, com o apoio da FAPESP. Ele nasce, pois, de uma pesquisa científica e do interesse em descobrir noções fundamentais no campo da ética, da política e do direito. A partir de então, o projeto se esboçou, em sua primeira versão, com o tema *O Bem Comum na Antiguidade*, para começar a ganhar seus contornos mais precisos e focados, sob a rigorosa orientação do sociólogo Sergio Adorno (Faculdade de Filosofia, Letras e Ciências Sociais da Universidade de São Paulo/ FFLCH-USP). Somente após uma revisão sistemática de literatura, em crescente grau de delimitação temática, foi possível convertê-lo de estudo genérico em estudo específico, nascendo a partir dali a delimitação que conferiria ao projeto sua feição definitiva: *O conceito de justiça em Aristóteles*. Desde então, o perfil da pesquisa não mudaria mais.

Assim foi que, há 25 anos atrás, esboçou-se, como escrito de juventude, uma pesquisa na fronteira entre *filosofia* e *filosofia do direito* que se propunha a investigar, a princípio, a noção de Bem Comum, nos estudos gregos clássicos. As dificuldades de acesso a material bibliográfico especializado, a escassez de fontes de pesquisa estrangeira no Brasil, os empecilhos à época ao desenvolvimento da pesquisa em língua portuguesa, as distâncias entre a cultura grega e o mundo atual, foram alguns dos percalços inerentes ao desenvolvimento da pesquisa científica vividos no interior da produção dos relatórios de pesquisa. Por isso, as ajudas recebidas no período foram poucas, mas determinantes para o desenvolvimento destes estudos.

Entre elas, o apoio incondicional do Professor Catedrático Alexandre Augusto de Castro Corrêa, da Faculdade de Direito da Universidade de São Paulo, que me recebeu durante meses na Biblioteca de sua residência, abrindo as portas para um acervo histórico de inominável valor, e decisivo para o levantamento de materiais e livros raros centrais para esta pesquisa. Também, me recordo do acesso ao acervo à Biblioteca do Mosteiro de São Bento, no centro da Cidade de São Paulo, com materiais importantes para as pesquisas em latim e grego. Ademais, a vasta coletânea de materiais disponíveis na Biblioteca da Faculdade de Filosofia, Letras e Ciências Humanas da Universidade de São Paulo (FFLCH-USP) foi determinante para a coleta dos referenciais que ocupam o maior espaço na construção da bibliografia deste trabalho. O apoio contínuo, nos estudos de grego, nas oficinas de tradução, praticadas sob a supervisão do Professor Henrique Graciliano Muracho, na FFLCH-USP, também qualificaram demais o acesso às fontes originais e às traduções, colaborando com a proposta de melhor aproximação da *língua* por meio do melhor conhecimento da *cultura*.

Posteriormente à sua produção, enquanto texto, tendo nascido ainda de uma pena muito inicial, a sorte editorial do material de pesquisa não foi linear, pois, após a conclusão do projeto de pesquisa, tendo sido recomendada sua publicação, o escrito passou largos anos no aguardo de uma primeira oportunidade de publicação, que surgiu apenas em 1999. À época, a Editora Forense Universitária havia lançado uma série de publicações humanísticas e filosóficas, e havia largo interesse, no Brasil, pelo desenvolvimento de uma cultura em sentido amplo na área das humanidades e do direito. Foi assim que a obra ganhou sua primeira edição impressa, após largos períodos de revisão do texto, sob o título *A justiça em Aristóteles*. As edições vieram se sucedendo, sendo a 2ª. edição com breves modificações, e a 3ª. edição com mais acentuadas inclusões.

A preparação desta 5ª. edição, que corresponde à 2ª. edição da Editora Almedina, não somente responde a uma mudança editorial, sendo acolhida pela Editora Almedina, com amplo acesso ao leitor de língua portuguesa, mas também a uma intensa revisão da estrutura completa de todo o trabalho, no sentido de sua qualificação, modificação, correção de erros de digitação e atualização, tendo sido possível recolher novas reflexões e novos estudos específicos, para apoiar a melhoria com relação às edições anteriores, inclusive tornando a diagramação do texto mais palatável para o leitor. Há, por isso, breves modificações no corpo do texto, além da inserção de novos itens e capítulos, mas não há uma mudança estrutural da obra, com relação às edições anteriores.

O que o leitor pode esperar encontrar nesta obra é um estudo detido sobre a noção de justiça em Aristóteles. O tratamento do tema envolve perspectiva histórica, a perspectiva conceitual e a doutrina própria de Aristóteles, no cenário grego de época, considerando os principais precedentes do contexto, o que o levará à discussão do universo da justiça em que se encontra inserida a proposta de reflexão do Filósofo. Aristóteles é uma referência importante para os estudos de Filosofia e para os estudos do Direito, e não por outra razão se justifica a reedição desta obra.

Os agradecimentos especiais que lançamos com a reedição desta obra se destinam à *Fundação de Amparo à Pesquisa do Estado de São Paulo* (FAPESP), órgão sob o patrocínio do qual se desenvolveu a pesquisa inicial temática (*O conceito aristotélico de justiça* – Proc. nº 93/2248-4) que deu lugar a esta publicação.

PREFÁCIO

Qualquer abordagem da *Filosofia do Direito* deve passar pela *Ética* e, se primar pela coerência, passará também pela *Política*. Deste modo, a tentativa de compreender o sentido da vida expresso nas condutas humanas terá que privilegiar o tema da Justiça, não apenas como conceito ético-político ou como fundamento normativo, mas, principalmente, como fonte primária e absoluta da existência histórica, o apelo, ao mesmo tempo íntimo e transcendental, que é feito a todo ser humano, individual e coletivamente, visando a realização, singular e universal, da humanidade em todos nós. Assim, quer entendamos a humanidade como natureza ou como condição, ela deverá se definir como *vida justa*, na significação mais completa que pode assumir esta expectativa que nos orienta, no cumprimento dos meios e dos fins que expressam a dignidade.

Não é por acaso que, desde as remotas origens do pensamento humano, a justiça, como ordem cósmica e humana, como princípio e finalidade, constitui preocupação fundamental nos âmbitos da razão e do sentimento, da teoria e da práxis. Entretanto, por óbvia que seja a importância da noção, pesa sobre ela a fatalidade que atinge vários aspectos da cultura: o caráter central de sua presença envolve o risco de torná-la trivial e, assim, fazer do modo como nos referimos a ela algo habitual, superficial e formal. É certamente o que está por trás dos desvirtuamentos a que constantemente assistimos.

Assim, para que a ideia e a prática da justiça retomem a força que lhes é própria, necessário se faz que a preservemos, repensando-a continuamente e, assim mantendo a vitalidade deste aspecto essencial que nos faz humanos. É neste sentido que o livro de Eduardo Bittar é, primeiramente *necessário*: não apenas como informação acadêmica, ainda que fundamental, mas sobretudo como exercício de meditação filosófico-antropológica, que torna presente em nossa vida, em todos os momentos, mas notadamente nas crises que periodicamente atravessamos, a relevância vital da compreensão e da experiência da justiça.

Para que este trabalho se faça, também, de forma *competente*, é preciso que a meditação seja lastreada pela história, isto é, que a atualidade da justiça seja entendida em continuidade com seus fundamentos históricos, principalmente pela abordagem dos momentos em que se constituiu, de modo abrangente e sistemático, a forma como até hoje pensamos e praticamos a justiça. Longe de uma simples volta ao passado, a retomada dos fundamentos históricos é a condição para que possamos pensar a justiça como necessidade atual, tarefa importante e sempre urgente, justificada pela dignidade do tema. A competência e a profundidade com que o autor deste livro busca os fundamentos aristotélicos da justiça visa, tal como está explícito na apresentação da obra, fornecer os elementos necessários para que a perenidade do tema suscite sempre a sua atualidade, fugindo assim da formalidade e da abstração das ideias gerais.

Com isso chegamos à terceira das características que enumeramos aqui: além da necessidade e da competência, a *pertinência*, que se define no caso como o estudo criterioso dos textos de Aristóteles e dos comentários mais importantes. A erudição não se faz hermética; pelo contrário, as questões, por vezes difíceis e controversas pelas quais o autor tem que passar, são expostas em linguagem clara e fluente, o que confere ao livro, ao mesmo tempo, a dimensão de um tratado e de uma exposição acessível, cujo requisito de entendimento é, principalmente, o interesse pelo tema. O que se deve provavelmente à disposição do autor, movido não pelo objetivo de uma penetração erudita na letra do estagirita, mas pelo interesse em compartilhar uma interpretação que, rigorosamente baseada no entendimento dos textos, abra, simultaneamente, perspectivas de uma compreensão das questões atuais, numa continuidade heurística que constitui uma das maiores virtudes do livro.

Com isto a leitura produz um fenômeno interessante: aspectos constitutivos do cerne da noção de justiça, mas cujo significado se perdeu em grande parte no processo de formalização das técnicas jurídicas, reaparecem em sua necessidade, clareza e pertinência. Dentre tais aspectos, lembro apenas o de caráter mais geral: a conjunção e implicação entre ética, política e justiça. A exposição feita pelo autor acerca da ambiência grega em que se formou esta relação, e a inseparabilidade dos elementos que a constituem, perfaz um segmento importante do livro, que se presta não apenas à informação histórica, mas também e sobretudo à compreensão da formação das ideias e práticas inerentes à vida grega, consubstanciada na estrutura da *pólis*. E isto nos faz relembrar a implicação entre a existência concreta e a norma, a conduta real e a efetividade da justiça. Com efeito, a relação essencial entre ética e política permite compreender tais conjunções e o modo como os gregos a viveram, no curto período que transcorreu entre o ápice da vida democrática e a decadência da *pólis*. A filosofia "pública" de Sócrates e o recolhimento à reflexão "acadêmica" de Platão nos ajudam a compreender o episódio de tanta relevância para o surgimento da Filosofia Política, tal como elucidado por Hannah Arendt, mencionada pelo autor como referência importante para o entendimento das origens do pensamento social, político e jurídico.

A experiência democrática e as mudanças decorrentes da agonia da *pólis* e da incorporação das cidades gregas ao império de Alexandre, por constituírem o pano de fundo do pensamento de Aristóteles, proporcionaram ao filósofo uma experiência intensa e diversificada, que se reflete na amplitude de suas concepções, na plurivocidade dos conceitos e, assim, na abrangência da noção de justiça, cunhada no âmbito da Ética como *ciência prática*, isto é, no contexto de uma racionalidade voltada para a experiência efetiva das escolhas operadas a partir de uma sabedoria que se constitui não como demonstração, mas como discernimento. O livro de Eduardo Bittar, ao nos indicar com precisão os elementos presentes na *formação* da ideia aristotélica de justiça, permite aquilatar a relação complexa entre as condições históricas e o teor de universalidade presente na noção, bem como o alcance de sua significação.

Com efeito, ao percorrer os caminhos da concepção de justiça na cultura grega, o que corresponde à mitologia, à poesia homérica, às cosmogonias pré-socráticas, ao racionalismo socrático-platônico, chegando assim até o contexto aristotélico, o quadro que se desenha em sua variedade permite compreender em profundidade a originalidade de Aristóteles, a singularidade de seu método e o compromisso de sua filosofia. Quanto a este último ponto, mencionamos outra lição importante implícita neste livro: não nos iludirmos com a acepção epistemológica, utilitária e até mesmo operacional que certas tendências do pensamento moderno e contemporâneo conferem à ideia de *racionalidade prática*. O significado aristotélico de "ciência prática" nos remete a um saber da efetividade da experiência ética. Não se trata de identificar apenas o útil e o operatório, mas de refletir com *prudência* acerca das possibilidades de ação, discernindo assim, por via de um saber específico, a compatibilidade entre ação e justiça. O indivíduo, o cidadão, o governante, possuem os meios para realizar a bondade e a justiça, não a partir de uma remissão transcendente dos atos a *Ideias* – como em Platão – mas por via de um pensamento imanente, em que a justiça se torna virtude e, assim, produz "o homem bom e o bom cidadão", aquele capaz de *juízos* alicerçados no equilíbrio da justiça, isto é, na *justa medida* que deve articular as pretensões humanas. Se lembrarmos que o juiz, no sistema democrático ateniense, podia ser qualquer cidadão (a magistratura era exercida por rodízio e sorteio) sem qualquer saber especializado ou habilidade específica, torna-se ainda mais relevante a capacidade de pensar a que chamamos *ajuizar*, e que é certamente a mais importante para o indivíduo e o coletivo. Também ressoa nesta perspectiva a definição aristotélica do "animal político", isto é, da *sociabilidade* (e, portanto, da ética) como inerente ao humano.

O comentário acerca do juízo justo constitui oportunidade para que o autor discorra sobre um problema crucial no âmbito da aplicação da justiça: a *equidade*, que chega mesmo a se colocar como uma *aporia* para Aristóteles. Isto porque é natural que a impessoalidade das leis escritas não contemple todos os casos singulares. Esta diferença entre o universal e o singular não é apenas lógica ou abstrata, porque pode redundar em injustiça. Sendo assim, o discernimento da equidade pode ser visto como o justo dotado de maior perfeição, já que a aplicação pura e simples da lei geral por vezes não faz justiça. O que há de notável nesta observação é a acuidade de Aristóteles na visão do caráter eventualmente aporético da lei – e o paradoxo da injustiça dela resultante. Neste sentido o ato de julgar reveste-se de uma relevância ímpar, já que deve ir além da simples aplicação da lei. O individual deve ser visto de certo modo como irredutível; mas isto não nos dispensa de remetê-lo à totalidade de que faz parte. Não é difícil perceber quanto este problema nos afeta na atualidade, apontando para as lacunas da mera operacionalidade jurídica. Mas é apenas um exemplo do alcance e da sutileza da reflexão de Aristóteles, que Eduardo Bittar segue de modo fiel e pormenorizado.

Os vários significados de justiça em Aristóteles podem ser vistos como um processo de categorização, aliás bem de acordo com o método do filósofo. Mas esta variedade de significações, como mostra o autor em suas considerações finais, forma uma trama conceitual que pode ser caracterizada como a teoria aristotélica da justiça. Assim, ao mesmo tempo em que há uma lógica e um sistema, as conexões se mostram absolutamente necessárias para dar conta da complexidade do objeto. A física e a retórica, a lógica e a ética, a psicologia e a política, além de outros aspectos, se acham conectados, senão por necessidade demonstrativa, ao menos por correlações plausíveis de implicação. No centro de todas estas articulações, ressalta-se o critério do justo meio, tão celebrado como o modo propriamente aristotélico de encaminhar as questões.

Espera-se que o que foi aqui mencionado – e muito mais deveria ser dito para "fazer justiça" à amplitude do livro – sirva para ressaltar um aspecto fundamental, objetivo precípuo a que já nos referimos, mas que deve ser enfatizado: voltar à teoria aristotélica da justiça não significa apenas "estudar" Aristóteles, mas deve servir de inspiração para que procuremos sempre mais e melhores instrumentos que nos permitam compreender a relação entre a ação humana e a justiça.

São Paulo, 07 de janeiro de 2021.

Franklin Leopoldo e Silva
Professor Titular da Faculdade de Letras,
Ciências Humanas e Filosofia da Universidade de São Paulo

LISTA DE ABREVIATURAS

As abreviaturas utilizadas nesta obra obedecem aos títulos originais da tradução latina dos nomes gregos das obras de Aristóteles e procuram seguir um critério único e regular no curso de toda a obra.

OBRAS DE ARISTÓTELES

Eth. Nic.: *Ethica Nicomachea*
M.M.: *Magna Moralia*
Eth. Eud.: *Ethica Eudemia*
Rhet.: *Rhetorica*
Pol.: *Politica*
Phys.: *Physica*
GC: *Generatione et Corruptione*

SUMÁRIO

CAPÍTULO 1 – ARISTÓTELES, SUA ÉPOCA E SUA OBRA   19
1. Aristóteles e o contexto histórico-cultural helênico   19
    1.1. A filosofia grega pré-aristotélica   19
    1.2. Aristóteles e a Academia platônica   26
    1.3. A situação político-social no século IV a.C.   32
    1.4. O período das viagens   37
    1.5. Aristóteles e o Liceu   41
2. A obra de Aristóteles   43
    2.1. Os principais textos: os problemas da exegese   43
    2.2. Os textos e os elementos filosóficos relacionados com a questão da justiça   49

CAPÍTULO 2 – A IDEIA DE JUSTIÇA NA CULTURA GREGA   55
1. O direito na Grécia antiga   55
2. As leis na Grécia antiga   58
3. Aspectos histórico-filosófico-literários da justiça grega   62
    3.1. A justiça na tradição homérica   62
    3.2. Os fragmentos de justiça nos textos e na doxografia dos pré-socráticos   73
        3.2.1. Escola jônica: cosmologia e justiça   75
        3.2.2. Escola eleata: ontologia e justiça   80
        3.2.3. Escola pitagórica: dualismo numérico e justiça   81
        3.2.4. Escola da pluralidade: atomismo e justiça   84
        3.2.5. O legado pré-socrático   88

4. As leis, a justiça e a aurora da democracia grega	90
5. A reflexão socrática, as leis e a justiça	95
6. O platonismo e a justiça	100
7. A síntese aristotélica	112
CAPÍTULO 3 – A JUSTIÇA ARISTOTÉLICA	**115**
1. Implicações éticas da temática	115
2. A filosofia política e a justiça peripatéticas	121
3. A justiça como virtude	129
4. Os muitos sentidos da justiça	137
4.1. O justo total	139
4.2. O justo particular	144
4.2.1. O justo particular distributivo	146
4.2.2. O justo particular corretivo	149
5. A ação humana e a justiça	158
5.1. A voluntariedade e as causas da justiça no texto da *Rhetorica*	162
5.2. O homem bom e o bom cidadão	168
5.3. O juiz, a persuasão e a justiça	174
6. O justo político e o justo doméstico	177
6.1. A bifacialidade do justo político: justo legal e justo natural	181
7. Equidade e justiça	189
8. Amizade e justiça	194
CONCLUSÕES	**201**
REFERÊNCIAS	**205**
GLOSSÁRIO DE TERMOS GREGOS	**213**

Capítulo 1
Aristóteles, sua Época e sua Obra

1. Aristóteles e o contexto histórico-cultural helênico
1.1. A filosofia grega pré-aristotélica

A discussão sobre a temática da justiça tem rico florescimento no pensamento grego, tendo em vista o alto sentido alcançado pelos estudos filosóficos na época áurea da civilização helena. O ponto de partida de qualquer debate é Sócrates e o contexto sofístico em que se encontra, tendo em vista que cristalizou o processo de deslocamento das especulações da filosofia para o campo ético.[1] Não obstante inúmeros fragmentos sobre a justiça, a contribuição pré-socrática voltou-se eminentemente para o problema cosmológico, perquirição em torno da questão do conhecimento da natureza do *ser* enquanto ente submetido à ordem mundana e imerso no mundo físico. O pensamento socrático situou o homem em sua contextualização sociopolítico-cultural, exigindo novos esforços para o autoconhecimento do homem; neste sentido é que se assume a filosofia socrática como *tópos*, como ponto de partida, para a enunciação da temática.

A passagem da filosofia antiga do período cosmológico ao antropológico encontrou como representante o filósofo que já não mais especulava

---

[1] Para um estudo mais aprofundado acerca das imagens de Sócrates, o Sócrates histórico, secundado pelo Sócrates de Platão, *vide* a excelente monografia de Magalhães-Vilhena, *O problema de Sócrates: o Sócrates histórico e o Sócrates de Platão*, Lisboa, Gulbenkian, 1984.

sobre a natureza (*phýsis*), mas se encontrava imerso numa cidade-estado (*pólis*) bem estruturada, de grande agitação econômica, política e cultural, dado que não foram pequenas as transformações por que passou o núcleo político de vida grego durante os séculos de sua formação. No limiar entre a democracia em sua apresentação pericliana (séc. V a.C.) e a cultura pan-helênica do período alexandrino (séc. IV a.C.), a filosofia socrática representa, em meio às demais doutrinas que afloram no seio da cidade-estado, o debruçar do pensamento por sobre o que há de humano no homem (*anthropíne philosophía*), e é assim que esta filosofia se entrelaça a um conjunto de preocupações de cunho ético que passam a permear as investigações político-sociais.

Quando a investigação se volta para a questão da justiça, termo, aliás, que comporta inúmeras conotações, inúmeras valorações históricas, plúrimas significações filosóficas e acepções linguísticas, mister se faz a análise apurada do evolver de um modo de vida específico que se desenvolveu durante os séculos V e IV a.C., condicionante básico das próprias contribuições científicas que se depuraram nesta fase da evolução da civilização grega na Antiguidade. Peculiaridades inerentes ao momento histórico, à cidade-estado ateniense, além de inerentes a uma linha de pensamento iniciada por Sócrates, determinam o estudo da questão da justiça, enquanto desenvolvida no âmbito fenomênico e, ao mesmo tempo, enquanto ideia captada pelo pensamento humano, imbricado ao conjunto de valorações construídas espaço-temporalmente num contexto preciso. Estudar o conceito de justiça, situado no universo de uma doutrina filosófica, desmerecendo-se o contexto em que se desenvolveu ou as influências e as condicionantes que sobre ela atuam, é o mesmo que desvinculá-lo de sua própria raiz histórica.[2]

---

[2] A respeito da importância do estudo histórico como elemento determinante dos resultados da pesquisa conceitual que se visa a empreender, anote-se: "Cada época tem as suas particularidades, os seus problemas próprios. Os da Atenas de Platão já não são os que existiam durante a vida de Sócrates. A época de Aristóteles tem os seus, que também não são já os do tempo de Sócrates e nem tampouco os do tempo de Platão. Estando estes problemas presentes no espírito de cada um destes pensadores, com as suas particularidades próprias, os seus pensamentos tornam-se diferentes: o Sócrates ou os sofistas de Platão pertencem mais ao século IV; o Sócrates de Aristóteles, filósofo do conceito e dialético, pressupõe mais do que anuncia o aristotelismo" (Magalhães-Vilhena, *op. cit.*, p. 138).

Ressalte-se que, uma vez admitido o direcionamento metodológico da pesquisa para a compreensão de uma noção conceitual dentro do espectro filosófico de um pensador, Aristóteles, impossível se torna a dissociação do pensamento aristotélico das precedentes e contemporâneas contribuições dadas pelas diversas escolas que se desenvolveram entre os gregos, uma vez que forneceram inúmeros elementos que comporiam, no século IV a.C. o quadro histórico-contextual de elementos indispensáveis para a síntese cultural perpetrada pelo pensamento de Aristóteles. Neste papel, destacam-se as filosofias platônica e socrática, por terem tido reflexos diretos na filosofia desenvolvida sob o signo peripatético; as três escolas entrelaçam-se temporal e logicamente de maneira a ser concebido como indissociável o arcabouço teórico de uma com relação ao das outras. Em outras palavras, é impossível pensar em Aristóteles sem se pensar em Sócrates e Platão. Isto não compromete a originalidade do sistema aristotélico, muito pelo contrário, reafirma-a; uma vez que toda contribuição parte de princípios fixados pelas doutrinas anteriores, criticando premissas, acolhendo argumentos e retificando opiniões para a devida emancipação de suas próprias concepções, há originalidade na reconstrução e na reabsorção destas premissas, argumentos (*logismói*) e opiniões (*dóxa*). É assim que se deve abordar o estudo do pensador, não isoladamente, mas, sim, sob a visão geral dos inúmeros fatores que concorreram para a habilitação de um pensar ao mesmo tempo que histórico e original, caracterizado pela constância e pela continuidade científica de alguns de seus postulados.

Com efeito, nova orientação recebeu o pensamento grego após a condenação de Sócrates à pena capital em Atenas na data de 399 a.C., fato que por si só imprimiu suas marcas na história da filosofia ocidental e deixou vestígios inolvidáveis para a geração de discípulos formados na doutrina socrática. De fato, o conflito entre o filósofo da maiêutica e a *pólis* (*pólis*) conduziu Platão à cisão com o modo de vida centrado na ação política educativa (*vita activa*), consagrando-se, desde então, o ideal especulativo de raciocínio filosófico. A cisão traz como consequência uma forte inversão dos ideais socráticos como tais; o filósofo, de agente maiêutico na *ágora*, incumbido da tarefa de participar da elaboração da arquitetônica do social, torna-se agente especulativo do saber e da *theoría*.

Assim, enquanto atuante pensador ateniense, teria Sócrates deslocado o ponto arquimediano das preocupações filosóficas para o campo da moral,[3] e, enquanto exemplar mártir espiritual, após a execução de sua sentença condenatória, contraditoriamente proferida pela Assembleia popular composta pelos seus iguais, aos quais teria dedicado sua inteira existência, teria se tornado inspiração modelar para a reforma das falseadas e demagógicas estruturas políticas gregas, enquanto presente nos diálogos platônicos. O conflito entre a *pólis* e o filósofo parece ser um marco para o repensar da filosofia na passagem do século V para o século IV a.C.

O ceticismo de Platão com relação ao modo de vida ativo, cívico e político, com participação ativa na cidade, conduziu-o à eleição da vida especulativa *bíos theorétikos* como método pedagógico de ação. A fundação da Academia em 387 a.C. revitaliza a educação pitagórica do século VI a.C.,[4] que deslocava o filósofo do meio social para situá-lo em ambientes que propiciassem o livre desenvolvimento da capacidade meditativa humana.[5] Assim mesmo, o ideal educativo platônico em momento algum se descura da preparação do filósofo como instrumento de transformação da sociedade; o educador terá seu lugar primordial no contexto da *República*, assim como também o verdadeiro governante é o governante-filósofo, aquele que tem a sapiência das ideias (*eidai*).

Deslocados da praça pública (*agorá*), mas integrados nos problemas políticos que assolavam a *pólis* e a conduziam à derrocada de valores, formou-se uma nova geração de discípulos que, em meio ao silêncio dos

---

[3] "O sentido do øilosoøe‹n socrático deve-se, no essencial, ao fato de Sócrates ter fixado a si próprio, como fim último, elucidar os problemas mais importantes que os homens devem resolver na sua vida de todos os dias. Na realidade, todo o seu ser está voltado para uma ars vivendi, para a *práxis*. O que é finalmente dominante é a maneira do dialšgestai, e esta não é senão uma busca em comum, pelo diálogo das soluções para os problemas práticos da vida individual e social" (*Id., ibid.*, p. 90).

[4] Consagrada por Pitágoras de Samos foi a idéia de que assistir, observar ou contemplar (qeorein) seria mais excelente para o espírito humano que participar, agir ou vivenciar (pr©xein), o que mostrou, analogicamente, estabelecendo a diferença entre os espectadores e os atletas dos Jogos Olímpicos que reuniam os gregos periodicamente. *Vide* Peter Gorman, *Pitágoras: uma vida*, p. 99.

[5] Jean Pierre Vernant, em seu estudo *Mythe et pensée chez les grecs*, ao demonstrar a gradativa desmitificação do saber helênico entre os séculos VIII e VI a.C., afirma (p. 300): "*Les sages sont, dans le groupe social, des individualités en marge que singularise une discipline ascéthique: retraites au désert ou dans les cavernes; végétarisme; diète plus ou moins totale; abstinence sexuelle; règle du silence, etc.*"

jardins dedicados à *Academus* (*Akademeia*), se dedicam à disputa pela verdade e à possibilidade de revigoração da cultura cívica através da educação (*paideía*) filosófica. Esta se tornou uma das características mais peculiares do século em que a razão, como busca maior dos estudiosos, e a prosa, como gênero literário, alcançaram notória preeminência entre os círculos de intelectuais que se empenharam muito mais profundamente na busca de uma resposta para o problema da existência humana.[6]

As malogradas tentativas de Platão de implantar o Estado Ideal na Sicília, sob os governos dos tiranos Dionísio I e Dionísio II, corroboraram a insatisfação do pensador com a realidade política. Além do assassínio de Sócrates pela cidade, outras experiências demonstravam-lhe que o terreno político era sinuoso e movediço. O afã pela busca da sociedade perfeita, da Verdade transcendental, da virtude (*areté*), compuseram, como traços culturais basilares, o quadro característico do período subsequente à Guerra do Peloponeso, expresso em toda a florescente literatura do período.[7] No entanto, filósofo, na concepção platônica, não se entende o ser alheio ao mundo social e imerso exclusivamente em sua sabedoria teórica, mas o ativo reestruturador da arquitetura política citadina e da respectiva malha que a compõe.[8] Todos os esforços intelectuais da escola platônica concorreram para este fim (*télos*), que se resumia no redimensionamento do espaço social, sendo que tal objetivo exigia a aplicação e o direcionamento da filosofia para o estudo do homem, como havia preconizado Sócrates, da cidade e das implicações decorrentes de suas relações, e, sobretudo, exigia do filósofo a elaboração de um novo modelo pedagógico-cultural para a Hélade.

Considerando-se a decadência da *pólis* e o próprio estágio de desenvolvimento intelectual de Atenas no século IV a.C. como estímulos maiores

---

[6] Como assinala precisamente Werner Jaeger: "*La concentración cada vez mayor de la vida espiritual en escuelas cerradas o en determinados círculos sociales representa para éstos un incremento de fuerza modeladora y de intensidad de vida*" (Paidéia, 1948, vol. II, livro III, cap. I, p. 10).

[7] "*Todos los esfuerzos se concentraran en la misión que a la nueva generación le planteaba la historia: reconstruir el estado y la vida toda sobre sólidos cimientos*" (Id., ibid., p. 4).

[8] Neste sentido: "...a sabedoria verdadeira que, longe de criar o sábio apático e autônomo apresentado em algumas filosofias posteriores à de Platão, deve apontar para um homem envolvido na cidade, próximo das coisas, agente autárquico e paciente de sua condição humana, isto é, de sua natureza dupla – corpo e alma – vale dizer, das duas *lidé* da alma: a mortal e a imortal" (Andrade, *Platão: o cosmo, o homem e a cidade*, 1993, p. 86).

para a edificação de novos modelos políticos, com o fito de se forjar uma sociedade empenhada em recobrar o brilho da cidadania ateniense enquanto esteve sob a orientação do estadista Péricles, que se manteve participativo no processo de enriquecimento político-cultural de Atenas durante o período de 459 a 429 a.C., mister se fez a retomada da ética jurídico-política vigorante quando da formação do estado grego em meados do século VI a.C.[9] O problema ético reaparece com toda a sua pujança para o pensamento filosófico, que em suas bases conceituais recobrou a temática que lhe era necessária para a redemocratização da democracia em desintegração; o processo de erosão das estruturas sociais demandava e reclamava uma nova gama de valores para a sua sustentação, visto estar plenamente confirmada a instalação de um processo de desagregação do todo social. Outro não foi o empreendimento almejado pelo pensamento filosófico ao remontar aos valores estruturais da velha *pólis* para radicar seus princípios básicos nos aspectos mais positivos da organização coletiva humana edificada sob a lei forte do Estado. O arquétipo da cidade-estado, quando de seu surgimento sob o signo da lei racional, tornou-se, então, referência conceptual para todo pensador empenhado na busca do equilíbrio social. A razão instaura a ordem e o faz por meio da lei (*nómos*). Tanto o poder criativo racional, quanto a vivência prática da problemática em que se encontrava envolvida a *pólis* uniram-se na esfera da teoria à força argumentativa do discurso filosófico, enriquecido pela modelar inspiração da originária estrutura citadina.

Doutrinas várias exsurgiram, em meio ao lânguido processo de entorpecimento das peculiaridades do espírito heleno, todas caminhando numa mesma direção, à busca do mais adequado método para aclarar os horizontes da cidade-estado, embora em sentidos opostos, as doutrinas de Platão e Isócrates se notabilizaram, alcançando amplas repercussões sociais. Aquela primou pela enlevação teórica, enquanto esta elegeu a retórica como forma máxima de educação do cidadão. Neste ínterim, Demóstenes se encarregou de revitalizar o discurso e o debate oral como

---

[9] Sobre a revitalização dos modelos jurídicos estruturais do século VI a.C. pela filosofia: "*Ninguna filosofía vive de la pura razón. És solo una forma conceptual y sublimada de la cultura y de la civilización, tal como se desarrolla en la historia. En todo caso, esto es cierto para la filosofía de Platón y Aristóteles. No es posible compreenderlas sin la cultura griega ni la cultura griega sin ellas*" (Jaeger, *op. cit.*, vol. I, p. 126).

meios de formação da opinião pública e de direção dos negócios políticos internos e externos à *pólis*.[10]

O dilema dicotômico oriundo da oposição entre teoria (*theoría*) e prática (*práxis*), que havia surgido à época da sofística, reapareceu como um modelo de educação de cunho formativo-espiritual,[11] questão de discussão corrente entre os discípulos das diversas escolas que se desenvolveram no século IV a.C. Tal problemática suscitou um novo entendimento que se impôs como orientação para os discípulos da Academia, verdadeira tentativa de síntese conciliadora entre os princípios de polaridades opostas: através da teoria (*theoría*), o desafio de formar a juventude para a prática (*práxis*).[12] Desde o momento em que Platão renunciou à vida prática (*bíos praktikós*) e dedicou-se à investigação especulativa, a política tornou-se objeto de atenção da cogitação filosófica, que procurava penetrar-lhe os arcanos e descobrir-lhe as leis internas. Tal síntese ensejou o aparecimento de escritos programáticos de cunho político, isto é, obras destinadas a obterem repercussão prática no campo político. Ajunte-se, ainda, a esta dinâmica da transformação ateniense e do pensamento helênico, dois fatores de extrema importância para a caracterização da nova filosofia que se estruturava, quais sejam: uma forte tendência ao ecletismo das doutrinas, vigorante entre os discípulos de Platão, em face da influência sofrida em virtude da presença de Eudoxo de Cnido no meio acadêmico, matemático, astrônomo e geógrafo que se instalou em Atenas aproximadamente em 369 a.C., fomentando novas discussões; o conjunto de reflexos que as próprias viagens realizadas por Platão haveriam de trazer para o campo de sua filosofia, tendo-se em vista que estabeleceu contatos com as doutrinas herméticas dos orientais, e, sobretudo, com os pitagóricos de Tarento e Sicília, que haveriam de marcar com traços indeléveis a maior parte das premissas teórico-filosóficas provenientes da Academia (*Akademeia*).

---

[10] A respeito do papel social de Demóstenes em meio ao século IV a.C., *vide* a excelente obra de Werner Jaeger, *Demóstenes: la agonía de Grécia*, México, Fondo de Cultura Económica, 1994.

[11] Jaeger, *Paidéia*, livro I, ps. 303/346.

[12] A respeito da formação de homens preparados para a atuação no corpo cívico da cidade-estado, afirma Ingemar Düring: *"Platón fundó su escuela con el fin de ganar para su ideal a la joven generación y no propiamente para realizar investigación científica. Él quería educar a la gente joven para la vida política; su propósito era que todo lo que habrían aprendido en la Academia lo aplicaran también a la acción"* (*Aristóteles*, 1990, p. 25).

1.2. Aristóteles e a Academia platônica

Em tal fase de evolução dos estudos na Academia, no segundo ano da CIII Olimpíada (368/7 a.C.), com 17 anos de idade, aderiu Aristóteles ao modo de vida especulativo esposado pelos membros da *Akademeia*, à vida comunitária (*koinobíous*) acadêmica, entre os quais permaneceu durante o longo período de 20 anos, tempo em que a direção dos ensinamentos foi preocupação direta de Platão. A amizade (*philía*) que presidia às relações entre os acadêmicos, a dialética dos debates, a *isonomía* dos pares, o comum empenho pela *sophía*, o interesse pelo estudo de variegados ramos do saber humano, entre outros fatores, formaram o ambiente propício para a formação de Aristóteles, que comungou do ideal acadêmico e respirou livremente o ar da atmosfera acadêmica grega.

O ócio (*skhole*), que no século V a.C. representou principalmente a isenção de preocupações práticas oriundas do labor da vida e do trabalho para que viável fosse a dedicação à política, foi vertido em elemento de valor para a reestruturação da decadente cidade-estado do século IV a.C. enquanto colocado a serviço da vida especulativa (*bíos theoretikós*).[13] Torna-se fácil entender tal mudança conceptual ao se compreender quão complexa e exigente era a vida de um cidadão integrado ao sistema democrático de governo e quão grande era o número de atribuições potenciais a que estava sujeito, o que explica a busca de tempo disponível para o desenvolvimento do pensamento.[14] O ócio não representava isenção do filósofo dos problemas da *pólis*, mas sim a isenção do filósofo da *práxis* política, porque, em síntese, o problema político continuava a ser a *prima quaestio* do pensamento dos séculos V e IV a.C.; a própria noção de felicidade

---

[13] É o que nos ensina Hannah Arendt neste trecho de sua obra: "À antiga liberdade em relação às necessidades da vida e à compulsão alheia, os filósofos acrescentaram a liberdade e a cessação de toda atividade política..." (*A condição humana*, 1980, cap.1, 2, p. 23). Textualmente, Aristóteles consagra o princípio que havia dominado o espírito grego: "*C'est pourquoi ceux qui ont la possibilité de s'épargner les tracas domestiques ont un préposé qui remplit cet office, tandis qu'eux mêmes s'occupent de politique ou de philosophie*" (*Pol.*, I, 7, 1255 b, 35).

[14] Fustel de Coulanges, com relação às ocupações dos cidadãos, assinala: "Vê-se quão pesado encargo era o de ser cidadão de um Estado democrático, porque correspondia a ocupar em serviço da cidade quase toda a sua existência, pouco tempo lhe restando para os trabalhos pessoais e para a vida doméstica. Por isso, muito justificadamente, dizia Aristóteles, que o homem que necessitava de trabalhar para viver não podia ser cidadão" (*A cidade antiga*, 1953, vol. II, livro IV, cap. XI, p. 164).

(*eudaimonía*) da teoria aristotélica, noção gregária que é, radica-se na estrutura vivencial social humana, e, como tal, implica a coordenação do político com o ético.

No início da civilização grega, desde o desmantelamento da estrutura aldear até a formação do modo de vida político (*bíos politikós*), o cidadão deixa de ser absorvido exclusivamente pelas atividades inerentes à manutenção da casa (*oikía*), núcleo familiar ao qual estava ligado pela necessidade, passando a integrar o conjunto dos iguais que deliberavam em praça pública pela *pólis*.[15] Aos pares era dada a faculdade de decisão, ou seja, de orientação dos destinos da coisa pública, da construção dos pilares estruturais sobre os quais repousava a vida cidadã. A condição *sine qua non* para a participação nas atividades que envolviam o discurso político na praça pública (*agorá*) era a libertação de todo grilhão que prendia o homem aos cuidados da necessidade materialista cotidiana, incorporada no ambiente da casa.[16] Destarte, os afazeres de uma vida dedicada ao que é comum (*koinón*) pressupunham a transferência de encargos àqueles que eram, por natureza, considerados instrumentos animados (*ferramentae animatae*), dentro de uma sociedade escravista.[17]

A democracia grega, que incorporava a existência de iguais – cidadãos – e de desiguais – metecos e escravos, além de mulheres e menores –, estribava-se no escravismo. A ligação entre este e as funções política e filosófica na *pólis* encontrava-se radicada na diferença cultural existente entre helenos e bárbaros (*barbaroi*). Estes últimos, organizados ainda sob um modo de vida aldear, eram desprovidos da capacidade discursivo-persuasiva de resolução dos problemas sociais, característica básica da superioridade helênica, o que lhes ensejou, além da subjugação

---

[15] "En tanto que el estado incluye al hombre en su cosmos político, le da, al lado de su vida privada, una especie de segunda existencia, el b...oj politicój. Cada qual pertenece a dos órdenes de existencia y hay una estricta distinción, en la vida del ciudadano, entre lo que és propio (...dion) y lo común (coinón). El hombre no es simplemente 'idiota' sino también 'político'. Necesita poseer, al lado de su destreza profesional, una virtud general ciudadana, la politiké areté, mediante la cual se pone en relación de cooperación e inteligencia con los demás, en el espacio vital de la polis" (Jaeger, *op. cit.*, vol. I, p. 130).

[16] Neste sentido, compartilhamos do que nos informa Hannah Arendt: "O que distinguia a esfera familiar era que nela os homens viviam juntos por serem a isto compelidos por suas necessidades e carências" (*Op. cit.*, cap. II, 5, p. 39).

[17] "...l'esclave lui-même est une sorte de propriété animée, et tout homme au service d'autrui est comme un instrument qui tient lieu d'instruments" (Aristóteles, *Pol.*, I, 4, 1253 b, 30).

político-cultural que sofreram, a própria consideração que lhes foi dada pela filosofia.[18] No entanto, a ociosidade, proveniente da despreocupação dos negócios que gravitavam em torno da casa, só se tornou viável com a adoção do trabalho escravo, que assumiu maiores proporções a partir da guerra travada contra a Pérsia no início do século V a.C. Encampada pelas instâncias sociais, a ideia do escravismo passou a participar decisivamente da cultura helênica. O condicionamento tornou-se tamanhamente relevante, que as experiências com as ideias dos filósofos, com a imortalidade dos feitos, dos políticos, não se poderiam conceber sem a existência do trabalho escravo.

Com todo o tempo e energias voltados para a consecução do ideal de depuração das estruturas decadentes da *pólis* e de alcance do Bem Comum, a vida meditativa da juventude acadêmica tornou-se paradigma cultural do século IV a.C.

Foi na condição de meteco (*métoikos*) que Aristóteles transferiu-se para Atenas, uma vez que era macedônico de origem, integrando-se ao modo de vida acadêmico. Nascido em Estagira no primeiro ano da XCIX Olimpíada (384 a.C.), cidade situada na costa oriental da Macedônia, colônia setentrional da Grécia, foi criado no ambiente cortesão, em virtude de seu pai, Nicômaco, reputado médico descendente da estirpe de Asclépio, sustentar forte amizade e estar a serviço do rei Amintas II. Formado e iniciado desde a juventude no modelo médico empirista, tradição da escola hipocrática fundada em Cós no século V a.C., Aristóteles preservou tais conhecimentos e os transformou posteriormente em pilares sobre os quais apoiou sua filosofia; será a herança empírica um dos diferenciais mais característicos de sua filosofia, tomada em confronto com as demais doutrinas filosóficas existentes à sua época. A detida análise da realidade, a observação da natureza e dos fenômenos, por meio da indução (*epagogé*), a dissecação da vida e os estudos de cunho biológico transportaram-se para os campos político e ético, operando-se profunda inovação nos métodos científicos adotados até o momento. A terapia do corpo (*soma*) doutrinada

---

[18] Quanto à importância da articulação da linguagem, fundamento cultural diferencial da civilização helênica: "*Or, c'est essentiellement sur critère linguistique que se juge, pour un Grec, l'accès à l'humanité véritable: la différence entre celui qui articule un vrai langage, et celui qui maladroitement bredouille ce qui n'est que patois, jargon ou baragouin*" (Romeyer-Dherbey, "Le statut social d'Aristote à Athènes", in *Revue de métaphysique et de morale*, nº 3, 1986, p. 373).

por Hipócrates fundiu-se idealmente com a terapia da alma (*psyché*) doutrinada por Sócrates,[19] resultando-se numa harmônica combinação dos métodos indutivo e dedutivo de conhecimento.

Optando posteriormente por seguir a formação cultural ao estilo da educação (*paideía*) sofístico-ateniense e se aventurando pelos campos do conhecimento, teve seus primeiros contatos com as obras de Platão, já então amplamente difundidas em meio à elite intelectual da época.[20] De fato, não há que se negar a amplitude do alcance da influência ateniense enquanto modelo pedagógico no campo das artes formais, como a retórica e a dialética, armas da persuasão política e instrumentos do próprio pensamento.

Próxeno de Atarne foi o tutor responsável pela sua educação após a morte de seu pai, tendo-o orientado e conduzido a Atenas, para que, desde então, alçasse vôo em direção ao campo da filosofia através de incessantes estudos. Entendendo-se o pensamento aristotélico como um fenômeno dinâmico e histórico, diferentemente da estática abordagem que lhe deu a escolástica medieval, vê-se, a partir de então, principiar a primeira fase de desenvolvimento de um pensador que erigiu um dos maiores corpos doutrinários da Antiguidade, alcançando a maturidade plena em sua fase mais original e lançando novas luzes sobre as filosofias ocidental e oriental.

Mas, o fato de se encontrar em solo ateniense como meteco haveria de trazer consequências, ainda que indiretas, à saga aristotélica. Sua condição o situava numa posição de certa forma contraditória, pois, ao mesmo tempo em que lhe possibilitava um distanciamento das desvantagens da cidadania, e de seus ônus, dificultava-lhe a participação direta na construção da arquitetônica da *pólis*. Isto se deve ao fato de que a sociedade ateniense era dividida em três classes características, a saber, a dos cidadãos (*politaí*), a dos metecos (*métoikoi*) e a dos escravos (*doúloi*), sendo as três imprescindíveis para a manutenção da democracia imperante, desempenhando a

---

[19] De acordo com Werner Jaeger, as doutrinas platônica e aristotélica conceberam a *areté* humana como uma fusão das virtudes do corpo e da alma, idéia que caracteriza o cerne da própria cultura helena (*Op. cit.*, vol. III, livro IV, cap. I, ps. 39/40).

[20] Esta é a idéia em que se baseia Ingemar Düring para justificar a opção de Aristóteles pela Academia de Platão. Na opinião do autor: "*Evidentemente, había leído escritos de Platón y había sido inspirado por su filosofía. Pues, ¿por qué, si no, habría ido a Atenas y por qué escogió entre las muchas escuelas que ahí había precisamente la Academia?*" (*Op. cit.*, 1990, p. 20).

segunda delas função primordial nas atividades comerciais, capitais para a manutenção da economia da cidade. Deste modo, os metecos eram bem acolhidos em Atenas, diferentemente do que ocorria em outras cidades gregas, como Esparta, por exemplo. O interesse na expansão de Atenas fez com que fosse espantado o espírito tradicionalista e preservacionista, que prevalecia em Esparta, tornando-se o meteco um agregado necessário para o soerguimento da *pólis*. Não obstante, a preservação de algumas tradições religiosas restringia a participação política desta classe social, tolhendo aos seus integrantes qualquer tentativa de se imiscuírem nos negócios cívicos, além de lhes impedir a aquisição de bens imóveis e o uso de determinados instrumentos jurídicos sem a devida proteção de um cidadão.[21]

Apesar das contrariedades, Aristóteles integrou-se a tal estrutura social como se seu espírito a ela pertencesse, uma vez que seus ideais eram antes helenos que bárbaros. A Academia, não impondo qualquer óbice classial como critério de seleção dos discípulos, recebeu inúmeros adeptos provenientes de regiões várias, discípulos que contribuíram substancialmente para o desenvolvimento da pura investigação.[22] Os cidadãos, pelo contrário, imiscuídos se encontravam nos problemas que assolavam a *pólis* e suas preocupações se concentravam no uso dos cargos públicos nas arenas e na oratória política.

De fato, assim como todo meteco integrante do meio ateniense, Aristóteles teve de se submeter ao regime próprio desta categoria, o que representava impossibilidade absoluta de influência política decisória entre os pares, necessariamente cidadãos. Direcionado por sua predisposição ao campo epistemológico, negligenciou participar da prática mercantil, destino comum dos estrangeiros, e incorporou-se ao grupo dos estudiosos, entre os quais se encontravam inúmeros outros metecos que partilhavam das mesmas limitações advindas do estatuto social ateniense.[23]

---

[21] Pequenas não eram as implicações religiosas do culto característico de cada cidade-estado com a cidadania. Tal relação é muito bem demonstrada por Fustel de Coulanges (*Op. cit.*, vol. I, livro III, cap. XII, ps. 295/303).

[22] "...son los jóvenes metecos, ajenos al estado ateniense, de las pequeñas ciudades y los países vecinos de Grecia, como Aristóteles, Jenócrates, Heraclides y Filipo de Opunte, quienes se consegran íntegramente a la vida platónica de la pura investigación" (Jaeger, *op. cit.*, vol. III, livro IV, cap. XI, p. 349).

[23] A respeito das atividades dos estrangeiros em solo ateniense: "*Il n'en reste pas moins vrai que, si les methèques se sont tournés vers l'activité économique de la production pré-industrielle ou vers l'activité*

As privações vivenciadas em virtude do convencionalismo social presente nas leis da cidade haveriam de marcar o próprio pensamento de Aristóteles que, em muitas passagens de sua obra, exprime-se em dissonância com os conceitos consagrados pela rígida constituição (*politeía*) ateniense.

As amplas discussões doutrinárias absorviam as atenções dos sequazes platônicos, entre os quais se encontrava Aristóteles, imprimindo-lhes um ritmo intenso de atividades que variavam entre a pesquisa, a oitiva das lições ministradas e as disputas promovidas entre os estudiosos. A liberdade de discordância, de persuasão e argumentação tornou o espaço acadêmico fecundo recanto para o florescimento da disputa intelectual e do ecletismo cultural. Algo que notabilizou a personalidade do jovem de Estagira foi o seu afinco pela leitura da generalidade dos pensadores gregos, o que lhe valeu o epíteto de "o ledor" (*o anagnóstes*), que lhe foi atribuído por Platão, agudo observador de seus dotes intelectuais e de sua capacidade de concentração. O cognome recebido por Aristóteles atestava a indignação dos integrantes da Academia frente ao hábito do Estagirita de ler e pesquisar as obras científico-literárias diretamente nos textos que compunham a tradição helênica, perplexidade esta plenamente justificável em virtude da ênfase dada à expressão oral, tanto no meio acadêmico, uma vez que os discípulos escutavam as lições, quanto no social, onde as representações teatrais e o discurso político ganhavam relevo.[24] A leitura da tradição helênica incopora-se de tal forma ao conjunto das inovações metodológicas de Aristóteles que o problema histórico converte-se em parte da própria busca da verdade.[25]

Nesta fase polêmica do platonismo, iniciada com o diálogo *Teeteto*, imprescindível se fazia a participação de todos os acadêmicos que aprimoravam conjuntamente com o mestre suas obras. Conceitos e opiniões irredutíveis não norteavam aqueles que se propunham à busca da Verdade,

---

intellectuelle purement spéculative, c'est que le champ de l'action politique qui, répétons-le, jouit à cette époque du plus haut prestige, leur est fermé. Ils ne peuvent pas participer directement aux affaires publiques; il leur est même interdit d'être propriétaires d'une partie du sol de l'Attique" (Romeyer-Dherbey, *op. cit.*, p. 368).

[24] *Id., ibid.*, p. 377.

[25] *Vide*, neste sentido, Morrall, *Aristóteles*, 1985, ps. 21/22.

tradição socrática. Princípios e teorias eram partilhados por todos, em posições retoricamente distintas, mas entre eles não existia o argumento de autoridade, o *autos epha*. Seria natural entender-se que os primeiros passos em direção à independência intelectual de Aristóteles já se dessem nesta fase inicial de amadurecimento de seu pensamento, mesmo estando vinculado à concepção platônica da realidade, e que fossem amistosamente acolhidos por Platão, fato que aparece posteriormente expresso na *Ethica Nicomachea*,[26] sendo o espírito da relação entre os dois expoentes da filosofia do século IV a.C. traduzido no adágio medieval: *Amicus Plato, sed magis amica Veritas*. Aristóteles, ao tecer observações sobre as teorias de seu mestre, no lugar de um tom irônico ou destrutivo, utiliza-se de expressões próprias ao homem de ciência que caminha em busca da superação dos antecessores e do estabelecimento de verdades sólidas, como se pode depreender do consignado textualmente na *Política*.[27]

1.3. A situação político-social no século IV a.C.

A composição dos primeiros diálogos aristotélicos, como *Eudemo* e *Protréptico*, traduzia o anseio de expressão das primeiras ideias absorvidas e aperfeiçoadas enquanto discípulo, tendo sido concebidos de acordo com a forma obstétrica de exposição e conclusão herdada de Sócrates e cristalizada nas obras de Platão. A adoção da forma dialógica de exposição do pensamento já está a indicar a vinculação do aristotelismo de juventude com as premissas filosóficas platônicas. Mas, o conteúdo platonizado e revestido da indumentária estrutural do diálogo ganhava incisiva orientação linguística e gramatical por meio do punho daquele que haveria de se tornar o fundador da *Lógica*. Não apenas as primeiras obras aristotélicas, como também as doutrinais, estão trespassadas por conceitos e opiniões caracteristicamente platônicos.

O resplendor do século IV a.C., diferentemente do que ocorreu no século anterior, não foi político, tendo-se canalizado para o campo intelectual; neste sentido, filosofia, retórica e ciência estão irmanadas na tarefa de recuperação da reputada inquebrantável cidade-estado do

---

[26] "*Peut-être de l'aveu général, vaut-il mieux et faut-il même, pour sauver la vérité, sacrifier nos opinions personnelles, d'autant plus que nous sommes philosophes. On peut avoir de l'affection pour les amis et la vérité; mais la moralité consiste à donner préférance à la vérité*" (*Eth. Nic.*, I, VI, p. 24).

[27] *Pol.*, II, 6, 1265 a, 10.

século V a.C., aformoseada pelo gênio político de Péricles.[28] Por outro lado, enquanto a razão se enriquecia diante da nova orientação seguida pelo pensamento, a arte e a poesia se dissolviam relegadas ao mar de trevas do esquecimento popular. Tanto a tragédia quanto a comédia perderam a preeminência e a originalidade, subsistindo, apenas, da retomada das obras de Ésquilo, Sófocles e Eurípides.[29] O próprio espaço público onde eram representadas as frequentadas encenações e ministradas as palestras dos sofistas obscureceu-se diante do enfraquecimento do espírito cívico e da cultura política.

A derrota da Liga de Delos na Guerra do Peloponeso (431-404 a.C.) representou um duro golpe desfechado sobre o sensível espírito ateniense. Toda a estrutura de Atenas havia sido organizada no século de ouro da democracia para a consecução do objetivo hegemônico de unificação de toda a Hélade sob o poderio da cidade que representava o centro nevrálgico da Ática.[30] A vitória de Esparta e a imposição do regime oligárquico dos Trinta Tiranos sobre Atenas provou serem todas as instituições políticas humanas tão efêmeras quanto qualquer sonho materialista de dominação. Moralmente vencida, também teve seus recursos econômicos e sociais integralmente drenados pelas exaustivas batalhas. O decréscimo populacional, a destruição dos campos, o êxodo rural, a fungibilização da terra criaram a indigência e a carestia. Desta forma, assolada pelo turbilhão decadencial do pós-guerra, mister se fazia imprimir uma nova direção à coisa pública, e o recurso a ser utilizado para a implementação de tal objetivo foi a educação (*paideía*), único traço espiritual humano

---

[28] O espírito ateniense do século V a.C. aparece retratado no discurso de Péricles à cidade. Assim: "*Amiamo il bello, ma con semplicità, e ci dedichiamo al sapere, ma senza debolezza...*"; e, ainda: "*Riuniamo in noi la cura degli affari pubblici insieme a quella degli affari privati, e se anche ci dedichiamo ad altre attività, pure non manca in noi la conoscenza degli interessi pubblici*" (Tucidide, *La guerra del Peloponeso*, 1985, livro II, XL, 1 e 2, p. 329).

[29] Jaeger, *op. cit.*, vol. III, ps. 3/12.

[30] Não é demais que se oponha a opulência do Estado ateniense do séc. V a.C. à decrescente estrutura política do séc. IV a.C. Nas palavras de Péricles, percebem-se tais diferenças: "*E abbiamo dato al nostro spirito moltissimo sollievo dalle fatiche, istituendo abitualmente giochi e feste per tutto l'anno, e avendo belle supellettili nelle nostre case private, dalle quali giornalmente deriva il diletto con cui scacciamo il dolore. E per la sua grandezza, alla città giunge ogni genere di prodotti da ogni terra, e avviene che noi godiamo dei beni degli altri uomini con non minor piacere che dei bene di qui*" (Tucidide, *op. cit.*, II, XXXVIII, p. 327).

incorruptível e verdadeiramente capaz de viabilizar a transformação da sociedade.[31]

Apesar da quebra da estrutura agrícola ateniense, o comércio, atividade que representava o desenvolvimento mais espontâneo das potencialidades gregas, recebeu novo impulso, elevando-se rapidamente à condição de atividade de alta rentabilidade e transformando-se em meio de ascensão social e reestabilização financeira. Destarte, o individualismo conquistou o mercado produtivo, ocasionando o desmantelamento do espaço público, local caracteristicamente consagrado ao interesse coletivo, agora sobrepujado pelo egoísmo. A busca do lucro maximizado transformou-se em obsessão que contaminou todo o corpo social com seus sintomas crônicos de menosprezo pelo sentimento comunitário e participativo.

A filosofia não desmentiu tal realidade apresentando severas críticas à redução da vida humana aos mesquinhos interesses materialistas e erguendo armas contra a contagiante onda crematística que maculou as atividades dos atenienses do século IV a.C.[32] Não só Aristóteles dirigiu sérias críticas à forma de vida crematística ou usurária dirigida pela incessante busca da aquisição monetária, mas também Platão, na *República*, retrata-os como figurantes da potência apetitiva da alma humana. Ao mesmo tempo em que se pode compreender serem tais atividades imprescindíveis para a cidade, por se encontrarem presentes no Estado Ideal platônico, também se percebe a diferença estatutária existente entre o filósofo-governante, membro da potência reflexivo-racional humana (*logistikón*) e praticante da dialética, e o comerciante, vinculado ao mercado.

A luta de classes entre ricos e pobres acirrou-se, polarizando as forças sociais em antagonismos destrutivos. Ignorância e insolência embatiam-se diariamente minando a amizade, fator de aglutinação social, sobre a qual se baseou a própria *pólis* quando de sua formação. A classe intermediária reduziu-se assombrosamente, acentuando a má distribuição das riquezas, assim como fomentando as discórdias classiais.[33] A própria estrutura escravista sobre a qual se acentou a democracia ateniense trouxe suas

---

[31] Jaeger, *op. cit.*, vol. II, livro III.
[32] "*Mais il existe un autre genre de l'art d'acquérir, qui est spécialement appelé, et appelé à bon droit, chrématistique; c'est à ce mode d'acquisition qu'est due l'opinion qu'il n'y a aucune limite à la richesse et à la propriété*" (Pol., I, 9, p. 55).
[33] Cf. Glotz. *A cidade grega*, 1980.

contribuições para o aumento das diferenças classiais existentes. A abundância de escravos, públicos e privados, urbanos e rurais, saturou o mercado de trabalho com um tipo de mão-de-obra pouco custosa, fato que representou grande empecilho ao desenvolvimento de qualquer atividade pelas classes pouco favorecidas. Os escravos domésticos urbanos, agora empregados nas atividades lucrativas do comércio, transformaram-se em ferramentas de aquisição para seus senhores, multiplicando o capital familiar e reforçando o quadro de diferenças sociais.[34] "Democracia dos escravos" foi a pejorativa expressão que se propagou a esta época por conter implícita em seu significado uma severa crítica à forma de governo que permitia ao escravo desempenhar inúmeras atividades de cunho lucrativo, assim como enriquecer-se a ponto de as diferenças entre este e o cidadão tornarem-se tão tênues que não se podia, visualmente, distinguir um do outro nas ruas de Atenas.

O corpo social esmoreceu pela falta de cultivo do espírito patriótico. A defesa das fronteiras, antes encargo dos cidadãos formados e preparados física e moralmente para a proteção do solo consagrado aos deuses da cidade, tornou-se profissão de mercenários dirigidos pelos estrategos, que suportavam o custoso ônus de manutenção das tropas com recursos próprios evidenciando-se politicamente, por este mesmo motivo, no meio social.

A participação do cidadão, que sempre representou a fiança da democracia, tornou-se objeto de desinteresse e repugnância, devido à própria instabilidade da economia em reerguimento. A crematística (*krematistiké*), arte de comercializar todo tipo de atividade, reputada por Aristóteles como desvirtuamento da finalidade natural do objeto, absorvia as energias humanas, desviando-as do campo político para o econômico. Como consequência, verificou-se uma gritante inversão de valores que rivalizou com o espírito cívico cultivado no século V a.C., à época ainda latente na memória viva de muitos:[35] a cidade passou a subsidiar o cidadão

---

[34] As condições do pobre na decadente estrutura democrática ateniense desmentiam a igualdade propugnada pelo sistema, acentuando o quadro de diferenças. Neste sentido, afirma Fustel de Coulanges: "Por isso, os usos econômicos, as disposições morais, os preconceitos, tudo se juntava para impedir o pobre de sair de sua miséria e viver honestamente" (*Op. cit.*, vol. II, livro IV, cap. XII, p. 167).

[35] São palavras de Péricles: "*E poiché essa è retta in modo che i diritti civili spettino non a poche persone, ma alla maggioranza, essa è chiamata democrazia: di fronte alle leggi, per quanto riguarda gli*

para que participasse das deliberações da Assembléia Popular (*Ekklesía*). De fato, a ausência de cidadãos, absortos em seus interesses particulares, ensejou o aparecimento do *misthós ekklêsiastikós*, recompensa monetária conferida àquele que permanecesse durante uma jornada presente nas atividades assembleares e dedicado ao coletivo. Aquele que havia representado o espaço da persuasão dialética tornou-se refúgio da indigência, confundindo-se o ambiente privado, onde se produz o necessário para a manutenção da vida, com o público, originariamente consagrado à liberdade e ao que é comum (*koinón*).[36] Mesmo o exercício das magistraturas não encontrava respaldo popular, uma vez que poucos eram os que se rejubilavam por poderem exercer cargos de notoriedade.

Demóstenes, como orador, e Platão, como filósofo, representaram a esperança para o contorno da situação deplorável na qual viviam os atenienses. Galgar a reabilitação político-moral tornou-se o objetivo maior da educação em suas várias facetas. Enquanto o mestre da Academia empenhava-se na formação de filósofos para dirigirem Atenas, Demóstenes empunhava o bastião retórico da palavra dirigido contra o crescente poderio macedônico que assolava as fronteiras gregas. Inúmeros de seus discursos, proferidos em defesa dos cidadãos, incitavam o povo à ação contra o inimigo bárbaro. Destarte, o *lógos*, por excelência o primor enaltecedor e diferenciador da cultura grega, era utilizado como técnica para a defesa das fronteiras gregas contra aqueles que eram considerados *aneu logou*, ou seja, aqueles que não tinham como preocupação social a sustentação de um discurso coerente ou a integração cívica por meio da palavra oralizada: os bárbaros. A simples possibilidade de vitória e dominação por parte dos bárbaros autorizava os espíritos nacionalistas a se engajarem numa luta retórica empreendida em várias regiões da

---

interessi privati, a tutti spetta un piano di parità, mentre per quanto riguarda la considerazione pubblica nell'amministrazione dello stato, ciascuno è preferito a seconda del suo emergere in un determinato campo, non per la provenienza da una classe sociale ma più per quello che vale" (Tucidide, *op. cit.*, II, XXXVII, 1, p. 325).

[36] Excelente estudo sobre o significado dos espaços público e privado fez Hannah Arendt, ressaltando em sua obra: "A *pólis* diferenciava-se da família pelo fato de somente conhecer «iguais», ao passo que a família era o centro da mais severa desigualdade. Ser livre significava ao mesmo tempo não estar sujeito às necessidades da vida nem ao comando de outro e também não comandar. Não significava domínio, como também não significava submissão" (*Op. cit.*, cap. I, 5, p. 41).

Grécia com o intuito de deter o avanço ameaçador das forças estrangeiras. A probabilidade de uma fusão cultural ou mesmo da criação de um aparato estrutural de dominação baseado no imperialismo eram motivos suficientes para que o processo defensivo fosse catalisado e incentivado em todos os sentidos, desde a conclamação discursiva do povo até a formação de um fundo econômico de guerra.

Apesar da unidade cultural entre os helenos, cientes da superioridade de sua cultura e da origem ancestral comum, diferenças intransponíveis distanciavam as cidades-estado, obliterando o desenvolvimento da unidade política. As guerras fratricidas do século IV a.C., que desagregavam o povo heleno em estéreis conflitos oriundos da sede de dominação hegemônica e da defesa de rotas de comércio, foram frequentemente objeto de duras críticas proferidas por retores e filósofos. Toda e qualquer querela existente entre os gregos deveria cessar ante o ameaçador inimigo comum; este foi o conteúdo da discursiva oratória de Demóstenes que se direcionou impetuosamente contra Filipe II, astuto estadista responsável pelo engrandecimento das potencialidades bélicas da Macedônia que reinou entre 359 e 336 a.C. Destarte, apesar das disputas regionais e dos problemas ocasionados a partir de um segundo período de hegemonias da história grega, reflexo do ocorrido no século precedente, o sentimento pan-helênico ganhou corpo sustentado pelos intelectuais engajados na luta contra a destruição da organização de vida baseada na *pólis*.

As disputas faccionárias entre macedônicos e antimacedônicos receberam especial alento da política imperialista filipina. Duas foram as estratégias de atuação sobre a Grécia: insuflar a discórdia interna e impor a hegemonia macedônica. Em meio ao crescimento e fortalecimento do partido que encontrava em Demóstenes a liderança ideológica, Aristóteles viu-se obrigado a se retirar de Atenas, uma vez que os metecos eram alvo de desconfiança por parte dos mais acirrados partidários do nacionalismo extremado. Ainda que este fato tenha se dado ao final de sua vida, demonstra o eclipsar da longa trajetória de uma civilização.

1.4. O período das viagens

Decorridos 20 anos de trabalho intelectual e de fidelidade aos ideais platônicos, Aristóteles pela primeira vez se distanciou da Academia, que ficou sob a orientação de Espeusipo, após a morte de Platão (348/7 a.C.). A escolha do sobrinho de Platão para a direção da principal sede de desenvolvimento da filosofia em Atenas foi necessária medida para a conservação desta, uma vez que só o cidadão podia ser proprietário de bens imóveis.[37] Apesar de apto juridicamente para seu novo posto na Academia, Espeusipo direcionou os estudos para uma interpretação formal da doutrina platônica, reduzindo-lhe o conteúdo à polêmica dos números pitagóricos, que representavam pequena parcela dentro do conjunto dos questionamentos de um extenso corpo especulativo. Destarte, motivos políticos e ideológicos teriam incentivado o desligamento de Aristóteles de Atenas e da Academia, no que parecem divergir os seus intérpretes e comentadores.

Demonstrando vontade de atuação política, acordando com o princípio platônico de que a filosofia deveria ser o instrumento de educação do homem para o convívio social, o Estagirita dirigiu-se para Assos, acompanhado de Xenócrates, onde foi acolhido pela corte do tirano Hérmias, que havia sustentado durante longo tempo frutuosa amizade com Platão. Neste local, ao lado de Corisco e Erasto, discípulos de Platão que desempenhavam o papel de conselheiros do reinado de Hérmias, Aristóteles teve espaço para ampliar seus estudos e conhecimentos, iniciando-se, desta forma, a fase transitiva de seu pensamento, dando novos passos no caminho do distanciamento com relação ao puro platonismo e na realização de uma obra própria.

Sua permanência de três anos em Assos lhe permitiu desenvolver estudos empíricos de observação da natureza, o que constitui a marca inconfundível de seu pensamento, além de lhe ampliar suas concepções políticas vividas ao lado do tirano. De fato, a filosofia aristotélica está permeada pela indução (*epagogé*), corolário da teoria do conhecimento que funda todo o pensar na cognição do singular para que se alcance a abstração do conceito universal. Mas, sua aptidão para o campo das

---

[37] Sobre a transferência da direção da Academia escreve Francisco Samaranch, justificando a impossibilidade de retirada de Aristóteles de Atenas por simples motivos sentimentais: "*La Academia platónica suponía tanto la jerarquía en la labor intelectual como la administración de un patrimonio formado por bienes muebles e inmuebles. Ahora bien, según las leyes atenienses, tal patrimonio solamente podía pasar a manos de un pariente cercano varón – o también a un varón advenido a través de una hija <eplicera>, que no era el caso aquí. Espeusipo era hijo de la hermana de Platón; era el pariente más cercano, ya que Platón no tenía hijos. Aristóteles, sin duda, sabía esto desde hacía mucho de modo que parece absurdo que hubiera podido albergar la menor ilusión de quedarse de escolarca en la Academia al morir Platón*" (Samaranch, *Cuatro ensaios sobre Aristóteles*, 1991, I, II, 3, ps. 19/20).

ciências naturais não lhe restringiu a força espiritual unicamente à depuração dos sentidos, necessária para o estudo da natureza, tendo, também, palmilhado com a mesma perícia as plagas da teoria. Como demonstra Ingemar Düring, sua intelectualidade espraiou-se pelas experiências teórica (*theoría*) e prática (*práxis*) com a mesma expressão, tendo primado por conceber o realismo científico.[38] Sua observação era resultado da aguda percepção do investigador, ao mesmo tempo em que sua filosofia era perpassada pela sensível capacidade de abstração. Só a consciente disposição de entender a realidade pode tornar a experiência objeto de definição científica, transformando meros conceitos em explicações solidamente embasadas. Questionando constantemente aquilo que recebia pelos sentidos, pôde o *philosóphos* recolher extenso material para seus estudos posteriores.

Teofrasto, discípulo natural de Ereso, que seria futuramente o continuador dos estudos peripatéticos, engajou-se como discípulo de Aristóteles a esta época, para que juntos partissem para Mitilene em 345/4 a.C., uma das importantes cidades da ilha de Lesbos, situada na costa setentrional da Ásia Menor. Uma efêmera estada na região não lhe impediu de continuar seus ensinamentos e de desposar Pítias, sobrinha de Hérmias, com quem teve uma filha que recebeu o mesmo nome da mãe.

Em 343/2 a.C., a pedido de Filipe II, Aristóteles trasladou-se para a corte de Pela na condição de preceptor de Alexandre.[39] Desta forma, pretendia o rei da Macedônia amoldar um espírito que demonstrava ter grande amor pela virtude e pela grandeza: seu próprio filho. Através de sua atuação ao lado do futuro herdeiro de um império que já alcançava vastas proporções, Aristóteles poderia influir na realidade política e no próprio destino futuro da Hélade. Toda a magnífica conquista cultural

---

[38] Düring, *op. cit.*, ps. 805/807.

[39] "No Castelo de Mieza, perto de Pela, durante três anos, Aristóteles encarregou-se da educação de Alexandre: aquele que em breve se tornaria o guia espiritual do helenismo, portanto, foi o educador daquele que viria a ser um dos maiores personagens da história grega. O entendimento entre os dois homens era excelente. Não há dúvida de que, tendo em conta a idade do discípulo, Aristóteles não se limitou à tradicional *paideia*, mas tratou de transmitir também alguns princípios filosóficos. É difícil estabelecer até que ponto os ensinamentos de Aristótels influíram na formação espiritual de Alexandre, mas é certo que a política do imperador macedônio seguirá caminhos totalmente opostos aos recomendados pelo mestre" (Reale, *Introdução a Aristóteles*, 2012, p. 42-43).

grega que havia sido feita até o século IV a.C. poderia ser preservada e legada aos pósteros caso um líder esclarecido viesse a governar a Grécia. Tal foi a motivação que estimulou Aristóteles à aceitação da tarefa de educar o príncipe, imbuído do mesmo ideal de realização política que havia norteado Platão em sua atuação na Sicília e que fazia Xenócrates divisar em Ciro, descrito na *Ciropédia*, o estadista que se havia formado para o engrandecimento do Estado e que possuía a verdadeira virtude política.

A característica do movimento intelectual do século que representou a derrocada da democracia grega foi o empenho na procura de uma liderança adequada que pudesse oferecer à fértil cultura grega os destinos que merecia. Aristóteles absorveu-se no encargo de talhar no espírito de Alexandre o conteúdo de suas doutrinas política e moral, além de introduzi-lo no conhecimento dos clássicos gregos, até o momento em que este iniciou suas primeiras campanhas militares.

Como sucessor legítimo das conquistas até então empreendidas, após a morte de Filipe II, em 336 a.C., Alexandre assumiu o trono macedônico, ampliando as ambições imperialistas e expandindo desenfreadamente as fronteiras do império rumo ao Oriente. Dentro do contexto dos empreendimentos macedônicos, a data de 338 a.C., quando Filipe II impôs a hegemonia por sobre toda a Grécia, com exceção de Esparta, selando a paz na cidade de Queronéia, marcou o fim de um longo período de guerras fratricidas que minavam as cidades-estado nelas envolvidas, além de significar a ruptura da estrutura social considerada pela filosofia como sendo o núcleo de convívio mais apropriado para o cultivo das potencialidades racionais humanas: a *pólis*.[40]

Sem embargo, a independência característica da política grega foi destruída ao se agregarem as cidades à organização imperial de poder. Da condição de autossuficientes corpos cívicos, estas foram reduzidas a pólos insignificantes de civilização, integrados numa colossal burocracia sob a administração de líderes hierarquicamente dependentes do imperador, encarnação do poder central. De qualquer forma, a dominação macedônica não veio destruir uma estrutura política estável, mas pôr fim

---

[40] "*Enfin, la communauté formée de plusieurs villages est la cité, au plein sens du mot; elle atteint dès lors, pour ainsi parler, la limite de l'indépendance économique; ainsi, formée au début pour satisfaire les seules besoins vitaux, elle existe pour permettre de bien vivre*" (*Pol.*, I, 2, p. 27).

a um agonizante processo de corrupção interna que minou a Grécia no período de 431 a 338 a.C. De fato, no dizer de Toynbee: "A supressão da soberania da cidade-estado pelos macedônios veio libertar o ser humano de uma cidadania que se havia tornado um fardo".[41] Em 335/4 a.C., Aristóteles deixa a Macedônia sob o governo de Alexandre Magno.

1.5. Aristóteles e o Liceu

De volta a Atenas, o Estagirita fundou seu próprio ginásio, que não gozava de absoluta estabilidade, uma vez que ao meteco era proibida a aquisição de terrenos em solo ateniense. No Liceu (*Lukeion*), nome dado à escola devido à proximidade do Templo dedicado a *Apolo Lício*,[42] Aristóteles dispôs de condições favoráveis para a construção de uma estrutura plenamente aperfeiçoada, resultado de largos estudos e de experiências múltiplas nos vários campos do saber humano. Considerável número de discípulos passou a integrar um conjunto de abnegados investigadores que desempenharam papel de extremado valor para o aperfeiçoamento das obras aristotélicas; realizaram, sob a orientação do mestre, inúmeros estudos empíricos que compuseram o conteúdo de algumas obras consagradas de seu sistema filosófico.

Assim como acontecia na Academia, os discípulos do Liceu aprenderam a conviver como amigos (*phíloi*) e assistiam aos cursos acroamáticos ministrados por Aristóteles, que lecionava passeando sob a acolhedora sombra das avenidas de que dispunha o local (*perípatos*). Aulas de conteúdo retórico e dialético eram objeto de cursos abertos oferecidos ao público de interessados.

As despesas para a conservação da escola advinham das contribuições dos particulares e da corte macedônica, uma vez que dos discípulos nada se cobrava. Neste sentido, muito auxílio trouxeram as contribuições de Alexandre Magno que, acompanhado por grande número de estudiosos, enviava, como testemunho de afinidade e respeito ao tutor de sua juventude, abundante material das longínquas regiões asiáticas que desbravava em favor da Macedônia. De maneira geral, todo o caráter filosófico de Aristóteles, pensador dotado dos traços do verdadeiro sábio, é imprimido

---

[41] *Helenismo: história de uma civilização*, 1975, p. 112.
[42] Uma notícia acerca da imagem póstuma do Liceu, com certa ênfase jocosa, se encontra nos diálogos de Luciano (Luciano, *Diálogo dos mortos*, Diálogo I, 1996, p. 45).

à organização do Liceu, local em torno do qual gravitavam os maiores ideais intelectuais de Atenas para a nova geração.[43]

Seu empenho durante esta última fase de desenvolvimento foi no sentido de, através da formação de discípulos, atingir diretamente a sociedade grega por meio da palavra oral. A tratadística, resultado de longo tempo de maturação, representando verdadeira compilação de tudo o que a Hélade havia alcançado em termos culturais, foi o meio encontrado para contribuir mediatamente na conservação deste patrimônio para a posteridade. O despertar da consciência para a responsabilidade cultural no século IV a.C. teve seus reflexos positivos projetados a longa distância: o refletido trabalho intelectual tornou-se sólida aquisição para o pensamento ocidental, uma vez preservado do desaparecimento repentino e da corrupção a que está sujeito.

Alexandre Magno, exaltado em seu ímpeto dominador, apesar de conservar a admiração por seu antigo preceptor, lançou-se à campanha de expansão desmesurada dos domínios imperiais macedônicos, o que contrariava os princípios peripatéticos da superioridade da cultura helena e da incompatibilidade entre a barbárie e a civilização. Sucessivas vitórias conduziram o Aquiles macedônico às longínquas regiões asiáticas, operando-se o indesejado por Aristóteles: a fusão cultural entre bárbaros e helenos. Os contatos com Alexandre cessam desde 327 a.C., quando este executou Calístenes, sobrinho de Aristóteles incumbido da missão de relator histórico das campanhas bélicas alexandrinas, uma vez que concebia existirem intransponíveis barreiras culturais que impedissem a fusão perpetrada com o avanço do poder do império por sobre os povos bárbaros. Apesar de iniciado no conhecimento das virtudes éticas e dianoéticas da

---

[43] Com isto, formou-se uma das primeiras bibliotecas da Antiguidade de que se tem notícia, onde se recolhiam materiais trazidos do Oriente para a dissecação, a observação e o estudo, além, naturalmente, das obras que se escreviam em livros, em rolos de papiro. De fato, a escrita é um fenômeno tardio no contexto da cultura helena, de modo que a prevalência da oralidade sobre a escrita tornou o aparecimento das bibliotecas um fenômeno coincidente com o período de síntese da cultura grega, sobretudo com Aristóteles: "Só muito tardiamente foi fundada, na Grécia, a primeira biblioteca por Pisístrato, nos anos 571-561 a.C. As melhores bibliotecas foram as de Eurípedes, Aristóteles e Teofrasto. Os gregos desprezavam, profundamente, os bárbaros e todos os seus livros, porque eles, gregos, transmitiam as doutrinas aos discípulos, oralmente. Eles não escreviam, daí a razão de as primeiras bibliotecas só aparecerem, na Grécia, no século VI" (Mello, *Síntese histórica do livro*, 1979, p. 208).

doutrina aristotélica,[44] Alexandre Magno cedeu à sua ambição pela glória temporal, trazendo a decepção ao espírito do Estagirita, uma vez que seus princípios haviam sido negligenciados pelo jovem espírito conquistador em detrimento das esperanças de salvação da Hélade.

Havia sido Antípater, general macedônico responsabilizado pela administração da Grécia por Alexandre Magno, a sustentação de Aristóteles durante seu último período de permanência em Atenas, uma vez que, com a morte do monarca da Macedônia, em 323 a.C., o poder do partido demostênico se voltou impetuosamente contra todo suspeito de partilhar dos ideais estrangeiros. O nacionalista Eurimedonte acusou-o de impiedade (*asebéia*) contra os deuses da cidade, baseando-se na errônea e, talvez, proposital, interpretação do poema que Aristóteles havia escrito em memória às meritórias qualidades espirituais de Hérmias, morto em 341 a.C. como vítima de torpe golpe perpetrado pelo poderio invasor persa chefiado pelo general Mentor. Vendo-se cercado pela ameaça dos faccionários sentimentos políticos, Aristóteles, em 323 a.C., dirigiu-se para Cálcis, capital da Eubéia, onde se instalou na propriedade que havia pertencido à sua mãe para fruir de seus últimos momentos, evitando, desta forma, mais um trágico desfecho de vida para a história da filosofia.

2. A obra de Aristóteles
2.1. Os principais textos: os problemas da exegese

Diante das considerações historiográficas anteriormente enunciadas, sobretudo frente ao desmantelamento da hegemonia e à crise da Grécia, plasmar o mais nobre do espírito grego em termos científicos, filosóficos e culturais em um corpo doutrinário tornou-se o meio mais apropriado para que se resguardasse o largo percurso e as conquistas de uma civilização inteira da poeira dos séculos.[45] O terreno político, enquanto insólito para

---

[44] Neste sentido, é o depoimento de Plutarco que está a indicar os reflexos da *paidéia* aristotélica na formação do jovem general Alexandre Magno: "*Il me semble aussi que ce fut Aristote qui lui donna, plus qu'aucun autre de ces maîtres, le goût de la médecine; car ce prince ne se bornait pas seulement à la théorie de cette science: il secourrait ses amis dans leurs maladies et leur prescrivait un régime et des remèdes, comme il paraît par ses lettres*" (*Les vies des hommes illustres*, tome IV, `Alexandre', IX, p. 307).

[45] "*La misión de Aristóteles fué la de recoger, aclarar y desarrolar, incluso puede decirse que llevar al más alto grado de perfección entonces concebible, todos los ensayos científicos y filosóficos de sus predecesores*" (Roland-Gosselin, *Aristóteles*, 1943, p. 21).

a sustentação de qualquer sonho de realização espiritual, mostrou-se mais uma vez dependente da arbitrariedade caprichosa humana, fato que reforçou a superioridade das conquistas culturais realizadas por um povo que impregnou o conjunto das experiências terrenas de traços indeléveis e que enriqueceu a história da humanidade através de suas figuras literárias e filosóficas. Neste sentido, o que se quer demonstrar é que a própria obra de Aristóteles não escapa, em sua estruturação, a um engajamento cultural; é, em verdade, fruto de uma época, e como tal se anuncia como a *síntese* do pensamento helênico.

Extensa obra foi realizada pelo Estagirita no contexto de seu próprio desenvolvimento intelectual. Seus escritos demonstram um natural e gradativo amadurecimento que parte das reflexões platônicas numa caminhada incessante e ininterrupta rumo à maturidade dos tratados científicos.[46] Na verdade, entendendo-se o pensador como ser dinamicamente engajado na realidade, pode-se verificar a existência de distintas fases de desenvolvimento do pensamento aristotélico. Grupos de escritos, que correspondem aos diversos períodos de vida do próprio autor, ressaltam-se como consequência da interação entre este e suas experiências, apresentando-se com características genéricas comuns, a saber: obras que gravitam em torno da lógica e dos problemas platônicos mais essenciais, como a teoria das ideias, discutidos entre os acadêmicos, na fase da *Akademeia*, onde Aristóteles permaneceu na condição de discípulo de 367 a 347 a.C.; obras e estudos principalmente voltados para o mundo das pesquisas empíricas e das ciências naturais, correspondentes ao período de viagens (347 a 334 a.C.); obras caracterizadas pelo aprofundamento da análise psicológica, maturidade intelectual, pensamento crítico com relação aos seus predecessores e contemporâneos, originalidade e contribuições científicas decisivas,[47] são todas características do período da

---

[46] A tese da evolução filosófica aristotélica, desde o platonismo até as obras de maturidade, remonta a W. Jaeger. Porém, atualmente continua a ser corroborada pela maioria dos intérpretes como premissa válida para a compreensão de um Aristóteles em evolução. Moraux afirma: "(...) *le jeune Aristote a commencé par être un platonicien convaincu.* (...) *Puis, peu à peu, il a conçu des doutes sur la valeur de l'idéalisme réaliste* (...)" (Moraux, "L'évolution d'Aristote", in *Aristote et Saint Thomas d'Aquin: journées d'études internationales*, 1957, p. 16).

[47] A respeito do período da maturidade: "(...) *après l'élaboration de cette philosophie proprement aristotélicienne, le Stagirite s'est consacré toujours davantage à l'observation scientifique su réel; au lieu*

última estada em Atenas, época dos ensinamentos no Liceu, até sua morte em Cálcis (334 a 322 a.C.).[48]

Antes que se problematize o conteúdo da obra aristotélica, a sua própria cronologia por si só constitui já uma questão por si mesma para o intérprete de seus textos. Ao problema da cronologia se sucede o da autenticidade. De todo o material que nos foi legado sob o título de *Corpus Aristotelicum* – e, advirta-se, os textos contidos no *Corpus* não correspondem ao total dos escritos de Aristóteles, visto não se compreenderem entre eles os escritos exotéricos, hoje perdidos – ainda restam textos de autoria duvidosa. Toda a sua textualidade tem provocado discussões entre os filósofos, exegetas e filólogos, que apresentam, não raras vezes, discordâncias concernentes às temáticas da autenticidade e da cronologia, a respeito da produção intelectual de Aristóteles. As dificuldades são ainda maiores na atualidade, visto estarem entre os escritos atribuídos a Aristóteles aqueles produzidos por seus discípulos, os peripatéticos.

À dúvida em torno da própria autoria de muitas obras se segue a constatação de inúmeros trechos prenhes de interpolações e enxertos realizados ou por discípulos ou por copistas dos textos. Dificuldades encontra o exegeta dos textos de Aristóteles no sentido da cognição de seu próprio pensamento que figura exposto de maneira concisa nas obras da tratadística elaboradas como resumo para os alunos dos cursos acroamáticos do Liceu. Neste sentido, como referência necessária para a moderna exegese de seus textos, devem-se ter presentes as obras de crítica de Werner Jaeger (*Aristóteles*, 1992), Léon Robin (*Le problême de l'être chez Aristote*) e S. David Ross (*Aristóteles*, 1987). No presente trabalho adota-se, como referencial, o estudo de Ingemar Düring (*Aristóteles*, 1990), que apresenta uma solução metodologicamente embasada na lógica e letra dos textos aristotélicos, resultando numa análise coerente a respeito da atual situação das obras do Estagirita.

Coube a Andrônico de Rodes, décimo primeiro dos sucessores de Aristóteles após a sua morte, a organização e publicação de todo o vasto acervo de obras que passaram a integrar o *Corpus Aristotelicum*.[49] Na

---

de s'adonner à la spéculation philosophique, il a réuni avec ses collaborateurs des grandes collections documentaires" (*Id., ibid.*, ps. 16/17).
[48] Düring, *op. cit.*, ps. 88/94.
[49] Neste sentido, *vide* Hamelin, *Le système d'Aristote*, 1920, p. 62.

Antiguidade, algumas notícias das obras de Aristóteles são fornecidas por estudiosos e filósofos que elencam, muitas vezes, uma série vasta de contribuições científicas que figuram sob a autoria do mestre do Liceu. Diógenes Laércio,[50] por exemplo, apresenta uma lista de incontáveis obras das quais nem todas são conhecidas na atualidade. Com base na publicação de Immanuelis Bekkeri (*Aristotelis opera*, Academia Regia Borussica, MCMLX), pode-se listar uma cadeia de textos atribuídos a Aristóteles, nem todos aceitos pela crítica, nem todos de autoria certificada e muitos de indubitável caráter pseudo-aristotélico. São eles os seguintes: *Analytica Posteriora, Analytica Priora, Categoriae, De anima, De caelo, De Divinatione, De incensu animalium, De insominiis, De interpretatione, De juventute et senectute, De longevitate et brevitate vitae, De memoria, De somno, De respiratione, De sensu et sensato, De vita, De generatione animalium, Historia animalium, De partibus animalium, Physica, Sophistici elenchi, Topica, De bono, De ideis, Meteorologica, De philosophias, Protrepticus, De Coloribus, De audibilibus, Physiognomica, De Plantis, Mirabilium auscultationes, Mechanica, Problemata, De lineis insecabilibus, De ventorum situ et nominibus, De Melisso, Xenophane, Gorgia, Metaphysica, Ethica Nicomachea, Magna Moralia, Ethica Eudemia, De virtutibus et vitiis, Politica, Oeconomica, De arte rhetorica, Rethorica ad Alexandrum, De arte poetica*.

De acordo com a cronologia relativa dos escritos de Aristóteles apresentada por Ingemar Düring, alistam-se as obras peripatéticas em três grandes grupos, para efeitos de exegese destes textos, a saber:

(I) Entre as obras desta fase estão aquelas mais próximas ao platonismo, porém esboça-se já uma doutrina dos princípios e do movimento natural (período 367-347), apresentando-se as seguintes:

Categoriae, De interpretatione, Topica, livros II-VII, VII, I, IX, *Analytica posteriora, Analytica priora*, diálogo *Sobre a filosofia*, escrito Lambda da *Metaphysica, Poetica, Rhetorica, Magna Moralia, Physica*, livros I e II, VII, II-VI, *De caelo, Meteorologica* (livro IV), *De generatione et corruptione, Rhetorica* (livros I e II), *Metaphysica* (libro beta), *Ethica Eudemia*, diálogo *Eudemo, Protrepticus*, diálogo *Sobre a justiça*.

---

[50] O texto de Diógenes Laércio (*Vidas, opiniones y sentencias de los filósofos más ilustres*, 1947) é uma das poucas referências à coleção de época das obras de Aristóteles, e como tal é ponto de referência necessário sobre o qual se tem debruçado a exegese moderna.

(II) No período das viagens, que representou a ampliação e o aprofundamento do conhecimento das ciências naturais, produziram-se:

De incessu animalium, De partibus animalium II-IV, *Historia animalium* I-VI, VIII, *De Anima, Meteorologica* (livros I-III), os capítulos I e VII-VIII da *Politica, Parva Naturalia*, em seus primeiros esboços, além das coleções perdidas *Zoika* e *Anatomai* e outras coletâneas como das 158 constituições.

(III) Em sua maturidade como pensador, pôde Aristóteles lançar as bases daquela que constituiria a contribuição mais original de seu pensamento através das seguintes obras (período 334-322 a.C.):

Ethica Nicomachea com a utilização dos anteriormente concebidos livros V, VI e VII da *Ethica Eudemia, Politica* (livros II, V-VI, III-IV), *Rhetorica*, em sua forma definitiva, as demais partes da *Metaphysica* (G, Z, E, H, Q), *De generatione et corruptione*, os *Parva naturalia*, *De anima, De partibus animalium* (livro I), *De motu animalium*, *De generatione animalium*, além de poemas dedicados a Platão e a Hérmias, sendo que este último poema, politicamente lhe custou muito caro em seu último período em Atenas.

A polivalência intelectual do filósofo facultou-lhe a produção de obras destinadas a um grupo seleto de discípulos iniciados nos estudos mais densos, que faziam parte do curso exotérico, bem como a produção de obras destinadas a leigos que frequentavam as aulas de retórica e dialética, pertencentes ao curso exotérico.[51] As referências a estes textos destinados ao público estão em diversos setores do saber aristotélico, como na *Physica*, na *Politica* e na *Ethica*.[52] A existência de obras destinadas ao público em

---

[51] A referência às obras exotéricas encontra-se em *Eth. Nic.*, 1140 a, 2/3, onde aparece a seguinte enunciação. A referência às publicadas, encontra-se em *Poetica*, 1454 b, 17/18.

[52] Os diversos diálogos atribuídos a Aristóteles guardam grandes diferenças entre si, porém, características há que podem ser identificadas como peculiares do gênio aristotélico, quais sejam: a) a utilização de *prooemia* como recurso de iniciação do diálogo, b) a presença do autor como tal e desmascarado, como coadjuvante ou protagonista da discussão, c) a estrutura evolutiva do debate que tende a uma conclusão, em oposição à inconclusividade do método socrático adotado por Platão em seus diálogos, d) a dedicação aos temas primários da filosofia,

contraposição àquelas destinadas aos escolarcas atesta-se pelas próprias palavras de Aristóteles dirigidas a Alexandre, em resposta à carta que este lhe havia enviado, na referência que a elas faz Plutarco:

> "*Aristote au roi Alexandre, salut. Vous m'avez écrit au sujet de mes livres sur les sciences acroamatiques, pour me dire que j'aurais dû les laisser parmi les choses secrètes. Sachez donc qu'ils sont publiés et qu'ils ne le sont pas, car ils ne peuvent être compris que par ceux qui m'ont entendu en discourir. Adieu*" (Plutarque, *Les vies des hommes illustres*, Paris, Garnier, IX, tome IV, p. 307).

De todo este extenso trabalho doutrinário, apenas os tratados científicos resistiram até a atualidade como obras integralmente conservadas e de autoria insofismavelmente consagradas; os diálogos, diferentemente, tiveram sorte adversa, ao contrário do que ocorre com a obra de Platão, da qual se conservam apenas os diálogos. Destes diálogos restam-nos apenas fragmentos.[53] Caracterizam-se por um estilo linguístico lapidar e conciso, obedecendo as suas idéias a uma forma lógica de encadeamento que tornam os ensinamentos expostos verdadeiros princípios doutrinários irrefutáveis, dada a capacidade persuasiva da linguagem aristotélica escrita.[54] Transparecem a "eloquência da razão", como afirma Marie Dominique Roland-Gosselin.[55] Tal expressão endossa a ampla repercussão das contribuições aristotélicas no trabalho de enriquecimento

---

da retórica, e da sofística (Cf. Ruch, *Le préambule dans les oeuvres philosophiques de Cicéron*, 1958, ps. 40/41). Para um estudo mais pormenorizado do problema, *vide* Moraux, *À la recherche de l'Aristote perdu: le dialogue 'Sur la Justice'*, 1957, ps. 13/63.

[53] Sobre a situação cronológica dos textos *Sobre as idéias*, *Grilo*, *Sobre o bem*, *Sobre os poetas*, *Sobre a filosofia*, *vide* Düring, 1990, ps. 87/88.

[54] É de se notar, no entanto, que muito da metodologia aristotélica se deve ao fato de que muitos de seus textos foram escritos a partir de apontamentos de lições orais; assim, o caráter lacunar de determinadas passagens, bem como atestam inúmeros comentadores. A respeito, por exemplo, da localização de um problema antes de seu tratamento meticuloso por Aristóteles, deve-se reter que: "*Car il paraît porter le témoignage d'une précaution qu'aurait prise Aristote au moment de communiquer oralement, devant un auditoire précis, ses réflexions sur les questions intéressant le devenir humain qui doit diriger la politique*" (Bodéüs, *Aristote et la condition humaine*, 1982, p. 178).

[55] Cf. Roland-Gosselin, *op. cit.*

histórico, científico, linguístico e cultural gregos.[56] Além de criar regras para a correta utilização e expressão do pensamento com as conquistas no campo da Lógica, incorporou, por meio de sua extensa obra especulativa, novos termos à língua grega, ordenando o presente, compendiando o passado e fecundando obscuros ramos da ciência, o que levou a história a lhe reconhecer posição preeminente no nascimento da Ciência no mundo Ocidental.

2.2. Os textos e os elementos filosóficos relacionados com a questão da justiça

No sistema filosófico aristotélico como um todo, não são poucos os princípios que governam a estrutura de qualquer valor que implique reflexos sobre a coletividade. Apartar as questões em sua obra filosófica é tarefa que colide com a necessidade de se penetrar em diversos de seus textos, uma vez que a temática que se predica num texto está necessariamente imbricada a outras imprescindíveis para a dilucidação desta, que se encontram esparsas em outros capítulos de sua obra. Não é por outra razão que argumentos éticos, políticos, metafísicos, lógicos, físicos e matemáticos aglutinam-se numa base de conhecimentos que aponta para uma única solução ao secular questionamento em torno da justiça. Em inúmeras partes de seus textos, Aristóteles retoma com frequência a temática, reelaborando com constância todas as implicações diretamente decorrentes do problema da justiça.

Se é possível indicar o livro V da *Ethica Nicomachea* como texto de base para a perquirição da temática relativa ao conceito de justiça em Aristóteles, onde se exploram todas as suas acepções, sobretudo em confronto com a ética de outras doutrinas, não se pode deixar de indicar outras obras, nas quais abundam referências ao problema da justiça

---

[56] O estilo e a metodologia de Aristóteles são frequentemente objeto de amplas críticas pelos leitores mais acostumados na doçura e na fluidez sonora dos textos platônicos. Não se pode, no entanto, descurar do fato de que sua obra é eminentemente caracterizada pelo emprego de uma metodologia científica, sendo seu rigorismo um reflexo de sua *intentio* de não favorecer a criação de imagens, alegorias, expressões dúbias ou símbolos de ampla interpretação Não obstante, não deixa de se valer amplamente da metáfora como recurso textual. Neste sentido: "*El carácter peculiar de los neologismos aristotélicos presta a su lenguaje una viveza y frescura que no logran agostar los descuidos estilísticos, ni la sequedad aparente de muchas de su expresiones*" (Íñigo, *Ética Nicomáquea y Ética Eudemia, Introducción*, 1993, p. 10).

propriamente dito e ao problema dos pressupostos e embasamentos da teoria da justiça. Nesta esteira encontram-se importantes conceitos nos textos da *Politica*, da *Rhetorica*, no diálogo *Sobre a justiça (Peri dikaiosýne)*,[57] da *Ethica Nicomachea* (EN), da *Ethica Eudemia* (EE), e dos *Magna Moralia* (MM). Alguns ainda têm a indicar uma outra obra relativa ao problema moral, qual seja, o *Tratado das virtudes e dos vícios*.[58]

Muito se discute em torno da autenticidade autoral de algumas destas obras, o que não impede que se possam obter abundantes elementos textuais capazes de compor um amplo panorama para a compreensão da questão dentro da filosofia aristotélica, mesmo porque o conteúdo central de toda problemática está consignado na *Ethica Nicomachea*.[59] Esta mesma parece ser apenas uma recolha de notas de seus discípulos tiradas de seus cursos exotéricos, ou seja, destinados ao amplo público, visto tratar-se de matéria de cunho prático, e como tal não destinada ao conjunto hermético de seus discípulos.[60]

A reflexão desta obra se baseia, sobretudo, no texto da *Ethica Nicomachea*, não só por ser um texto de autoria inconteste, mas por ser aquele, dentre os demais, de maior clareza, harmonia e completude. Se as outras compilações são inautênticas, não trazem maiores contribuições àquela que já havia sido consignada no corpo da *Ethica Nicomachea*, mesmo porque, já se disse, esta obra pertence ao período de maturidade (fase psicológica) da filosofia aristotélica (334-322 a.C.). Pelas características de solidez, clareza e exposição sistemática é que o texto da *Ethica Nicomachea* pode ser visto como um texto de maturidade, correspondente

---

[57] A respeito desta obra ainda persistem grandes lacunas exegéticas e mesmo dúvidas em torno da autoria. Para uma melhor aproximação da problemática, tome-se a original obra de Paul Moraux, *À la recherche de l'Aristote perdu: le dialogue `Sur la Justice'*, Paris Louvain, 1957. Desfazendo-se das vacilações dos demais comentaristas, Moraux afasta a hipótese de que este seja um diálogo pseudo-aristotélico, reafirmando a sua autoria.

[58] Neste sentido, *vide* Jean Voilquin: "*Quatre traités de morale sont attribués à Aristote: Éthique de Nicomaque, Éthique d'Eudème, Grande Morale, Traité des vertus et des vices*" (Préface à *l'Éthique de Nicomaque d'Aristote*, Paris, GF/Flammarion, 1965, p. 7).

[59] Ingemar Düring aceita como plenamente plausível a tese de que as Éticas (EE, EN, MM) foram insofismavelmente compostas pelo Filósofo do Liceu, tornando pacífica a análise textual que por muito tempo deslocou a atenção dos estudiosos do tema (Düring, *op. cit.*).

[60] "*Bref, il s'agirait plutôt de notes, destinées à faciliter l'exposée d'un cours public, que d'un ouvrage auquel l'auteur aurait mis la dernière main*" (Jean Voilquin, Préface à *l'Éthique de Nicomaque d'Aristote*, 1965, p. 8).

ao período ético-psicológico aristotélico da última estada em Atenas. Há coerência, sequência e integração do todo textual às partes que compõem o todo (livros I a X). Mesmo que se adote aqui a versão, preconizada por não poucos e autorizados comentadores, de que os livros V, VI e VII que integram a *Ethica Eudemia*[61] teriam sido reaproveitados na *Eth. Nic.*, não se tem por prejudicada a completude do sistema ético aristotélico. As partes se encontram harmonicamente integradas; tudo converge de premissas a conclusões num sistema integrado que prossegue do estudo do *éthos* e da *proaíresis* à doutrina da *dikaiosýne*, tornando sobre as virtudes intelectuais e sobre o problema da amizade (*philía*).

Aristóteles não restringiu sua análise aos aspectos meramente científicos, lançando mão de recursos da sabedoria prática para uma abordagem realística de todas as implicações sugeridas pelo tema da justiça. Termo polissêmico, sua análise não poderia se restringir a um único aspecto semântico, devendo-se debruçar sobre a universalidade de questões que abarca, inclusive aquelas doxológicas, historiográficas e linguísticas.[62] De fato, este estudo foi apreendido dentro da complexa malha de relações que é a sociedade; voltando-se o critério científico de exposição do objeto de estudo para a consecução de um fim determinado, este fim haveria de ser um fim não teorético, mas prático (*epistéme praktiké*). Assim, contribuir para a realização da justiça em sua materialidade dentro da ordem fática, em meio ao lânguido *écran* sociopolítico do século IV a.C., através da elaboração de ideais plausíveis e realizáveis pelo homem enquanto tal, parece ter sido a teleologia do desenvolvimento da temática dentro do

---

[61] Sobre o texto da *Ethica Eudemia*: "*Dans l'ensemble, l'Éthique à Eudème se signale par son caractère plus «religieux»; plus proche du platonisme; le Dieu transcendant de la* Métaphysique *y joue le même roule que l'idée chez Platon: il y est, comme dit Jaeger, la mesure du vouloir et de l'agir humains. Preuve évidente de l'ancienneté de l'ouvrage, disent les tenants de l'authenticité*" (Moraux, "L'évolution d'Aristote", *in Aristote et Saint Thomas d'Aquin: journées d'études internationales*, 1957, ps. 36/37).

[62] Sobre o aspecto relacional dos termos gregos que desfilam no cenário ético, há que se considerar que todos são fruto de um processo evolutivo dentro da história grega e da história do pensamento aristotélico. Assim, o problema linguístico é em si algo participante do problema filosófico como tal. Veja-se: "*Díke, auté, agathós, kalós se enfrentarán, pues, a un uso democrático. Este uso planteará otros interrogantes que la sociedad no había planteado. Cómo surge la «justicia», la dikaios ne? Es mejor padecer injusticia o cometerla? Cómo hay que vivir? (...) Estas y otras interrogaciones impulsaron la reflexión epistemológica y, sobre todo, la reflexión ética*" (Emilio Lledó Íñigo, *Introducción a la Ética Nicomáquea y a la Ética Eudemia*, 1993, p. 44).

esquema geral da teoria aristotélica; trata-se de uma resposta, filosófica, sem dúvida, aos problemas de sua época.

Neste sentido, são vários os espectros a serem desvelados dentro da teoria aristotélica da justiça. A imbricação essencial entre as matérias ética e a política, de acordo com a visão do grego dos séculos V e IV a.C., conduz a problemática a um campo de especulações não exclusivamente de caráter epistemológico-abstrato, mas sobretudo a um campo em que se fundem elementos de filosofia política e *paideía* social.[63] Assim, ressaltam-se: interesses imediatos dos oradores e retores na boa condução de um processo público frente aos magistrados incumbidos dos julgamentos; o interesse dos legisladores (*nomothétai*) em elaborar um conjunto normativo capaz de consentir o desenvolvimento harmônico entre as diversas personalidades que interagem no convívio político; o interesse filosófico de fundir os ideais da teoria com os resultados da prática de uma justiça humana, além da necessidade de formulação de princípios de ação norteadores da conduta social; interesses dos cidadãos envolvidos na própria estrutura à qual se destina a justiça consubstanciada em leis, princípios, ou valores comuns a todos; interesses dos políticos, responsáveis pela administração e pela condução do corpo social de acordo com premissas ideológicas inerentes a cada facção; interesses históricos em torno do reerguimento de uma sociedade em estado decadencial.

A criteriosa revisão dos estudos que lhe são anteriores e a heterogeneidade são, pois, as notas características da obra de Aristóteles em sua generalidade, sendo tal peculiaridade filosófica acentuada no que tange à questão da justiça. Um texto pressupõe uma gama de outros textos; um conceito ético pressupõe uma gama de outros que o sustentam lógica e teoreticamente, sendo a física e a metafísica, a ética e a política, a lógica e a retórica, questões interligadas entre si. Enquanto parâmetro para a vida ativa do homem, no contexto científico elaborado pelo pensar objetivo do Filósofo do Liceu, o conceito de justiça, sobretudo enquanto algo pertinente à dimensão do propriamente humano (*anthropíne philosophía*), pertinente ao comportamento (*éthos*) é a culminância grega de uma

---

[63] "(...) *ce qui importe à cette éthique, ce qui importe à la discipline architectonique qu'est la* politik», *c'est la conduite, ce sont les oeuvres, ce sont les rélations sociales, où l'homme est engagé tout entier*" (Moraux, "L'évolution d'Aristote", in *Aristote et Saint Thomas d'Aquin: journées d'études internationales*, 1957, p. 39).

tarefa iniciada por Sócrates, enquanto protagonista da filosofia moral do Ocidente, no sentido de lapidação do espírito humano e de catarse do saber prático. Destarte, distante das visões unilaterais, pôde o pensador fornecer elementos que integram uma principiologia insofismavelmente relevante para todas as épocas em que se postula acerca da garantia do viver social, caracterizada pela perenidade das premissas e conclusões que enceta (*philosophía perennis*), não se esvaecendo diante da mutabilidade que permeia todo o processo evolutivo dos valores do convívio humano em sociedade.

Capítulo 2
A Ideia de Justiça na Cultura Grega

1. O direito na Grécia antiga

Os helenos, em especial os atenienses, são estimados pela excelência que alcançaram no cultivo das mais típicas manifestações humanísticas. Com o raciocínio norteado pela busca do belo e do bom, do *kálos* e do *agathós* – sendo a *kalokagathía* o signo da civilização helênica –, da simetria, da ordem, do equilíbrio, da medida e da harmonia, fundaram uma tradição multifacetada, marcante para a cultura ocidental, capaz de nobilitar as potencialidades humanas, principalmente no que tange às representações trágicas do teatro, à oratória do discurso e à filosofia como busca da razão do ser e de tudo aquilo que o engendra. No entanto, o pensar prático não deixou de acompanhar toda criação grega, dado que todo saber brota em um determinado contexto social, inclusive voltado para este. A experiência resultante desta interação sociocultural não só consentiu o refinamento do espírito racional e a maturação do homem enquanto ser pensante, que se pluraliza para reagir aos estímulos sociais, como, também, facultou-lhe a possibilidade de criação da realidade enquanto fenômeno dinâmico, em conexão com o próprio evolver da razão.[64] Destarte, a crítica que se estriba

---

[64] Sobre a contribuição grega ao Ocidente afirma John Gilissen: "Os gregos foram, porém, os grandes pensadores políticos e filosóficos da Antigüidade. Foram os primeiros a elaborar uma ciência política; e, na prática, instauraram, em algumas das suas cidades, regimes políticos que serviram de modelo às civilizações ocidentais" (*Op. cit.*, p. 73).

no princípio de que aos gregos faltaram o raciocínio prático e a realização fática carece de bases sólidas para a sustentação daquilo que, mesmo pelo senso comum, se percebe insustentável.

O direito grego, não obstante ser concretamente construído na realidade pela prática forense, pela aplicação das leis, pelas discussões no processo de elaboração legislativa assemblear, pelos julgamentos dos tribunais, encontrou amplas repercussões no plano do pensamento teórico, programaticamente destinado a ser acolhido pela sociedade, não sendo, portanto, algo desligado do fenômeno espaço-temporal no qual estava imerso e sobre o qual produzia reflexos consideráveis. No período de lançamento das estruturas sociais gregas (séculos IX a VII a.C.), a epopeia refletiu os ideais de uma sociedade apegada a valores tradicionais e consuetudinários, próprios de uma etapa que corresponde ao nascimento do convívio político; no período de transformações da sociedade (séculos VII a VI a.C.), a poesia, não raras vezes, representou o espírito popular e seu anseio de conquista da justiça; no período de estabilidade política (século V a.C.), foi a palavra tecnicizada pela retórica que ribombou enquanto veículo de participação social; por último, no período decadencial (século IV a.C.), a filosofia, já integrada aos problemas que envolviam a educação (*paideía*) social, sintetizou a cultura e lançou normas e princípios que evocavam a moral e a política, em acordo com o legado das gerações filosóficas precedentes, em busca da reabilitação da *pólis* enquanto estrutura ameaçada de plena desintegração pela intervenção da dominação imperialista.[65]

Assim, ao se perscrutar a noção que o espírito filosófico grego, sob o signo ateniense, concebeu acerca da problemática que o tema da justiça engendra, procura-se menos narrar uma situação de coisas que se encontra espaço-temporalmente determinada do que apreender alguns dos valores de uma civilização erigida sob o foco ocular penetrante do pensador enquanto representante da racionalidade no perquirir, da objetividade no observar e da atividade no idear.

O pensamento não traduz a linguagem fenomênica que compõe a história em versos racionais para que se complementem com novas notas musicais a sinfonia evolutiva das civilizações, antes postula, critica, formula, reavalia e questiona redimensionando a experiência humana

---

[65] *Id., ibid.*, p. 75.

com a subjetividade e com a objetividade inerentes à ordem mundana. Na tentativa de explicar, entender ou, ao menos, lançar luzes para a abertura de novos caminhos que, não só conduzem a uma resposta final acerca dos fundamentos do ser, como viabilizam a concretização de interpretações de toda temática comum à história do pensamento e que perplexa um sem-número de gerações.[66]

A linguagem filosófica, não lidando com o particular e o específico, mas com o universal e o geral, dentro da abstração conceptual que lhe é própria, consente tenham-se presentes questões que foram objeto de cogitações em circunstâncias e épocas alheias à contemporaneidade sem que se incorra no erro de se revitalizarem modelos que se encontram imersos na distância do passado. A a-historicidade dos postulados filosóficos faz com que sejam estes constantemente afirmados ou negados dentro da ordem reflexivo-abstrata da razão no percurso evolutivo das civilizações, sem prejuízo da participação das ideias como motor de toda transformação que importa numa passagem de ato para potência das virtualidades humanas.

A presença de questões filosófico-jurídicas no pensamento grego não obliterou o desenvolvimento de uma prática jurídica regular. Em verdade, o que ocorreu foi o encaminhamento das discussões não para o campo da técnica, mas para o da interrogação filosófica, que elabora conceitos absolutos, generalizando a problemática em estudo. Assim é que não se encontra um termo próprio para designar a palavra 'direito' entre os gregos, sendo apenas o absoluto 'justiça' (*tò díkaion*) o centro de todas as cogitações.

A noção de unidade nacional entre os gregos, que só surgiu com a desestruturação do modo político de vida e com a intervenção do imperialismo alexandrino, não permitiu o alastramento uniforme de instituições e regras jurídicas entre as cidades-estado. De fato, apesar de comungarem de língua, cultura e religião que os diferenciavam da barbárie e do imperialismo oriental, a lei (*nómos*) tinha sua aplicação restrita aos limites das cidades, cada qual composta por uma constituição (*politeía*) e por uma forma de governo peculiares ao estágio sociopolítico de desenvolvimento. Os interesses que nortearam as diversas cidades-estado inviabilizaram

---

[66] Cf. Ferraz Júnior, "La noción aristotélica de justicia", in *Atlântida*, Madrid, março-abril 1969, nº 38, vol. 8, p. 166.

qualquer tentativa de integração e de absorção da pluralidade pela unidade.[67] Com isso, não se pode cogitar da existência de um conjunto de instituições jurídicas comuns a toda Grécia; coincidentes eram inúmeros princípios,[68] no entanto, as leis encontravam aplicação exclusiva no espaço ocupado pela *pólis*.

Tendo-se presentes tais considerações, o conceito aristotélico de justiça deve ser estudado sob três óticas: em princípio, sob a do historiador, que situa o autor em um contexto preciso; em segundo, sob a do sociólogo, que vislumbra o condicionamento cultural e o intercâmbio entre sociedade e homem; por último, sob a do filósofo, que maneja as ferramentas da razão para a adequada interpretação conceptual do pensador de acordo com os textos, a teoria e os princípios gerais elaborados por este mesmo. Não bastando, também a análise etimológica, aliada a uma noção evolutiva da terminologia que envolve o tema, faz-se necessária, dado que o fenômeno linguístico representa o poder expressivo-comunicativo humano. Pensa-se, desta forma, poder esclarecer a temática da justiça como concebida dentro do pensamento de Aristóteles.

2. As leis na Grécia antiga

Aquilo que é *nómos* é o que é segundo a convenção, segundo os costumes, segundo a decisão do legislador. O próprio significado do termo *nómos* é, nesse sentido, revelador.[69] As leis e o direito variaram de acordo com as *póleis* gregas, pois cada cidade-estado tinha *autarkeía* nos planos político, religioso, econômico e jurídico, seguindo o seu próprio corpo de leis (*politeía*). Um bom exemplo é a variação das formas como o adultério é tratado de cidade em cidade. Em Atenas, a Lei sobre o Adultério (século V a.C.), expressa uma forma de tratamento:

---

[67] "O predicado mais saliente na história da Grécia e na de Itália, antes da conquista romana, encontra-se no parcelamento, em excesso, do território e no espírito isolacionista estabelecido entre cada uma das cidades. A Grécia nunca conseguiu formar um só Estado..." (Coulanges, *op. cit.*, livro I, p. 311).

[68] "Cada cidade tinha o seu próprio direito, tanto público quanto privado, tendo caracteres específicos e evolução própria. Nunca houve leis aplicáveis a todos os gregos; no máximo, alguns costumes comuns" (Gilissen, *op. cit.*, p. 73).

[69] A respeito, *vide* Peters, *Termos filosóficos gregos: um léxico histórico*, 2.ed., 1983, p. 159, verbete *nómos*.

"E àquele que pega em flagrante o adúltero, não lhe é lícito continuar vivendo com sua mulher; se o fizer, será privado de seus direitos civis. E à mulher que cometeu adultério não é dado assistir ao sacrifício público; se o fizer, poderá sofrer qualquer castigo, com exceção da morte, e quem lhe aplicar o castigo não sofrerá qualquer punição".[70]

As leis significam muito para cada uma das *póleis* porque revelam o poder de auto-determinação, a *autarkeía*, uma característica fundamental da vida organizada, e governada por regras que superam o estado de barbárie. Não por outro motivo, a noção de *nómos* na cultura grega clássica não é oposta à noção de liberdade (*eleutería*), pelo contrário, é a forma de realização da liberdade.[71] Por isso, as tradições de cada cidade-estado, fundidas ao culto de determinados deuses, traduzia um conjunto de instituições políticas e jurídicas que não possuíam caráter uniforme em toda a Grécia.

Era isto que permitia o ensino retórico dos sofistas, para a iniciação nas coisas da política e da arte da palavra, de cidade em cidade, conforme os valores e as tradições, a conjuntura e as necessidades, derivadas daquilo que é "por convenção" aceito como justo e correto, e também era isso que permitia que algumas cidades fossem governadas por tiranos, enquanto outras cavalgavam em direção à *demokratía*. As leis da Grécia são as leis de cada cidade-estado, e as leis de cada cidade-estado são a forma de expressão da *eudaimonía* organizada em comum.[72]

Em termos de periodização, o estudo das leis gregas irá indicar, no período arcaico, maior fusão entre costumes, religião e legislação, com

---

[70] Arnaoutoglou, *Leis da Grécia antiga*, 2003, p. 25.

[71] Este trecho é diretamente relacionado ao tema: "Não há primariamente uma oposição entre lei e liberdade, mas, ao contrário, uma se sustenta sobre a outra: lei livremente escolhida pelo conjunto dos cidadãos; leis que lhes garantam a liberdade. Lei de livres, feita por livres. Defender a lei significa, portanto, no mesmo passo, defender a liberdade" (Farias, *A liberdade esquecida*: fundamentos ontológicos da liberdade no pensamento aristotélico, 1995, p. 174).

[72] "Defender o direito do cidadão a viver sob o império de suas próprias leis: *autonomia kai eleuteria*, estas duas palavras aparecem como indissociáveis no contexto da literatura e do pensamento grego. É livre não aquele que vive sem leis, *anomia* ou contra a lei – este, para Aristóteles, vive como animal ou como Deus, mas não como homem –, mas aquele que vive de acordo com as leis que ele mesmo elaborou, ou às quais dá seu assentimento livre. *Eleutheria* e autonomia aparecem assim como as condições de possibilidade para a própria felicidade – *eudaimonía* – do cidadão na Polis" (Farias, *A liberdade esquecida*: fundamentos ontológicos da liberdade no pensamento aristotélico, 1995, p.174-175).

tendência à predominância da oralidade e da transmissão dos valores da justiça pela via da tradição.

Mas, no período áureo da democracia (como se estudará no Capítulo 4 deste Item) em Atenas, por exemplo, a organização das deliberações na forma de assembleias e tribunais, com participação das disputas públicas, com a participação de cidadãos e retóricos em arena.

O lugar de exposição e de construção pública da palavra, lugar este também do comum e da explicitação perante todos, para conhecimento de todos, do que é de lei, fazia parte dos próprios rituais impostos pelas leis, como se pode citar no exemplo de Gortina (Creta), a Lei de Adoção (480-460 a.C.):

> "Um homem pode adotar conforme deseje, de qualquer ascendência. A declaração de adoção deve ser feita na Praça do Mercado (ágora) quando os cidadãos estiverem reunidos em assembleia, do alto da tribuna (bêma) da qual proclamações desse tipo são feitas (grifo nosso). O adotador dará à sua hetaireía uma vítima de sacrifícios e uma medida de vinho. Se herda todo o patrimônio do adotador, e se não há filhos legítimos, o adotado deve cumprir com todas as obrigações do pai adotivo, tanto para com os deuses, como para os homens, e então recebe a propriedade de acordo com a forma prescrita para os filhos legítimos".[73]

Em Atenas, a própria democracia chegou a ser conteúdo de lei, e por isso, passou a ser preservada como um valor, diante da tirania, como se pode colher por este fragmento do Decreto de Demofante contra a tirania (410 a.C.):

> "O Conselho e a assembleia decidiram; Éantis era a tribo que presidia; Clígenes era secretário; Boétos era presidente; Demofante propões o seguinte: A data desse decreto é o Conselho dos Quinhentos, escolhido por sorteio, sendo Clígenes o primeiro-secretário. Qualquer pessoa que suprima a democracia em Atenas ou sirva em qualquer cargo público, enquanto a democraciaestiver suspensa, será inimigo dos atenienses e deverá ser morto sem punião para quem o matar, e seus bens deverão ser confiscados e um décimo deverá ser destinados às deusas (...)".[74]

---

[73] Arnaoutoglou, *Leis da Grécia antiga*, 2003, p. 16.
[74] Arnaoutoglou, *Leis da Grécia antiga*, 2003, p. 85.

A IDEIA DE JUSTIÇA NA CULTURA GREGA

De toda forma, pelo estudo de poucos fragmentos acessíveis à pesquisa da legislação antiga, fica claro que os gregos chegaram a desenvolver leis e soluções jurídicas para os âmbitos doméstico (*oikós*),[75] da praça (*agorá*)[76] e da cidade (*pólis*),[77] com várias projeções para o âmbito das relações entre as *póleis*, recobrindo inúmeras dimensões da vida pública e servindo de base e inspiração para práticas que terão significado de imensa aquisição, entre os antigos, para atender à evolução concreta da noção de justiça em sua transformação (*Thémis; diké; dikaiosýne*) na história da civilização.

Assim, o estudo mais escasso dos fragmentos de leis demonstra que a técnica da legislação entre os gregos era bem apurada, e, aos poucos, a lei escrita foi se superpondo em definitivo com relação à lei não escrita, a ponto da lei escrita tornar-se vinculativa e obrigatória, sempre com a conotação de que a lei deve ser geral e genérica para todos os cidadãos, a exemplo da Atenas, a Lei sobre a validade de leis e decretos (403 a.C.):

"As autoridades não têm permissão para usar uma lei não escrita, em caso algum. Nenhum decreto do Conselho ou da assembleia deve prevalecer sobre uma lei. Não é

---

[75] Em Atenas, a Lei de Proteção de Órfãos e Herdeiras (século VI a.C.): "O arconte (epônimo) será responsável pelos órfãos e pelas herdeiras e pelos *oîkoi* em risco de extinguir-se, e pelas viúvas que permanecerem nas casas de seus falecidos maridos, alegando estarem grávidas. È seu dever zelar por todos eles e garantir que ninguém os humilhe. E se alguém os humilha ou lhes faz alguma coisa interdita por lei, o arconte terá direito de impor-lhe uma multa, respeitado o limite estabelecido por lei. Se o arconte achar que o autor da ofensa merece uma pena mais severa, deverá intimá-lo por meio de uma notificação com prazo de cinco dias, e levaá-lo ao tribunal informando por escrito a pena que, a seu ver, ele merece. E caso o autor da ofensa seja então convicto, a corte decidirá o que ele terá de sofrer ou pagar" (Arnaoutoglou, *Leis da Grécia antiga*, 2003, p. 06).

[76] Em Gortina (Creta), a Lei sobre a captura ilegal (480-460 a.C.): "Deuses. Caso alguém pretenda questionar em juízo a condição de libre ou de escravo de um homem, não poderá fazê-lo cativo antes do julgamento. Se o fizer, e tratar-se de homem livre, o juiz o multará em dez estáteres, e se a parte contrária for um escravo, cinco estáteres, e lhe ordenará libertar o cativo em um prazo de três dias. Caso não o liberte, sendo um homem livre, o juiz o multará em cinco estáteres por dia, ou em um dracma por dia, se for escravo, até que lhe liberte a pessoa aprisionada indevidamente" (Arnaoutoglou, *Leis da Grécia antiga*, 2003, p. 33).

[77] Em Atenas, a Lei sobre o suborno (século VI a.C.): "Se um ateniense aceita suborno, ou se ele mesmo a oferece a um outro (ateniense), ou corrompe alguém com promessas em detrimento das pessoas ou de qualquer dos cidadãos individualmente, por quaisquer meios ou dispositivos, será destituído de seus direitos, ele e seus filhos, e sua propriedade será confiscada" (Arnaoutoglou, *Leis da Grécia antiga*, 2003, p. 79).

permitido fazer uma lei para um indivíduo se ela não se estender a todos os cidadãos atenienses e se não for votada por seis mil pessoas, por voto secreto".[78]

O refinamento da legislação caminhou tamanhamente, que chegou à clara definição de questões ligadas à responsabilidade civil gerada por danos provocados por animais, a exemplo das normas relativas à atribuição de responsabilidade por animais, em Gortina (Creta), no século V a.C.:

"(...) o proprietário de um animal que sofreu lesão tem direito, se quiser, de trocá-lo pelo animal da parte contrária. Se o acusado não concordar com a troca, ele deverá pagar o valor do animal. Se o proprietário não apresentar o animal lesionado, ou morto, ou não comprovar o dano que lhe foi feito, não haverá para isso recurso legal. Se um porco produzir lesão em uma rês, ou matá-la, o porco passará a pertencer ao dono da rês (...)".[79]

Percebe-se que a noção de lei (*nómos*) teve grave sentido entre os gregos, enquanto passou a significar algo civilizatório, estando associada ao exercício da palavra e da razão (*lógos*), comprometendo-se sempre com a noção de espaço público (*agorá*), e, ás vezes, associando-se às práticas de democracia (*demokratía*) e à participação dos cidadãos na eleição de resultados e consequências, recobrindo inúmeras esferas da vida, com um grau de precisão que significa enorme avanço no que tange à busca de critérios racionais e concretos para parametrizar a noção mais ampla e genérica de justiça.

3. Aspectos histórico-filosófico-literários da justiça grega
3.1. A justiça na tradição homérica

Se a filosofia grega não surge a partir da pressuposição de um 'milagre grego', a filosofia pré-socrática também não surge a partir do nada. Ambas pressupõem antecedentes que fomentaram suas condições de surgimento. É impossível pensar o aparecimento da filosofia grega, em pleno bojo do período arcaico (séc. VIII ao V a.C.), sem mencionar as influências advindas dos povos orientais, a sabedoria egípcia, os conhecimentos dos caldeus, as artes dos fenícios, etc. Também é impossível falar da filosofia

---

[78] Arnaoutoglou, *Leis da Grécia antiga*, 2003, p. 104.
[79] Arnaoutoglou, *Leis da Grécia antiga*, 2003, p. 73.

pré-socrática sem mencionar a passagem dos gregos de uma fase mítica, correspondente ao período histórico homérico da cultura grega (anterior ao séc. VIII a.C.), a uma fase racional, por intermédio da transição entre a cosmogonia (origem dos cosmos a partir da relação entre as forças vitais) e a teogonia (origem dos deuses a partir da relação sexual entre eles, criando heróis, deuses e homens) em direção à cosmologia (conhecimento racional que explica a origem das coisas a partir de princípios).[80]

A filosofia pré-socrática pertence, portanto, ao momento em que, devidamente nutrida pelo mito, pela epopeia homérica, pela teogonia, pela cosmogonia, haveria condições de cristalização do pensamento racional cosmológico. Mas, isto não afasta a filosofia pré-socrática nascente completamente da sua ligação com o período mitológico (principalmente porque surge a partir do mito), como afirma Werner Jaeger,[81] pois esta passagem se processa aos poucos, numa transição que levará os gregos do período cosmológico da filosofia (naturalista) ao período socrático da filosofia (antropocêntrico).

É desta forma que se pode dizer que a *paideía* grega formada a partir do período homérico é uma fonte inesgotável para a *re-criação* do sentido de justiça (*diké*) dentro da cultura pré-socrática, na medida em que os pré-socráticos não partiram do nada para a formulação de seus problemas e indagações, mas sim a partir de uma longa tradição de questionamentos antes localizados no mito, na poesia, nos contos, nas adivinhações dos oráculos, na sabedoria dos antigos, nas representações trágicas.[82] Mais que isto, com Werner Jaerger, se pode dizer que a epopéia homérica possui em si o gérmen da filosofia grega, e, portanto, do próprio pré-socratismo.[83]

---

[80] Cf. Chauí, *Introdução à história da filosofia*, 1994, ps. 20-34.

[81] "No es fácil trazar la frontera temporal del momento en que aparece el pensamiento racional. Debería pasar probablemente a través de la epopeya homérica. Sin embargo, la compenetración del elemento racional con el pensamiento mítico es en ella tan estrecha, que apenas es posible separarlos" (Jaeger, *Paidéia*, 1953, p. 172).

[82] Ferraz Junior, na avaliação da cultura Ática e das fontes de informação sobre a mesma, chega à conclusão de que as referências sobre a justiça não se encontram entre fontes tipicamente jurídicas (leis, decretos, etc.), quando afirma: "O direito, então, seria, por assim dizer, uma propriedade da cultura Ática, e não fruto de uma sistematização jurídica. Suas fontes são singulares – a poesia, o teatro, a oratória, etc. –, sendo-o igualmente seu método de estudo" (Ferraz Junior, *Estudos de filosofia do direito*, 2002, p. 144).

[83] "La epopeya griega contiene ya en gérmen a la filosofia griega" (Jaeger, *Paidéia*, 1953, p. 70).

Trata-se de uma proto-forma do pensar filosófico, uma forma cultural que dependeria ainda de maior burilamento, racionalização e laicização, para corporificar-se no próprio pensamento que se faz amigo (*philos*) da sabedoria (*sophía*).

A tradição homérica, portanto, é recheada de importantes contribuições para a formação da cultura grega, e o que é peculiar da metodologia de transmissão destes conhecimentos é que tudo se faz pela via oral. A transmissão oral (por cantores e rapsodos) dos feitos, das venturas e desventuras dos protagonistas da poesia homérica (*Ilíada* e *Odisséia*), o destino trágico do ideal de vida de Aquiles, permite que a poesia homérica adentre ao universo da cultura e do pensamento gregos antigos, definindo-lhe a substância humana. Transmitida através do teatro, pela cultura popular, ensinada nas escolas,[84] absorvida pelas discussões dos sofistas, introduzida nas discussões filosóficas (Platão e Aristóteles citam-nos inúmeras vezes), inclusive no período helenístico (Porfírio), a tradição homérica é aquilo sem o que o espírito da Grécia não teria se revelado.[85]

Aqui aparece a resposta para a evidente pergunta que se poderia formular neste momento: por que o estudo da justiça deveria, na cultura da civilização grega, partir dos estudos sobre a literatura épica homérica, ainda mais considerando que estes textos têm maior valor literário que filosófico, e estão marcados por profundos traços mitológicos e não racionais? A figura de Homero (tenha ele existido ou seja ele uma invenção poética, tenha ele sido um compilador, ou, definitivamente um genial criador) é referência não simplesmente por trazer em sua poesia um dos primeiros textos com registros formais da cultura grega, mas sobretudo e especialmente por ter imprimido o alto sentido de humanidade e culto das virtudes (*aretaí*) que haveriam de constituir o grande acervo, e o forte e ineludível legado, de toda a civilização grega antiga.[86]

Sem dúvida alguma, como diz Werner Jaeger, não é a justiça o grande tema do poeta, seja na narrativa da *Ilíada*, seja na narrativa da *Odisséia*, mas

---

[84] É certo que a epopéia participa da formação da cultura do jovem grego: "En la epopeya se manifiesta la peculiaridad de la educación helénica como en ningún otro poema" (Jaeger, *Paidéia*, 1953, p. 55).

[85] Jaeger destaca, para grifar a importancia de Homero, os ecos de sua fama até mesmo nos textos de Platão: "Cuenta Platón que era una opinión muy extendida en su tiempo la de que Homero había sido el educador de la Grecia toda" (Jaeger, *Paidéia*, 1953, p. 53).

[86] Cf. Jaeger, *Paidéia*, 1953, p. 54.

sim a heroicidade a marca do encantamento poético dos textos homéricos.[87] Ou seja, num período de cultura cavalheiresca e aristocrática,[88] a marca do herói será exatamente aquela de alguém que prefere escrever seu nome na história, por seus feitos grandiosos e suas virtudes, a ter uma vida pacífica e opaca, com todas as consequências trágicas que possam estar atrás desta preferência pelo maravilhoso e engrandecedor dos feitos heroicos. Apesar do foco estar voltado para a descrição das virtudes do herói, isto não significa que dentre as *aretai* não se destaque a *diké* em meio aos grandes temas da *paideía* grega deste período. A poesia de Homero é, portanto, um portal para entender o processo de formação da cultura grega, de um modo mais geral, mas também para entender as diferenciações surgidas entre os diversos usos e empregos dos termos *thémis*, *diké* e *dikaosýne* na cultura grega.

Para a boa compreensão do tema, deve-se considerar que o próprio momento de instabilidade e de assentamento dos povos conduziu a civilização grega do período homérico à valorização do ideal guerreiro-cavalheiresco de vida e do heroísmo como *areté politiké*.[89] Certamente, o estado de constante beligerância entre os povos envolvidos em conflitos, disputas, conquistas, denotam a presença de um nomadismo e o início da fixação territorial do homem na Grécia. O culto aos ancestrais, às tradições trágicas, às visões órficas, às revelações dos oráculos, aos valores mitológicos, o apego imoderado ao culto e à tradição compõem o mosaico de cores que caracteriza com toda precisão esta sociedade aristocrático-sacerdotal que representou o início da organização política helênica.

Em tal meio, prosperaram o poder político da nobreza detentora das armas e da *areté* guerreira, própria de seus membros, aliado ao poder religioso emanado da autoridade sacerdotal, representante da ordem e da justiça divinas. No *Canto V* ("A gesta de Diomedes") da *Ilíada* (230-235), de Homero, vê-se com clareza a dinâmica do que é característico da ética cavalheiresca e guerreira do período: "*Responde Héctor, magnífico,*

---

[87] "Lo que despierta la simpatia del poeta por los aqueos no es la justicia de sua causa, sino el resplandor imperecedero de su heroicidad" (Jaeger, *Paidéia*, 1953, p. 63).

[88] "El *pathos* del alto destino heroico del hombre es el aliento espiritual de la *Ilíada*. El *ethos* de la cultura y de la moral aristocráticas halla el poema de su vida en la *Odisea*" (Jaeger, *Paidéia*, 1953, p. 57).

[89] Werner Jaeger, *Op. cit.*, 1946, vol. I, p. 22.

elmo coruscante: 'Ó Ájax Telamônio, progênie divina, senhor de homens. Não tem sentido isso de intimidar-me, como se eu fora criança ou mulher que de guerra nada sabem. Batalhas e carnificinas são coisas que conheço bem'".[90] Consoante o espírito de vida imperante, as classes populares campesinas, uma vez que a atividade produtiva se restringia basicamente à agricultura, submetiam-se à justiça imposta pelos detentores dos poderes temporal e espiritual, que cunharam o seu conceito de acordo com os interesses e com a cultura predominantes.

Ou seja, a poesia de Homero é não só inspiradora da cultura grega, mas é também reflexo de certas condições temporais. À parte o caráter imorredouro de seus ensinamentos, a poesia de Homero retrata um certo *status quo* de evolução da própria civilização grega. E, considerando-se esta peculiar condição, percebe-se que a poesia de Homero carrega dentro de si concepções de mundo gestadas ao longo do período mitológico. A poesia homérica está impregnada pela noção de Destino (*Ananké*), como responsável pela distribuição social dos homens, assim como de seus valores, riquezas e condições, o que, de fato, somente ajudou a justificar durante vários séculos a irregularidade tanto das condições de vida, quanto da distribuição da *justiça* e fez do homem objeto passivo do mundo dos deuses, joguete das vontades, das iras ou das discórdias entre os deuses.

Há, portanto, a partir da poesia de Homero, que se divisar o quanto a imagem da *justiça* não está associada às condições sócio-históricas do próprio povo grego. Há que se divisar, sobretudo, que a mitologia reflete a condição histórica do povo grego, e, nesta medida, que qualquer reflexão que queira entender o sentido de justiça dos gregos deve partir por compreender a diferenciação entre *diké* e *thémis* em sua significação mitológica, esta que é o traço da narrativa homérica (a condição humana como espelho dos desejos, discórdias, amores, incestos, joguetes e traições entre os deuses).

O termo *justiça* não é largamente empregado na poesia homérica, não sendo recorrente e nem usual, mas é na épica homérica que se podem encontrar as primeiras aparições do termo *justiça* em registros de que se tem notícia na cultura grega.

O termo justiça aparece corporificado ora em *thémis*, ora em *diké*, o que, por si só, é já indício de que existem dois vocábulos entre os gregos

---

[90] Campos, *Ilíada*, 5.ed., Vol. I, 2003, p. 278-279.

para designar aquilo que se costuma chamar por justiça. Mas, *thémis* e *diké*, como vocábulos gregos, reportar-se-iam ao mesmo *designatum*? Estariam querendo significar a mesma coisa? Do ponto de vista etimológico, em Homero, *thémis* é empregada para designar o costume, especialmente quando aparece empregada na frase que consta da Ilíada como da Odisséia: "*e thémis estí*", significando aquilo que está estabelecido pelo costume. Ou seja, *thémis* designa algo cuja significação reporta à conservação, à permanência, à tradição, fazendo apelo à dimensão de um passado cuja preservação se dá na continuidade dos costumes, dos hábitos sociais, das tradições ancestrais. *Thémis* vem, portanto, revestida de uma forte pressão tradicional, de uma pesada herança dos antepassados, significando o liame, a ligação, entre o que era, e o que será, não somente num sentido temporal, mas especialmente num sentido moral, ou seja, no sentido de que o que era deve continuar sendo, como medida de *dever-ser* do comportamento das novas gerações.

Já quanto ao termo *diké*, é possível entendê-lo em dois sentidos: um, de regra, costume, significando algo mais distante e sagrado (usado mais ou menos de modo indistinto com *thémis*), que aparece em Odisséia 11, 218 e 14, 59; outro, de justiça em seu caráter mais humano, mais carnal e vivo (oposto a *thémis*), que aparece em Ilíada 19,180 e oposto a força – *bía* (Ilíada, 16,388).[91] Neste último sentido, que figura no texto da Ilíada, o trecho é o da disputa entre Pátroclo e Heitor, onde aparece a descrição da fúria da intervenção de Zeus sobre os homens: "Comme, par une tempête, toute la terre obscurcie est accablée, en un jour d'automne, sous l'eau qu'avec violence verse Zeus, quand, dans son ressentiment, il se fache contre les hommes qui par violence, sur la place publique, *prononcent des jugements boiteux et banissent la justice*, sans craindre le regard des dieux...".[92]

Dentro dos textos homéricos, o termo *diké* ora designa algo diverso de *thémis*, na Ilíada, ora se aproxima do sentido de *thémis*, como algo sagrado, na Odisséia. Esse desnível entre a Ilíada e a Odisséia, no que tange à *diké* é bastante significativo para a compreensão do processo de construção da própria ideia de justiça na consciência da civilização grega. Isto porque esta referência a uma *diké* como uma força oposta à *bía* (violência),

---

[91] Cf. Chantraîne, *Dictionnaire étymologique de la langue grecque*, 1999, Verbetes Dike, p. 283, e Thémis, ps. 427-8.
[92] Homère, *Iliade*, 16, 388, trad., 1965, p. 274.

na *Ilíada*, já revela que a *diké* tinha incorporado nela um certo sabor de transgressão, especialmente por ser algo que se associa à idéia de uma resistência à estrutura de classes. Paulatinamente, a partir do séc. VI a.C., é que a *diké* começou a ser considerada como algo mais universal, válido para toda a sociedade, contando com a garantia do próprio Zeus, especialmente porque a agora recém-surgida idéia de que são as leis (*nómoi*) que governam as cidades-estado, e não os oligarcas, que passam a corporificar o ideal da *diké* como garantia de justiça.[93] Porém, não há que se comparar a força e a grandiosidade do relevo moral que haverão de recair sobre o termo *diké* na poesia de Hesíodo e na poesia de Homero. Hesíodo acentua a diferença, já existente de modo lateral em Homero, entre *diké* e *thémis*, construindo uma diferenciação clara entre os termos, o que permite a expansão paulatina do emprego do uso do termo *diké*, em detrimento do termo *thémis*, que haverá de recair aos poucos no abandono. Ao menos sua significação para a filosofia desaparece, e, já nos pré-socráticos, o termo de maior emprego para significar justiça é *diké*, e não mais *thémis*.

No entanto, é importante grifar que para o uso mitológico, homérico e pré-homérico, na língua grega, o vocábulo *thémis* não somente designa algo de natureza sagrada (bom conselho dado aos deuses), como designa também algo que pode ser dado pelos deuses aos homens, como num ritual de passagem em que se unge o beneficiário com uma espécie de dom, por exemplo, o dom da sabedoria, ou o dom de governar. Nesta acepção é que se pode dizer que os reis recebiam *thémis* das mãos de Zeus, assim como o cetro do poder, para o comando e orientação da sociedade (eram ungidos pelo dom de governar). Sem dúvida alguma, esta crença facilitava imensamente a legitimação do poder, na medida em que tudo aquilo que emanasse da vontade do governante era também um mandamento inspirado por *thémis*. É claro que aqui está a abertura para a dominação e a manutenção de uma estabilidade de governo fundada na tradição aristocrática e nos costumes ancestrais e míticos. A *justiça* concebida, e assim distribuída por força da vontade e da unção dos deuses, encontrou seus fundamentos nas lendas, no mito, na religião e na tradição consuetudinária, possibilitando a fundamentação da dominação.

O termo *thémis*, na língua grega, além de designar o uso, o costume, a unção de sabedoria, também era utilizado para designar uma deusa;

---

[93] Cf. Peters, *Termos filosóficos gregos*, 2. ed., 1983, verbete *diké*, p. 54.

esta se reveste da figura de *Thémis*, de uma deusa pré-olímpica, filha de Gaia e Urano, e esposa de Zeus, atuando ao lado deste como o símbolo da ordem e do poder organizativo. Neste passo, podem ser tomados os retratos mais fiéis da mitologia grega trazidos pela *Teogonia* de Hesíodo, obra que registra as aventuras de Zeus, filho de Réia, para que se possa entender a significação de *Thémis* no caleidoscópio dos deuses do Olimpo.

Na obra de Hesíodo, Zeus, desde seu nascimento às escondidas de Crónos (que comia seus filhos com medo que o destronassem), sob a proteção de Urano (Céu) e Gaia (Terra), passa por inúmeras lutas e batalhas, ora contra os Titãs, ora contra o Dragão, até sua vitória e ascensão à condição de rei dos imortais, no Olimpo, em cuja condição toma como esposas Métis e *Thémis*. Assim, de seu casamento com *Thémis*, Zeus tem alguns filhos: 1.) as estações: Bom Governo (Eunomia), Justiça (*Diké*) e Paz (Eirene); 2.) as Parcas ou Moirai ou partes (Cloto, Láquesis e Átropos).[94] *Thémis* é, portanto, além de conselheira de Zeus (aquela que diz a vontade e orienta a ação de Zeus), mãe das Moirai, que presidem a ordem e o equilíbrio do universo.[95]

---

[94] Cf. Cornford, *Principium sapientiae*, 1989, p. 360-363.
[95] Neste sentido, segue-se a interpretação de Ferraz Junior, na linha de Giorgio Del Vecchio: "Nas mais antigas manifestações do pensamento grego antigo, a justiça não aparece com denominação própria e específica, mas freqüentemente ligada a outras idéias, cujas conotações são invariavelmente míticas. Como tem sido observado, nem Homero nem Hesíodo conhecem o vocábulo *dikaosyne*, mas para designarem a justiça, de que, por certo, tiveram alguma idéia, valem-se de outros vocábulos, como *Diké* (que significa originalmente 'decisão judicial') e *Thémis* (equivalente, na origem à 'bom conselho') (Del Vecchio, 1960, p. 6). *Thémis*, como toda figura mítica, bastante controvertida, é uma das deusas gregas da justiça. Ela é mãe das Horas que presidem a ordem do Universo. *Thémis* é originariamente a conselheira de Zeus, identificada mesmo com sua vontade. Mais tarde, ela já surge como a divindade dos oráculos, promovendo reuniões públicas e propiciando o aparecimento e elaboração das ordenações civis. A outra imagem mítica é *diké*, deusa dos julgamentos, filha de Zeus e Thémis. Sua figura se liga mais tarde não só a decisão, mas também à pena judicial, fazendo-a cruel, a vingativa. Importa verificar, no entanto, que na épica grega a justiça não tem a forma da virtude principal, mas é freqüentemente superada pela coragem, a astúcia, virtudes estas cujo caráter dramático é bem mais propício ao desenvolvimento de uma epopéia. Ou, como diz Del Vecchio (1960, p. 6) 'a própria índole da justiça – virtude equilibradora – a torna menos apta a traduzir-se naqueles movimentos de paixão e contrastes de afetos, de que acima de tudo se alimenta a poesia'. Contudo, mesmo *Thémis* nem sempre é portadora da concórdia, nos seus conselhos a Zeus, podendo incitar o conflito e a discórdia, o que realmente sucede na *Ilíada*, com a guerra de Tróia.

O que se percebe é que da união de Zeus com *Thémis* surgem, reunidas entre si, a ordem física das estações, a ordem social da administração do rei e as partes atribuídas aos homens, significando existir uma sincronia existente entre o físico-natural e o sócio-político, dando a idéia de uma espécie de continuísmo entre a ordem das coisas humanas e a ordem cosmológica que a tudo rege.[96] Assim, o Olimpo não somente governa a si próprio, como também governa a ordem das coisas no *Kósmos*, como também dá os instrumentos para a ação dos homens uns com os outros, uns contra os outros, no que está incluída a idéia de *Diké*.

Nesta tradição mítica da personificação, há, portanto, uma derivação no relacionamento entre *Thémis* e *Diké*, pois *Diké* é uma deusa ligada à verdade (*alétheia*) e à luz,[97] filha de *Thémis*, agindo em oposição a outras forças, que agem com propósitos contrários [a injustiça (*adikía*), a desconfiança e a infidelidade (*pseudés*) e a sedução mentirosa (*apáte*)]. Nesta medida, *Diké* revela aos homens o que é em essência (e o que estaria escondido na dimensão do Hades), especialmente quando atua sobre as relações humanas, fazendo com que emerja o que é porque é, e não o embuste, o falso, o mentiroso, a imagem parca e translúcida da verdade.

"Essas figuras míticas fundamentais, *Thémis* e *Diké*, guardam sempre um significado original e próprio. Parece mesmo que a última indica a sentença do juiz, correspondendo, aproximadamente, o termo *diké*, ao *jus* latino. A expressão *themdiké* parece ser análoga ao latim *jus fasque*, no qual *fas* talvez correspondesse a *Them*. Elaborou-se também, com base na distinção entre as duas deusas, uma igual diferença entre uma justiça divina e outra humana, o que não parece ser originariamente exato, sendo isto produto de época posterior (Del Vecchio, 1960, p. 7). Entretanto, se é fato que *jus* traduz comumente o *diké* grego, deve-se levar em conta que a raiz *dik ou deik*, existente no latim e no sânscrito, deu o latim *dicere* e o grego *dikaiosyne*. A conotação primitiva de *jus* e *diké* porém, pouco tem a ver com as derivações que, à custa de sufixos e prefixos, foram feitas posteriormente, ligando-as a coisas, como leis, tribunais, sentença, etc. O sentido primeiro das palavras tinha antes uma referência religiosa que guarda ainda hoje a palavra jurar. Neste sentido, podemos ter uma compreensão mais exata do significado da justiça para Platão ou Aristóteles, com sua referência eticamente religiosa, mais do que técnico-jurídica" (Ferraz Junior, *Estudos de filosofia do direito*, 2002, ps. 148 e 149).

[96] Cf. Cornford, *Principium sapientiae*, 1989, p. 362-363.

[97] Referindo-se ao termo *alétheia*: "é uma palavra que se relaciona com três forças positivas: a justiça (*díke*), a confiança e fidelidade (*pístis*) e a doce ou suave persuasão (*peithó*). Personificadas, são três deusas ligadas à verdade e à luz; em oposição a elas, no campo do esquecimento/erro/engano/mentira, que é o mundo escuro da *Léthe*, estão três outras forças: a injustiça (*adikía*), a desconfiança e a infidelidade (*pseudés*) e a sedução mentirosa (*apáte*)" (Chauí, *Introdução à história da filosofia*, 1994, p. 38).

Somente com o evolver histórico é que a significação mítica da justiça foi cedendo lugar a outras concepções do justo, que chegará a ser confundido entre os sofistas com a vontade daquele que faz as normas políticas (*nómos*). Entre a crença mitológica nos deuses que presidem o Olimpo e seu poder sobre a ordem e a justiça do *kósmos*, no período homérico, e as concepções mais recentes de justiça, no período arcaico, e, posteriormente, no período clássico, há um salto bem acentuado no sentido da laicização da idéia do justo e do injusto.

Com tais modificações, o conceito divinizado da justiça como *Thémis* perdeu seu conteúdo de princípio coordenador da vida humana por concessão divina. Uma nova ordem pública exigiu uma nova configuração à justiça, adequada às novas exigências sociais, o que é fruto próprio de uma civilização que se organiza na técnica, no comércio, na política, no governo das coisas comuns da *pólis*. O advento do vocábulo *dikaiosýne* passa a ser a tradução desta vertiginosa mudança de concepções na sociedade grega.

O termo *diké*,[98] apesar de surgido provavelmente à mesma época do termo *Thémis*, assume, com as modificações da civilização grega, uma carga de significação específica, revelando seu sentido como igualdade, como cumprimento da justiça, como bom julgamento, assumindo uma conotação social de grande relevo quando do surgimento dos primeiros movimentos sociais em oposição às injustiças que sulcavam abruptas diferenças entre os grupos sociais, as classes dominantes e as classes campesinas. Neste sentido, ampla contribuição foi dada pelo poeta do povo, Hesíodo,[99] responsável pela exaltação do

---

[98] A respeito das diferenças semânticas entre os termos *thémis* e *diké*: "The one, *thémis*, is specialized to man, the social conscience, the other is the way of the whole is the way of the whole world of nature, of the universe of all live things. The word *diké* has in it more life-blood, more of living and doing; the word *thémis* has more of permission to do, human sanction stradowed always by *tabu*; *fas* is unthinkable without *nefas*" (Harrison, *Themis: a study of the social origins of greek religion*, 1989, p. 516).

[99] A respeito das diferenças conceituais entre a *Dike* homérica e a hesiódica: "O *Dike* de Hesíodo contém uma elevada concepção moral do comportamento correto; mas falta-lhe algo no sentido da obrigação recíproca consciente entre as diferentes classes e indivíduos, característica da visão de Homero. Nesse contexto, a ética da justiça de Hesíodo é, paradoxalmente, mais aristocrática do que a de Homero. Seu conceito de *dike* não é um apelo à genuína colaboração harmoniosa entre os diversos setores da comunidade; não desafia o direito do proprietário de

trabalho, do esforço e dos valores populares ligados ao modo campesino de vida.[100]

Perceba-se que o processo de transformação da ideia de justiça entre os gregos corresponde a um movimento de passagem, contínua e lenta, entre os vocábulos *Thémis, diké e dikaosýne*. Se a justiça estava depositada sobre a autoridade de *thémis*, atribuída pelas próprias mãos de Zeus aos dirigentes e governantes, como investidura divina e sagrada, significando o bom conselho ungido sobre o que é humano, com sua passagem para *diké*, constrói-se um novo baluarte da realização material de um maior igualitarismo, na medida em que não somente *diké* assume um sentido de justiça mais próximo e igualitário, como poder humano de decisão sobre as coisas humanas, como também se dessacraliza e destrona, como desafio, a autoridade de *thémis*.

Assim é que para uma nova ordem política, econômica, cultural e social, *diké* revelou-se a melhor concepção para revestir os anseios e ideais populares. Tornou-se, ademais, princípio-motor para a reivindicação de modificações na estrutura político-administrativa da cidade (*pólis*). Tal significado encontrou fundamentos na própria conceituação mitológica do termo, que representa a deusa responsável pelo embate contra as forças de *Éris* (discórdia), *Bia* (violência) e *Hybris* (imoderação), na implantação da ordem sobre a Terra.[101]

Não apenas voltou-se, tal movimento, contra as diferenças socioeconômicas, mas, também, contra o arcabouço jurídico imperante. A inexistência de leis escritas era permissiva de toda espécie de abuso por parte dos magistrados que julgavam e se socorriam dos costumes, das tradições, do que estava dado pela tradição ancestral e que assim deveria ser (em Homero, "*e thémis esti*"), da "vontade dos deuses". Ampliaram-se as reivindicações pela positivação das leis, fato que constituiu um primeiro passo no sentido da contenção do arbítrio e da distribuição efetiva da

---

terras de usufruir o monopólio do poder; de fato, aceita como fato natural que a *pólis* (a palavra começa a ser usada por Hesíodo no sentido clássico) prospere ou sofra como resultado direto dos atos da aristocracia. A esperança de melhorias positivas se baseia somente na possibilidade de que os senhores vejam a luz oriunda de *Diké* e pautem seu comportamento por essa luz de justiça, em suas relações com os membros da comunidade subordinada" (Morrall, *Aristóteles*, 1985, p. 11).

[100] *Id., ibid.*, vol. I, pp. 75 a 93 e 121 a 123.
[101] Coelho, *Introdução histórica ao direito*, 1977, p. 33.

justiça no seio da sociedade. Consolidada a legislação, ter-se-ia vitória promulgada a favor da proteção da igualdade. Desta forma é que as primeiras leis foram obtidas no governo de Drácon (séc. VII), mas foi com Sólon, entre o final do séc. VII e início do séc. VI a.C., que se buscou a realização do ideal encarnado no termo *diké* e consagrado na literatura hesiódica.[102]

3.2. Os fragmentos de justiça nos textos e na doxografia dos pré-socráticos

O estudo dos fragmentos de justiça dos pré-socráticos (fragmentos conservados) é possível de ser empreendido, na medida em que se consideram, além dos textos propriamente ditos, os testemunhos antigos de seus pensamentos e reflexões.[103] Na passagem da fase oral à fase escrita da cultura grega, que se dá com Anaximandro (os ensinamentos de Tales de Mileto eram orais), pode-se dizer que ocorre uma importante mutação dos modos de conservação das práticas reflexivas. Também a este tempo (séc. VI a.C.), a cultura racional, desvinculada dos paradigmas mitológicos, inicia sua tarefa de orientação social, dando suas primeiras contribuições para a formação das leis que contribuíram para erigir as novas estruturas básicas do meio político que haveria de encontrar seu esplendor no século de Péricles (V a.C.). O nome do filósofo apareceu associado ao nome do legislador. Atualizou-se o conceito de justiça como realização palpável da atividade humana; passou o homem a figurar como ser ativo e responsável por cunhar seu destino, não ser passivo diante da vontade divino-transcendental e mítica como no período precedente.

Aos poucos também, a proeminência dada aos oráculos, às adivinhações, à leitura da vontade dos deuses, perde terreno para um novo esboço de saber, que haveria de se inscrever como um substituto à cultura do mítico, e este saber ganha o nome de filosofia (*philosophía*), por obra e arte de Pitágoras de Samos. O filósofo, neste momento, não se confunde

---

[102] Neste momento, "a força e a justiça fizeram-se aliadas" (Morrall, 1985, p. 13).
[103] Testemunhos em Platão, Aristóteles, Simplício, Plutarco, Sexto Empírico, Clemente de Alexandria, Hipólito, Diógenes Laércio, Estobeu, Marco Aurélio, Estrabão, Plotino, Porfírio, Jâmblico, Socião, Satyros, entre outros.Também contribuem para esta reconstrução a crítica moderna (reconstrução filológica ou hermenêutica), entre textos de filosofia (principalmente, Hegel, Nietzsche e Heidegger) e textos de filologia (principalmente, Zeller e Diels).

com o errante e eremita, com o mago ou com o amigo das pitonisas e oráculos, mas torna-se figura pertencente à vida política (Anaximandro de Mileto),[104] enfim, um atuante e ativo membro da *pólis* que encontra na *agorá* o lugar de manifestação de seu pensamento, introduzindo-se aí até mesmo como um reformador capaz de, pela razão, intervir sobre o social, servindo como uma espécie de guia da vida coletiva, inclusive dando leis ao povo. Apesar da imagem falseada que se faz dos pré-socráticos – vinculada à imagem, trazida no *Teeteto* de Platão, da escrava trácia que teria rido de Tales de Mileto que andava distraído das coisas do mundo ao se dedicar às coisas do céu, e teria caído num buraco –, é importante verificar que o que é comum ao pensamento pré-socrático é a preocupação com a vida humana mais concreta, inserida, no entanto, dentro de uma ordem cosmológica (*kósmos*) maior que a própria ordem da cidade (*pólis*), e isto vem revelado não somente pela atuação concreta destes filósofos em assuntos políticos e legislativos, mas especialmente pela linguagem de que utilizam, carregada que está de metáforas jurídicas, aforismos e significações extraídas da vida política, da vida cívica, da vida em comum.

Por isso, *diké*, termo já em voga e de maior uso vulgar que outro qualquer para significar justiça, e não *thémis* ocupa o lugar terminológico necessário para designar a ordem do cosmos, a esfera das leis que cumprem a função de dar conjunção ao todo universal. Por isso, apesar de ser algo comum a todos os pré-socráticos a reverência cosmológica e o problema da *phýsis* (existe uma ordem justa natural cosmológica), herança do período mitológico (apesar do pensamento racional), é no termo *diké* que haverão de encontrar a palavra adequada para se referir à justiça, pois *diké* vem do verbo *deíknymi*, que significa proferir um julgamento, atribuir ou pedir a justiça, ou, também, ser acusado pela justiça, agir em justiça, sofrer a sanção da justiça ou a imposição da pena de caráter imperativo.[105]

Assim é que se pode perceber o nítido processo de humanização da própria ideia de justiça, na passagem da era homérica à era arcaica, que, de autoritária delegação de Zeus aos corruptíveis seres que habitam o mundo

---

[104] Anaximandro de Mileto foi o primeiro filósofo a escrever seus pensamentos. Esta passagem da expressão oral para a escrita representou uma grande mudança para o meio intelectual, dado que pessoas não integrantes do hermético grupo dos iniciados poderiam ter acesso às ideias propugnadas pelo pensador.

[105] Segue-se, aqui, a interpretação de Chauí, *Introdução à história da filosofia*, 1994, p. 40.

sublunar, por força da *thémis* dada a alguns, foi se tornando propriedade típica e atribuição da deliberação dos legisladores. O homem, de inerte e irresponsável instrumento da vontade divina, e passivo diante do poder, tornou-se, além de realizador da justiça através de sua atividade, motor de toda a vida social por meio de sua energia e de sua inteligência, não dissociadas do respeito à esfera celestial e de um certo apego à própria tradição mitológica.[106]

3.2.1. Escola jônica: cosmologia e justiça

O primeiro fragmento propriamente filosófico, no Ocidente, de que se tem notícia que faça menção a *diké* é de autoria de Anaximandro.[107] O curioso é que isto não faz deste pensador nem um nome corrente nos estudos jusfilosóficos, assim como não se pode dizer que se trate efetivamente do primeiro pensador a ser destacado dentre os pré-socráticos. Anteriormente a Anaximandro, conhece-se a importância e a significação do nome de Tales de Mileto[108] para a cultura grega, bem como para a filosofia antiga de modo geral, algo de que Aristóteles nos dá notícia.[109] De qualquer forma, fica claro que a filosofia nasce na Jônia, e isto porque a organização da *pólis* latente conferia as condições necessárias para este movimento do espírito humano.[110]

Neste fragmento de Anaximandro ("... Princípio dos seres... ele disse que era o ilimitado... Pois donde a geração é para os seres, é para onde também a corrupção se gera segundo o necessário; pois, concedem eles mesmos *justiça* e deferência uns aos outros pela *injustiça*, segundo a

---

[106] "La idea de justicia, que en Homero apenas contrastaba sobre la realidad de que nacía, es ya una posibilidad de realización mediante la actividad humana" (A. Sanchez de la Torre, *Los griegos y el derecho natural*, 1962, p. 34).

[107] Anaximandro de Mileto (610-547 a.C.), da Jônia, autor do primeiro livro de filosofia em língua grega (*Sobre a natureza*).

[108] Tales de Mileto (625-558 a.C.), da Jônia, na Ásia Menor, primeiro filósofo de que se tem notícia no Ocidente, de cuja filosofia oral não se poderiam ter guardado registros escritos, desenvolveu uma doutrina na qual considera a *água* como o princípio de tudo, no duplo sentido de que dela tudo se origina, assim como dela tudo se compõe (seus diversos estados permitem entrever esta sua disposição). O princípio do úmido é, sem dúvida nenhuma, sinônimo de fertilidade, esta mesma que seria a geratriz de todas as coisas.

[109] Aristóteles, *Metafísica*, I, 3, 983 b, 6.

[110] Cf. Chauí, *Introdução á história da filosofia*, 1994, ps. 38-40.

ordenação do tempo"),[111] constata-se a tendência geral do pensamento grego pré-socrático, de busca de explicação das coisas a partir de um princípio único (os opostos em relação de contradição permanente), a exemplo do que já havia sido feito pelo pensamento de Tales (água), num esforço de superação do sensível em direção a algo superior e primeiro.[112]

Percebe-se também o quanto à ideia de uma unidade dos contrários ser possível, desde a perspectiva em que ambos atuem num movimento permanente, no sentido da realização de uma espécie de lei que governa o *kósmos*, onde tudo se ordena de conformidade com este princípio, e nisto há ordem, há certeza, há regularidade, há harmonia, e, acima de tudo, há *justiça* (*diké*).[113] Esta reflexão pertence à cosmogonia dos opostos, parte da mecânica de funcionamento do sistema cósmico concebido por Anaximandro como iniciado a partir do ilimitado (*ápeiron*),[114] ou seja, à sua doutrina segundo a qual o universo se governa pelo equilíbrio entre os opostos, ao modo de compensação entre úmido e seco, entre quente e frio, e, inclusive, entre justo e injusto.[115]

---

[111] Fragmento extraído da *Física* de Simplício (24,13), in *Os pré-socráticos*: fragmentos, doxografia e comentários (Os pensadores), 1996, p. 50.

[112] "El princípio originario que establece Anaxímandro en lugar del água de Tales, lo ilimitado (*ápeiron*), muestra la misma osadía en traspasar los limites de la aparencia sensible" (Jaeger, *Paidéia*, 1953, ps. 179-180).

[113] "O primeiro uso da *diké* num contexto filosófico ocorre no único fragmento existente de Anaximandro (Diels 12B1) onde se requer os elementos (*stoicheia*), que são forças naturalmente opostas, que façam uma reparação (*diké*) uns aos outros pela sua mútua transgressão no processo da *gênesis-phthora*. Os limites que aqui são violados não são os de uma sociedade humana mas os da ordem implícita no mundo visto como um *kosmos*, isto numa era em que a descontinuidade entre o mundo físico e a vida humana ainda não havia surgido. Nota-se uma correcção em Heráclito (frg. 80): a luta entre os elementos não é, como Anaximandro queria, uma espécie de injustiça que exige compensação, mas a ordem normal das coisas, a tensão dos opostos que é a realidade da existência" (Peters, *Termos filosóficos gregos*, 2. ed., 1983, p. 54).

[114] *Vide* a respeito a profunda lição sobre o *ápeiron* de Anaximandro em Cornford, *Principium sapientiae*, 1989, p. 257 e ss.

[115] "Anaximandro explica el constante intercambio entre sustâncias opuestas mediante uma metáfora legalista, tomada de la sociedad humana: la prevalência de uma sustância a expensas de sua contrario es 'injusticia'; acontece, entonces, una reacción mediante la inflicción de castigo, que restaura la igualdad – algo más que la igualdad, puesto que el infractor se ve también privado de parte de su sustância original – que se la da a la victima, ademáis de la suya propia, lo que, a su vez (podría inferirse), conduce a kóros, al hartazgo por parte de la premera víctima, que, entonces, comete injusticia contra el agresor inicial" (Kirk, Raven Schofield,

Ou seja, a relação dos contrários define, exemplarmente, a partir de uma metáfora, a ordem das coisas, como uma realização do *justo*. De certa forma, a idéia de justiça aqui já contém em si o princípio de funcionamento do *kósmos* (conjunto de coisas de coisas sujeitas a ordem e justiça),[116] fazendo-se, através de suas regras, com que se realize o equilíbrio de todo que deve presidir à organização dos elementos e seres entre si. Neste fragmento, justiça é sinônimo de equilíbrio, mas de um equilíbrio pendular, que se dá na ordem do todo, não necessariamente na justiça ponderada e métrica de cada situação. Isto quer dizer que, por exemplo, uma situação de extrema injustiça (parricídio) não é justa por si e isoladamente, mas que, na ordem das coisas, é restabelecida por uma outra força contrária (pena), seu oposto, quando *diké* aparece. A *injustiça* também por si, olhada nesta perspectiva, deve aparecer como algo que pertence à ordem maior do justo, pois, de alguma forma, segundo este mesmo princípio cósmico, num relacionamento recíproco de todas as coisas entre si, há ordem mesmo na injustiça ("... pois, concedem eles mesmos *justiça* e deferência uns aos outros pela *injustiça*..."). *Diké* aqui não depende somente da vontade dos homens, ou da justiça dos tribunais ou da ordenação das leis decretadas pelos governantes, mas é força que rege eternamente o movimento e o intercâmbio das coisas entre si.[117]

Não há separação, portanto, entre a ordem dos fenômenos causais--naturais e a ordem dos fenômenos ético-sociais; tudo indica que há uma transposição efetiva da noção de culpa-responsabilidade das relações ético-jurídicas para a esfera das relações físico-naturais, na medida em que o fragmento revela uma interconexão mais do que lógica, revela uma implicação ético-jurídica ao nível do físico-natural, a ponto do

---

Los filósofos presocráticos, 2. ed., 1994, p. 180). Também: "Es uma personificación mediante la cual Anaximandro se representa la lucha de las cosas como la contienda de los hombres ante el tribunal" (Jaeger, *Paidéia*, 1953, p. 181).

[116] Cf. Jaeger, *Paidéia*, 1953, p. 181.

[117] "La idea de Sólon es ésta: la Diké no es dependiente de los decretos de la justicia terrestre y humana; no procede de la simple intervención exterior de un decreto de justicia divina como ocurría en la antigua religión de Hesíodo. Es inmanente al acaecer mismo en el cual se realiza en cada caso la compensación de las desigualdades. Sin embargo, su inexorabilidad es el castigo de Zeus, el pago de los dioses. Anaxímandro va mucho más allá. Esta compensación eterna no se realiza sólo en la vida humana, sino también en el mundo entero, en la totalidad de los seres" (Jaeger, *Paidéia*, 1953, p. 181).

kósmos vir-se a revelar na base deste movimento, onde o mecanismo da causa-e-efeito funciona como instrumento do equilíbrio geral das coisas entre si.[118]

Isto tudo já é mostra suficiente do hermetismo e do significado profundo que a reflexão de Anaximandro havia trazido à tradição grega, revelando dados já impressos no traçado geral das práticas míticas, bem como nas crenças gerais espalhadas na cultura grega mais arcaica. Além de seu legado reflexivo, tem-se notícia de Anaximandro tenha formado também uma escola de pensamento, sendo conhecido também o nome de seu discípulo, Anaxímenes de Mileto.[119]

A escola jônica ainda ganha caudal com a representativa figura de Heráclito de Éfeso,[120] este que se torna um dos mais notáveis, apesar de sua obscuridade, dentre os pré-socráticos, e que proclama que a todos é dado o dom de se autoconhecer, mesmo antes da famosa sentença de Sócrates ("A todos os homens é compartilhado o conhecer-se a si mesmos e pensar sensatamente").[121] Sua principal doutrina, baseada na ideia de que não se pode banhar duas vezes no mesmo rio, afirma a fluidez do ser (que apesar de sua pluralidade fluída mantém assim sua unidade estável), na medida em que um certo estado de *vir-a-ser* permanente define de modo definitivo a qualidade das coisas. E, não fossem estas coisas, sequer justiça haveriam de ter conhecido os homens, na medida é que desta unidade plural, é deste *vir-a-ser* onde a essência de tudo é estar o tempo todo em constante movimento, revela aos homens o que é cada coisa, e nesta ordenação (onde os contrários se encontram em luta, e as coisas empíricas

---

[118] Cf. Jaeger, *Paidéia*, 1953, p. 182.

[119] Anaxímenes de Mileto (585-528a.C.), da Jônia, Ásia Menor, de quem se tem pouca notícia, além de ter sido discípulo de Anaximandro e ter-se dedicado à meteorologia.

[120] Heráclito de Éfeso (540-470 a.C.), da Jônia, celebrizou-se com uma das doutrinas cuja significação melhor produziu eco dentre os filósofos pré-socráticos, especialmente considerada sua idéia de que não se nada no mesmo rio duas vezes e de que tudo (o ser) flui permanentemente ["Em rio não se pode entrar duas vezes no mesmo, segundo Heráclito, nem substância mortal tocar duas vezes na mesma condição; mas pela intensidade e rapidez da mudança dispersa e de novo reúne (ou melhor, nem mesmo de novo nem depois, mas ao mesmo tempo) compõe-se e desiste, aproxima-se e afasta-se"], tendo escrito uma obra intitulada *Sobre a natureza*, restando de seu pensamento algo em torno de mais de 130 fragmentos.

[121] Heráclito de Éfeso, *Fragmento*, Estobeu, Florilégio, V, 6, *in* Os pré-socráticos: fragmentos, doxografia e comentários (Os pensadores), 1996, ps. 138-150 (para todas as citações a seguir).

não encontram permanência), lhes faz conhecer justiça ("Nome de justiça não teriam sabido, se não fossem estas (coisas)").[122]

E, neste fluxo, guerra e combate consentem, permitem, favorecem e realizam justiça ("A guerra é de todas as coisas pai, de todas rei, e uns ele revelou deuses, outros homens");[123] somente na luta existe *diké*, e não fora dela, e não sem ela, e não apesar dela.[124] A força simbólica de *diké* aqui encontra uma espécie de fulgor natural, que tudo perpassa, que controla suavemente o rumo e o destino das coisas, de modo a que a imperturbabilidade do ciclo das coisas se mantenha permanentemente conservada, graças a *Diké* e às suas ajudantes, as *Erinis*.[125]

A visão que guardam os homens da justiça não é a mesma que Deus dela guarda, na medida em que aos olhos humanos muito do que é visto como injusto, pode estar sendo a realização de justiça (*diké*) ("Para o deus são belas todas as coisas e boas e justas, mas homens umas tomam (como) injustas, outras (como) justas").[126] Independente disto, a lei que vem colocada como ditame humano, servindo à cidade, esta deve ser respeitada e conservada, como instrumento para a conservação da ordem das coisas. Ela assume um caráter tão importante na Grécia antiga de modo geral, um caráter até mesmo sagrado e inviolável – o que o levará mais tarde Sócrates a uma morte em que proclama a inviolabilidade da lei em defesa do que é comum (*koinón*) – que chega a assumir em Heráclito um caráter pétreo, a ponto de se poder extrair da metáfora da muralha o seu sentido para o conjunto do povo ("É preciso que lute o povo pela lei, tal como pelas muralhas").[127]

---

[122] Heráclito de Éfeso, *Fragmento*, Clemente de Alexandria, Tapeçarias, IV, 10.

[123] Heráclito de Éfeso, *Fragmento*, Hipólito, Refutação, IX, 9. Ou, nesta versão: "É preciso saber que a guerra é o comum, a justiça é discórdia, e que todas as coisas vêm a ser segundo discórdia e necessidade" (Heráclito de Éfeso, *Fragmento*, Orígenes, Contra Celso, VI, 42).

[124] "En Heráclito la lucha se convierte simplemente en el 'padre de todas las cosas'. Sólo en la lucha aparece Diké" (Jaeger, *Paidéia*, 1953, p. 204).

[125] "Por último, todo procede según rigurosa legalidad. "El Sol no rebasará su carrera, y si lo hiciere, sabrían encontrarle las Erinis, ayudantes de Diké" (frag. 94). Diké es aquí la ley natural, y las Erinis, como ya en la Ilíada, sus ayudantes (Il., 19, 418)" (Nestle, *Historia del espíritu griego*, 1987, p. 62).

[126] Heráclito de Éfeso, *Fragmento*, Porfírio, Questões homéricas, Ilíada, IV, 4.

[127] Heráclito de Éfeso, *Fragmento*, Clemente de Alexandria, Tapeçarias, IX, 2.

3.2.2. Escola eleata: ontologia e justiça

A escola eleata, que se abre com Xenófanes de Colofão,[128] cuja crítica às tradições politeístas gregas, advindas da poética e da mítica, lhe faz deduzir a existência de um Deus único, onipotente, destituído de características humanas (principalmente das paixões humanas), cria uma certa contrariedade à forte tradição de culto antropomórfico dado aos deuses desde tempos remotos na cultura grega. Se esta sua marca se transmite à sua escola, será com Parmênides[129] que esta tradição haverá de se tornar cegamente fundamental, numa luta filosófica que se erguerá em direção contrária aos pensamentos de Pitágoras (dualismo) e de Heráclito (fluidez), e a ser sustentada lógica e dialeticamente por outro discípulo da escola, Zenão de Eléia.[130] Com Parmênides, pode-se dizer, se inicia a *onto-logia* (Nietzsche chegará a afirmar, em *A filosofia na época trágica dos gregos*, que na filosofia de Parmênides "preludia-se o tema da ontologia"), o estudo do ser, este que é considerado eterno, uno, único, imóvel e indestrutível e pleno.[131]

Assim, parece que a visão dos homens confunde-se com a opinião que têm sobre os fenômenos que são capazes de ver, de enxergar, de descrever e de compreender, mas ao verem, vêem apenas parte do Ser. Por isso é que o ser é descrito como algo mutável, em permanente fluxo heraclitiano, em profunda divisão pitagórica. Mas, é exatamente *Diké* que permite, no poema *Sobre a natureza* ("..., destes, Justiça de muitas penas tem chaves alternantes..."), que Parmênides tenhas acesso a uma verdade (*alétheia*) que não consta da dimensão de compreensão humana vulgar (*dóxa*). Esta permanência, esta estabilidade, esta segurança, esta inabalável estrutura que paira acima da compreensão vulgar ("... como surdos e cegos, perplexas,

---

[128] Xenófanes de Colofão (570-528 a.C.), da Jônia, escrevia em verso e pregava de modo errante seu pensamento, restam-nos trechos de suas elegias, sátiras e paródias, que revelam o caráter ácido de sua especulação, bem como as suas críticas aos poetas Homero e Hesíodo.
[129] Parmênides de Eléia (530-460 a.C.), considerado discípulo de Xenófanes, é autor de um poema – a forma do filosofar através do poema é inédita na literatura grega de então – intitulado *Sobre a natureza*, de cuja integralidade do texto original restam alguns trechos.
[130] Zenão de Eléia (504-? a.C.), de Eléia, discípulo de Parmênides, deixou alguns escritos (*Discussões, Sobre a natureza, ...*), e é reconhecido por Aristóteles como o verdadeiro iniciador do pensamento lógico e como criador da dialética (método utilizado para contrapor teses e demonstrar sua contraditoriedade recíproca).
[131] Cf. Chauí, *Introdução à história da filosofia*: dos pré-socráticos a Aristóteles, 1994, ps. 73-74.

indecisas massas, para os quais ser e não ser é reputado o mesmo e não o mesmo..."),[132] e que, ao mesmo tempo, a tudo governa, na lisonjeira distância do que está acima do reino das coisas que são governadas pela vida e pela morte, pela gênese e pelo desaparecimento (*gênesis – pthôra*), pelo permanente devir da mutação ("Por outro lado, imóvel em limites de grandes liames é sem princípio e sem pausa, pois geração e perecimento bem longe afastaram-se, rechaçou-os fé verdadeira"),[133] é que descrevem a certeza do império do justo.[134] Mais que isto, em Parmênides e seus sucessores,[135] necessidade, destino e justiça se somam como conceitos, como exigências lógicas da própria existência do Ser.[136]

3.2.3. Escola pitagórica: dualismo numérico e justiça

O hermetismo pré-socrático é uma espécie de marca que acompanha a aura sob a qual se escondem as figuras mais legendárias da cultura grega, entre as quais se encontra Anaximandro, da escola jônica, mas também Pitágoras,[137] a quem se pode atribuir grande responsabilidade pela difusão de uma espécie de prática iniciática marcada a um só tempo pelo místico e pelo filosófico (esta prática funda a escola pitagórica em Crotona). A escola fundada por Pitágoras e os discípulos por ele iniciados haverão de ser profundamente influentes, em primeiro lugar, sobre a cultura e a política locais, e, em segundo lugar, na cultura grega posterior, inclusive clássica e helênica, repercutindo até mesmo de modo direto sobre os pensamentos platônico e aristotélico.

[132] Parmênides, Fragmento, Simplício, Física, 117, 2.
[133] Parmênides, Fragmento, Platão, Sofista, 237 A.
[134] Esta interpretação pode ser extraída da leitura de Jaeger: "La *Diké* de Parménides, que mantiene apartado del Ser todo devenir y todo perecer y lo sostiene persistente e inmóvil en sí mismo, es la necesidad implícita en el concepto del Ser, interpretada como aspiración del ser a la justicia" (Jaeger, *Paidéia*, 1953, p. 197).
[135] Além de Zenão, Melisso (444-?a.C.), de Samos, no Mar Egeu, é reconhecido por sua atividade política, tendo-se notícia de um poema seu (*Sobre a natureza*), tratando-se de um pensador que dá continuidade à reflexão de Parmênides.
[136] Cf. Chauí, *Introdução à história da filosofia:* dos pré-socráticos a Aristóteles, 1994, ps. 83-83.
[137] Pitágoras de Samos (580-497 a.C.), tendo fundado em Crotona uma comunidade de discípulos e iniciados, pregou sua filosofia como uma religião, é perseguido politicamente por provocar agitação política na cidade, e se refugia em Metaponto, não deixando obra escrita de que se tenha notícia, mas provocando grande expansão do pitagorismo pelo mundo conhecido, o que determinará toda uma corrente de discussões na Grécia Antiga.

É certo que esta influência se estenderá para incluir também uma importante repercussão na concepção de justiça (*Diké*) dos filósofos do período socrático,[138] que, a partir da doutrina dualista dos números como tradução da essência do ser (existe a pluralidade dos existentes e a existe a unidade dos números), passa a ser entendida como *tetráktis*, envolvendo proporcionalidade e simetria para sua mais acabada definição.[139] O próprio simbolismo do número quatro para a doutrina pitagórica incorpora-se à ideia de justiça (*diké*), uma vez que tanto pela multiplicação, como pela somatória das díades (2+2=4 ou 2x2=4), obtém-se a *tetraktys*.[140]

De acordo com a doutrina de Pitágoras, a justiça era entendida a principal das virtudes, algo que será profundamente absorvido pela teoria platônica, além de ser concebida como igualdade. A teoria numérica pitagórica entendia que a ideia de justiça podia se expressar ou pela tríade (3) ou pela *tetraktys* (4), especialmente esta última, representação da *omónoia*, harmonia dos contrários existente entre os lados do quadrado. Para a doutrina pitagórica, a perfeição desta equação numérica da justiça pode ser demonstrada em se considerando a somatória dos elementos que formam a primeira *tetraktys* (1+2+3+4 = 10), sendo que o número dez é considerado o símbolo da máxima perfeição na escala numérica decimal, símbolo do infinito.[141]

---

[138] "A contribuição pitagórica foi aproveitada por Aristóteles, na classificação da justiça, em distributiva, corretiva, e comutativa, por Dante Alighieri, ao formular a clássica e famosa definição do direito, baseada na noção de *proportio* e, certamente, inspirou Beccaria, no remate de sua obra *Dos delitos e das penas*, quando se refere à proporcionalidade que existe, necessariamente, entre delito e pena" (Cretella Junior, *Curso de filosofia do direito*, 2 001, p. 94).

[139] Cf. Jaeger, *Paidéia*, 1953, p. 184.

[140] "La igualdad venía representada por el número 3, por ser igual a los números que le antecedem (1+2). La igualdad está también en el número 4, por otra razón: porque está compuesto de dos números iguales.

De la representación geométrica del número 4 obtienen los pitagóricos que lo próprio de la justicia es la reciprocidad e la igualdad (y a que los lados y los angulos de un quadrado son iguales y se corresponden con los contrários). Así es como el cuadrado es modelo de armonía, porque lo forman unos mismos números, tanto si se los suma como si se los multiplica. Por tanto, la justicia no es sólo igualdad, sino doble igualdad (Luego, Aristóteles dirá que la igualdad de la justicia puede ser aritmética o geométrica)" (Sanchez de la Torre, *Op. cit.*, p. 44).

[141] Cf. Gorman, *Pitágoras*: uma vida, 1979, p. 146.

Esta concepção vem a desaguar, posteriormente, no texto da *Ética a Nicômaco* (1131 a, 29), de Aristóteles,[142] onde a justiça distributiva é definida como igualdade de caráter proporcional, construída a partir de um critério do tipo geométrico,[143] observando-se a proporcionalidade da participação de cada qual no critério eleito pela constituição. Nesta relação, há uma proporção a ser observada entre as quatro partes relacionadas, ou seja, dois sujeitos e dois objetos, todas estruturadas a partir de uma relação matemática, em que o primeiro termo está em direta relação de proporcionalidade com o terceiro, ao mesmo tempo em que o segundo assim se encontra frente ao quarto termo (A:B=C:D, onde A+C=B+D).

As diversas investidas de Pitágoras sobre diversos campos de conhecimento, renderam-lhe críticas que reduziram sua figura a uma espécie de cultuador de todos os temas, dos números aos rituais de iniciação, da música do universo às fórmulas matemáticas. No entanto, a doutrina pitagórica fundiu-se a uma longa tradição, radicando-se indiretamente na cultura posterior dos gregos (Platão e Aristóteles, por exemplo), e, também, solidificando-se na continuação de diversos discípulos que lhe deram enfático prosseguimento aos ensinamentos da escola. Filolau de Crotona (Séc. V a.C.),[144] a quem se liga o nome de Árquitas de Tarento,[145] é um destes a quem se atribui, inclusive, uma hermética frase, a respeito de um dualismo fundamental, que haverá de marcar o pensamento platônico, qual seja: "Mas testemunham também os antigos teólogos e adivinhos que por certas punições a alma está ligada ao corpo e, como num túmulo, nele está sepultada".[146]

---

[142] "Era muito comum, na Antiguidade, incluir-se Platão e mesmo Aristóteles entre os sucessores da sociedade pitagórica" (Gorman, *Pitágoras*: uma vida, 1979, p. 220).
[143] (*Eth. Nic.*, 1131 b, 11/ 12). "À la notion simple de l'égalité, qui aparaissait dans l'idéal d'*isonomie*, se substituent des conceptions plus savantes: on distingue, on oppose égalité arithmétique et égalité géometrique ou harmonique. En fait, la notion fondamentale est devenue celle de proporcion..." (Vernant, *Mythe et pensée chez les grecs*, 1965, pp. 171 e 172).
[144] Filolau, séc. V a.C., pitagórico de Crotona, mestre de Demócrito, de quem se tem pouca notícia e remotos fragmentos.
[145] Árquitas de Tarento (400-365 a.C.), discípulo de Filolau, de Crotona, foi governador de Tarento, é considerado iniciador das teorias mecânicas, e de sua obra restam apenas fragmentos (*Harmonia, Diatribes*).
[146] Filolau, Fragmento, Clemente de Alexandria, Tapeçarias, III, 17, *in* Os pré-socráticos: fragmentos, doxografia e comentários (Os pensadores), 1996, p. 208.

3.2.4. Escola da pluralidade: atomismo e justiça

Os pensadores da escola da pluralidade serão aqueles que haverão de se opor à unidade originária do ser (nem o número de Pitágoras, nem a água de Tales, nem a unidade de Parmênides), substituindo-a pela multiplicidade originária do ser (os átomos de Demócrito, os elementos de Empédocles, as sementes de Anaxágoras).[147] São eles pensadores com diversas concepções, como Empédocles[148] e Anaxágoras,[149] mas cuja representatividade para a discussão do problema da justiça se fará recair sobre os atomistas, Leucipo[150] e Demócrito,[151] aqueles que tratavam da *phýsis* como sendo o átomo (*átomos* – o indivisível), relevando-se em especial as reflexões e sentenças deste último, considerado um filósofo de transição, exatamente porque já contemporâneo dos sofistas,[152] representando a passagem entre a cultura cosmológica dos filósofos pré-socráticos e a cultura ético-política dos filósofos socráticos.

---

[147] Cf. Chauí, *Introdução à história da filosofia*: dos pré-socráticos a Aristóteles, 1994, p. 87.

[148] Empédocles de Agrigento (490-435 a.C.), na Sicília, defende a tese dos quatro elementos constitutivos da unidade do ser (água, ar, terra e fogo), sem deixar de considerar sua fluidez empírica, dizendo que os elementos se separam ou se repelem pela relação amor/ódio, tendo deixado dois poemas (*Sobre a natureza, Purificações*).

[149] Anaxágoras de Clazômenas (500-428 a.C.), da Jônia, tem um escrito *Sobre a natureza*, tendo sido importante ativista enquanto ligado a Péricles e tendo fundado a primeira escola filosófica de Atenas.

[150] Leucipo de Mileto (500-430 a.C.), provavelmente discípulo de Zenão, é considerado por Aristóteles o criador da doutrina dos átomos, depois aprofundada por Demócrito, tendo escrito duas obras (*A grande ordem do mundo; Sobre o espírito*).

[151] Demócrito de Abdera (460-370 a.C.), notável atomista, que é discípulo de Leucipo, escreveu muitas obras (cerca de noventa) das quais restam apenas algumas (*Pequena ordem do mundo, Do entendimento...*), mas cujos vários fragmentos (apesar da controvérsia em se saber se são seus ou de Leucipo, pois foram recolhidos todos num único documento) possuem relevante informação para a reconstrução do pensamento atomista antigo.

[152] Deste embate com os sofistas surgem os seus fragmentos éticos, na opinião de Peters: "Embora os fragmentos de Demócrito traiam um certo interesse pelo comportamento ético em geral e pela justiça em particular (ver frgs. 45, 174), isto é mais o interesse ético de um filósofo do que uma tentativa de construir uma ética filosófica. O ímpeto para uma tal tentativa residia nos ataques dos sofistas às bases da conduta, argumentando que elas estavam ligadas a uma lei relativa e arbitrária. Por isso a noção de *diké* foi arrastada para a controvérsia em torno de *nomos* vs. *physis* e resulta numa série de posições dos sofistas que descreveram a justiça como consistindo apenas na obediência às leis arbitrárias do estado (...)" (Peters, *Termos filosóficos gregos*, 2. ed., 1983, p. 54).

Como filósofo pré-socrático, Demócrito haverá de pensar na *phýsis* das coisas (o átomo) e haverá de localizar as coisas num todo, num *kósmos*, dado pela relação entre o vazio e os átomos e o arranjo destes entre si, cuja ordem é fundamental para a harmonia das partes. Este *kósmos* ordenado pode ser enxergado em sua concretização refletido nesta sentença: "Ceder à lei, ao chefe e ao mais sábio é pôr-se em seu lugar".[153] Isto significa que esta mesma sentença, além de revelar uma espécie de subserviência de Demócrito às antigas e tradicionais crenças gregas, já o coloca também entre aqueles filósofos do período socrático, para os quais as preocupações com a ordem do todo se plasmariam na esfera dos assuntos humanos, especialmente os ético-políticos. Isto porque nesta frase estão consagradas: a) a ideia da conservação da lei (ética do respeito à lei) como sendo o cimento da cidade (*pólis*), algo que está presente no discurso de Sócrates perante seus discípulos diante do cálice de cicuta; b) a ideia de hierarquia que coloca cada um em seu próprio lugar, o que pressupõe o entendimento de que há um lugar dado a cada um e de que este lugar deve ser conservado, algo que haverá de marcar a lógica da definição de justiça da *República* de Platão; c) a ideia de superioridade do sábio e da sabedoria, ante a vulgaridade e a ignorância, marcas do intelectualismo ético aristotélico, que faz a felicidade decorrer do conhecimento e da contemplação filosófica.

Analisando de mais perto os fragmentos éticos de Demócrito, é possível identificar diversas curiosas questões sendo tratadas com apurada atenção. Aquela que parece ser uma destas forças vitais de seus fragmentos é a que abre campo para a preocupação que ressalta a busca da excelência do caráter como medida do que é o humano ("A boa natureza dos animais é a força do corpo; a dos homens, a excelência do caráter"),[154] à semelhança do dito do sofista Protágoras, para quem o homem é a medida de todas as coisas, das que são porque são e das que não são porque não são.

Ainda de mais perto, uma destas questões de destaque é aquela que versa sobre o sentimento de justiça. De fato, a injustiça cometida por erro ou por desvio de conduta, é algo comum de ser admitido como pertencente à própria natureza humana. O sentimento de justiça, o móvel da ação, a intenção de agir, a motivação do comportamento são questões que haverão de se desenvolver em momentos posteriores da

---

[153] Demócrito, Fragmentos autênticos, Demócrates, Sentenças, 13.
[154] Demócrito, *Fragmentos autênticos*, Demócrates, Sentenças, 23.

história da filosofia, principalmente a partir do nascimento da filosofia da subjetividade, mas que já encontram forte presença na reflexão de Demócrito sobre o comportamento justo. Quando diz que "O belo não é não cometer injustiça, mas nem mesmo querer fazê-lo" (Demócrito, Fragmentos autênticos, Demócrates, Sentenças, 27), chega mesmo a prenunciar alguns dos principais ensinos bíblicos cristãos, segundo os quais se pode pecar até mesmo por intenção, aqui visto como realização do belo. É certo que isto na produz uma semelhança entre a noção de *charitas* cristã e o pensamento de Demócrito, especialmente porque o cristianismo pressupõe não somente amar o amigo, mas também amar o inimigo, algo que está ausente do pensamento deste filósofo ("Inimigo não é quem comete injustiça, mas o que quer cometê-la"),[155] para quem a intenção do injusto ("quer cometê-la") é um ingrediente fundamental para divisar o justo e o injusto.

Entre o sentir a injustiça e o agir injustamente existe um átimo de diferença que vem explorado pela reflexão de Demócrito de modo muito explícito, construindo uma diferenciação que não encontra claros precedentes nem mesmo na cultura grega anterior, abrindo campo para uma discussão sobre aquilo que hoje se poderia chamar de o problema da consciência, no pensamento antigo ("Quem de boa vontade se lança a obras justas e lícitas, dia e noite está alegre, seguro e despreocupado; mas, quem não faz conta da justiça e não realiza o que é preciso, entedia-se com coisas tais, quando se lembra de alguma delas, sente medo e atormenta-se a si mesmo").[156] Demócrito pode, portanto, afora sua contribuição como atomista, ser considerado, por suas sentenças éticas, um filósofo de grande significação para o período, na medida em que traz como legado até mesmo uma afirmação que lembra aquela do idealismo moderno kantiano, segundo a qual se deve agir de acordo com o dever e pelo dever (ética do dever), para que a ação seja considerada ética ("Não por medo, mas por dever, evitai os erros").[157]

O que se torna ainda mais espantoso, e a coincidência com as crenças cristãs não são pequenas, é que Demócrito tenha declarado a regra de ouro (não fazer aos outros o que não gostaria que a si fosse feito), a noção

---

[155] Demócrito, *Fragmentos autênticos*, Demócrates, Sentenças, 55.
[156] Demócrito, *Fragmentos autênticos*, Estrobeu, II, 9, 3.
[157] Demócrito, *Fragmentos autênticos*, Demócrates, Sentenças, 7.

fundamental do espírito de justiça cristã, quatro séculos (!) antes de sua efetiva proclamação, quando afirma: "Em nada respeitar mais os homens que a si mesmo, nem fazer algo mau, quer ninguém vá ver, quer todos os homens. Ao contrário, respeitar principalmente a si mesmo e estabelecer para sua alma esta lei: nada fazer de inadequado".[158]

Também é curiosa a afirmação de Demócrito, segundo a qual "Quem comete injustiça é mais infeliz que o que sofre injustiça" (Demócrito, Fragmentos autênticos, Demócrates, Sentenças, 11), pois, de certa forma, contém o mesmo espírito das lições socráticas (Sócrates lhe é contemporâneo, e vem a morrer em 399 a.C.), nas quais se encontrava o ensinamento segundo o qual é melhor sofrer a injustiça do que praticá-la.

De seu pensamento também se destaca o desapego material como força motriz do homem justo, na medida em que esta filosofia não convida à renúncia completa aos bens materiais, como haveriam de se desenvolver doutrinas deste jaez no período helenístico (especialmente, a escola dos cínicos), mas sim convida a um moderado comportamento de usufruto dos bens na condição de quem não os persegue a ponto de cometer por eles injustiça ("Conseguir bens não é sem utilidade, mas, através da injustiça, é o pior de tudo"),[159] pois em verdade toda submissão significa escravidão e dependência, o que gera contradição à ideia de justiça ("Quem fosse totalmente submisso ao dinheiro jamais poderia ser justo").[160]

E, nesta concepção de justiça, a vingança participa do espírito de reconstrução da *diké*, da situação equilibrada, na medida em que não se vingar é dar alento àquele que injustiça comete ("É mostra de sabedoria guardar-se da injustiça iminente, mas de insensibilidade não se vingar da sofrida"),[161] na medida em que os atos injustos parecem merecer o desencorajamento e devem ser, quando possível, impedidos, senão vingados ("É belo opor obstáculos a quem comete injustiça; senão, não de participar da injustiça dele").[162] É por isso que a atitude de justiça demanda resistência, demanda força, coragem ("Fama de justiça é coragem e intre-

---

[158] Demócrito, *Fragmentos autênticos*, Estrobeu, IV, 5, 46, in Os pré-socráticos: fragmentos, doxografia e comentários (Os pensadores), 1996, p. 273-300.
[159] Demócrito, *Fragmentos autênticos*, Demócrates, Sentenças, 43.
[160] Demócrito, *Fragmentos autênticos*, Demócrates, Sentenças, 16.
[161] Demócrito, *Fragmentos autênticos*, Estrobeu, III, 3, 43.
[162] Demócrito, *Fragmentos autênticos*, Demócrates, Sentenças, 1.

pidez de julgamento, mas o temor do infortúnio é limite da injustiça").[163] E, quando se trata de fazer justiça, de proclamar justiça para causas alheias, então é necessário que o julgamento seja correto, e, mais que isto, que não se permita prosperar a injustiça pela omissão, pois aquele que pratica o injusto deve padecer de seus efeitos, pois o mal está justamente em consentir com a injustiça ("Aos que sofrem injustiça é preciso, dentro do possível, vingar e nisso não ser omisso. Agir assim é justo e bom, mas não fazê-lo é injusto e mau").[164] Quando a injustiça não é punida, resta a sensação de que a ausência de vingança faz prosperar a injustiça, desincentivando o homem justo. A injustiça, especialmente quando grave, merece rigoroso tratamento, a ponto de se condenar o injusto a não ser absolvido, pois o contrário seria incentivar o injusto, algo que é devido aos juízes de cuja isenção se aguarda o comportamento corajoso e inflexível da prática do justo ("E aos que praticam atos dignos de exílio, ou de prisão ou de punição, deve-se condenar a não absolver. Quem os absolve, dando a sentença por visar lucro ou prazer, comete injustiça e, necessariamente, guardará isto dentro de si").[165]

3.2.5. O legado pré-socrático

São profundamente herméticas, apesar de pertencerem a reflexões que procuram resultar de uma germinação lógico-racional do pensamento, ideias e concepções contidas nas diversas referências feitas ao termo *justiça* (*diké*) nos fragmentos pré-socráticos. De fato, não é lícito recolher uma idéia de justiça unificada, ou uma unidade de justiça entre os pré-socráticos, pois são diversas as escolas, as tendências, as concepções, assim como são variados os pontos-de-partida e os entendimentos mantidos por estes pensadores a respeito do tema.

No entanto, é possível sim recolher trechos, valiosos trechos, que mencionam a justiça (*diké*), dentre aqueles que remanescem da Antiguidade. Partindo, portanto, dos diversos textos recolhidos na exposição anterior do pensamento de cada escola pré-socrática, parece instigar ainda mais esta pesquisa a tentativa de pensar unitariamente não a *justiça* entre os pré-socráticos, mas a *significação* contida nos fragmentos dos diversos

---

[163] Demócrito, *Fragmentos autênticos*, Estrobeu, III, 7, 31.
[164] Demócrito, *Fragmentos autênticos*, Estrobeu, IV, 5, 43.
[165] Demócrito, *Fragmentos autênticos*, Estrobeu, IV, 5, 44.

filósofos pré-socráticos. Se este esforço pode significar um empreendimento necessário para identificar a contribuição do período arcaico, na passagem da cosmogonia e da teogonia à cosmologia, através do pensamento daqueles que primeiro filosofaram, não poderá, no entanto, nos levar a uma conclusão em que se deseje afirmar a existência de uma unidade onde ela não existe.

Assim é que, avaliando o período como um todo, e considerando indistintamente os movimentos filosóficos e suas diferenças conceituais, é possível partir em direção a uma generalização e afirmar, sem margem para erros, que se trata de um período onde se consagra uma visão de mundo onde predomina um jusnaturalismo cosmológico.[166] Com relação ao período anterior, é possível dizer também que o jusnaturalismo cosmológico dos pré-socráticos, que se fia do termo *diké*, para expressar a ordem cosmológica, significa um passo adiante com relação à concepção homérica de *thémis*, na medida em que *diké* não possui os traços mitológicos e sagrados que marcavam as concepções do período anterior ao século VIII a.C, apesar de guardar um hermetismo típico da transição do mitológico ao filosófico.

É interessante registrar que suas ideias sobre justiça e injustiça estão profundamente arraigadas a seus sistemas filosóficos, e que quando falam de justiça ou injustiça, o fazem na medida e na proporção de suas próprias cosmologias, não importa se defendam a divisão das coisas num dualismo entre matéria e números (Pitágoras), a luta de todos os elementos entre si (Heráclito), unidade de tudo na supremacia de um Deus único (Parmênides), a unidade dos contrários (Anaximandro), a fluidez e a permanência harmonizadas no movimento contínuo de todas as coisas (Heráclito) ou a indivisão unitária do ser na ideia de átomo (Demócrito). É nesta medida que se pode dizer que não há uma ordem da parte (*pólis*) separada de uma lei geral do *kósmos*.[167] Quando *diké* aparece nos fragmentos destes autores, não quer dizer nada além daquilo que figura ser, como

---

[166] Cf. Cabral de Moncada, *Filosofia do direito e do estado*, 1995, p. 12.
[167] Esta é a observação de Cabral de Moncada: "Nos antigos tempos, desde os primeiros alvores que se conhecem da filosofia naturalista dos Jônios, no século VI a.C., e depois da fase mitológica do pensamento grego, a natureza das leis do Estado (*nómw díkaion*) foi durante muito tempo julgada idêntica à das restantes leis do Cosmos (*phýsei díkaion*), constituindo este a *phýsis*, dentro da qual o homem vivia encaixado como uma parte no todo, sem nenhuma espécie de autonomia" (Cabral de Moncada, *Filosofia do direito e do estado*, 1995, p.12).

ordem que se deve atribuir para que as partes estejam de acordo com o todo.

Também se percebe que a discussão sobre a justiça não é travada em nenhum momento como constituindo um tema acantonado, ou especializado, de preocupações particulares, como as de caráter ético-moral, ou as de caráter político-jurídicos. A ideia de *diké* entre os gregos – aliás, desde o período homérico até o período helenístico – não corresponde a uma aspiração de certos especialistas ou técnicos no desenvolvimento de um saber que não fosse preocupação comum e vulgar a todos. Isto haverá de ocorrer com os latinos, na medida em que se desenvolve uma cultura de especialistas chamados de jurisconsultos. A própria cidadania grega, que permitiu a participação direta dos gregos na distribuição do justo, como condição política elementar para a formação deste cenário, contribui para que esta concepção seja fermentada desta forma.

É por isso que justiça e injustiça têm a ver com concepções gerais sobre a sobrevivência ou não das coisas, no processo de contínuo movimento das coisas (*kínesis*), dentro de condições onde se percebe na vida sublunar a constante substituição dos indivíduos e a não permanência como característica dos processos naturais (*gênesis/pthôra*), de modo que a investigação e a especulação sobre a existência ou não do ser, sobre a unidade dos movimentos cíclicos da natureza, sobre o poder da divindade determinar os destinos das coisas... passa a representar uma abertura, provocada pela civilização grega, do homem (*anthropos*) em direção à explicação de sua eterna busca de si mesmo, para repetir a expressão contida no portal do oráculo de Delfos, e que inspirou o pensamento socrático (*gnouth autos*).

4. As leis, a justiça e a aurora da democracia grega

As primeiras leis foram obtidas no governo de Drácon (século VII a.C.), mas foi com Sólon, entre o final do século VII e início do século VI a.C., que se buscou a realização do ideal encarnado no termo *diké* e consagrado na literatura hesiódica. Assim, ampliando e dando ensejo à materialização dos anseios do representante popular no espaço poético-literário, Sólon combateu a discórdia social e introduziu a *isonomía* – a igualdade – entre os integrantes da sociedade, um dos três pressupostos da forma democrática de governo. A ordem e o direito tornaram-se elementos de primordial importância no governo instituído por Sólon, estadista, legislador, pensador e poeta que compõe a parte mais nobre da tradição helênica. Foi a medida (*métron*) o baluarte de todo o seu governo, uma vez que realizou o equilíbrio social, procurando estabelecer a harmonia entre os interesses classiais antagônicos e favorecer o desenvolvimento de uma classe média forte, assim como de toda a sua obra intelectual, de cunho notadamente político-moral. Foi com Sólon que se efetivou a subsunção do homem ao Estado, erigindo-se, desde então, a verdadeira responsabilidade cívica dos indivíduos participantes da conjuntura político-social. Sabedoria e astúcia política ligam-se ao nome deste governante, que não só idealizou, enquanto pensador, como realizou, enquanto governante, por meio de legislação, as modificações necessárias para a sequência do desenvolvimento da sociedade na busca do governo democrático.

A princípio em estreita conexão com a religião, como sagradas emanações da tradição que unia não só os homens em torno do culto do lar, mas, também, em torno do culto da cidade e de seus deuses,[168] a legislação, ao ganhar a forma escrita sob o governo de Drácon, tornou-se princípio de conduta ao qual se passou a atribuir as qualidades da imutabilidade e da inderrogabilidade, representação própria do espírito da cidade corporificado num conjunto racional de preceitos. A dinamização da vida política, ensejando modificações estruturais intensas, deu margem à transformação do sagrado em profano; aquilo que era cognoscível, de início, apenas pelos sacerdotes, laicizou-se, passando para o domínio do legislador (*nomothétes*) e, posteriormente, para o domínio do corpo de cidadãos: o poder de controlar as instituições da *pólis*. Da sacralidade à objetividade, ocorreu uma mutação: a inviolabilidade foi substituída pela derrogabilidade da lei.

No final do século VI a.C., representando momento de transição do governo aristocrático para o democrático, a experiência da tirania predominou em inúmeras cidades gregas. As tiranias trouxeram, além de uma grande valorização dos ideais culturais e artísticos, um conteúdo legislativo inovador das leis que haviam ganhado imperatividade por força da tradição e da grande eficácia social, fato que conduziu o povo a interpretar as leis dos antigos legisladores, em oposição ao novo Direito promulgado sob a tirania, como o verdadeiro conceito de justo. Associou-se à ideia de tradição a de justiça. Não mais a lei nova incorpora a força de uma convenção capaz de satisfazer às necessidades humanas, antes o Direito

---

[168] Coulanges, *op. cit.*, vol. I, p. 290.

promulgado pelo legislador-reformador.[169] Desta forma, a força popular opôs resistência à implantação pacífica do regime tirânico baseado na nova legislação. O justo ganhou nova interpretação, revestindo, neste período, a indumentária da tradição para se opor dicotomicamente ao Direito implantado pela tirania, encontrando em Pisístrato o representante ateniense.

Desde o final do século VI a.C. até a aurora do século V a.C., momento em que já se reuniam quase todos os elementos fundamentais para que se perfizesse o apogeu da civilização helênica, destacaram-se dois grandes líderes em Atenas: de um lado, Clístenes, que viabilizou a implantação das estruturas democráticas, redistribuindo a Corte de Justiça e de Decretos e criando os estrategos em substituição ao poder dos arcontes, além de empreender uma reforma interna em toda a configuração da cidade, subdividindo-a em 10 tribos, mediante novos critérios de participação; de outro lado, Péricles, arconte entre 459 e 429 a.C., que, eleito como representante do povo, consolidou a democracia da *pólis* Atenas à condição de referência para toda a Grécia. Em meio às modificações políticas, está em gestação um novo conceito de justiça.

Iniciaram-se novas indagações, oriundas da literatura trágica, a exemplo das obras de Sófocles (495-406 a.C.), expoente máximo da tragédia do século V a.C. A busca de compreensão do questionamento que se tornará explícito em toda a tradição posterior em torno do binômio da justiça legal e da justiça natural, ou seja, *díkaion nomikón* e *díkaion physikón*. Tal postulação perpetuou-se através de uma cadeia interminável de discussões, produzindo reflexos profundos nas diversas escolas filosóficas posteriores, encontrando orientações diversas, assim como respostas inúmeras entre as mesmas.

O motor de toda a problemática, que foi amplamente abordada e explorada pelos sofistas, foi a multiplicação sucessiva de mudanças legislativas. Enquanto as leis eram tidas como sagradas,[170] eram salvaguardadas pelo respeito e pela intangibilidade, princípio que foi superado no momento em que a legislação tornou-se expressão humana por excelência, seja de um homem (legislador ou tirano), seja de um conjunto deliberativo de homens. Despida de sacralidade, e envolvida no contínuo processo

---

[169] *Vide* A. Sanchez de la Torre, *op. cit.*
[170] *Vide* Fustel de Coulanges, *op. cit.*

de modificações pelo qual passou a *pólis* para alcançar seu estágio de plenitude organizativa, a lei tornou-se objeto de revisões e reformulações constantes que se aceleraram marcantemente no século V a.C., o que contribuiu para acentuar o caráter de efemeridade subjacente a tudo aquilo que constitui criação humana. A perecibilidade é a característica da realidade contingente, pois a ela é inerente a mesma fluidez das águas de um rio que escorre inexoravelmente, o que o leva a nunca ser o mesmo, de acordo com o corolário central do pensamento heraclitiano. Os sofistas retomaram o tema enfatizando que, se de fato a mutabilidade atinge a *nómos*, todo e qualquer conteúdo pode ser objeto desta, não podendo ser a justiça algo diferente daquilo que foi instituído pelo legislador.

O que de fato ocorreu, e que é o cerne de todo postulamento, foi um diametral deslocamento das preocupações da filosofia, centradas na descoberta de um sistema ponderado de explicação da realidade cosmológica, matriz de todas as especulações dos pensadores pré-socráticos, entre os quais se alistam Tales de Mileto, Anaxímenes, Parmênides, Pitágoras, Demócrito, Heráclito, entre outros que se empenharam em decifrar a natureza do ser enquanto ser, para o âmbito do mundo político.

A democracia situou o cidadão como ativo elemento do governo, podendo votar e ser votado, dar orientação aos negócios públicos, além de julgar e decidir quanto ao conteúdo das leis. Isonomia, igualdade de participação nas decisões políticas, isagoria, geral direito de falar em público para os cidadãos, e eunomia, divisão dos cargos públicos por sorteio, estando plenamente cristalizadas, ensejaram um novo tipo de vida que demandou o cultivo da *arethé politiké*. A mecânica social onerou o cidadão e exigiu deste esforços redobrados. O processo legislativo requereu a aplicação constante do raciocínio e do discurso de opinião, o que não deixou de suscitar debates entre os membros dos partidos antagônicos, empenhados em ditar a orientação peculiar a cada forma de governo; o processo judiciário, antes de ser instrumento estanque e paralítico da estrutura estatal, dinamizou-se fomentando e exigindo o talento e o desenvolvimento da técnica de oratória e da arte dialética do orador no convencimento do juiz (*dikastés*) em momento em que os destinos das cidades eram conduzidos pela palavra (*lógos*).

As amplas disputas, discussões e debates que permearam todo o século V a.C., em virtude da presença e do desenvolvimento das escolas de sofistas, colaboraram no processo de abertura dos horizontes do pensamento grego na busca da verdade tanto científica, quanto metafísica. A retórica livre, matiz característico do século de Péricles para a sociedade ateniense, aliada ao amor pelo cultivo da oratória e da linguagem persuasiva da retórica, ensejou a possibilidade de questionamento da posição particular do homem perante a natureza e como membro participante do corpo político. Este é o período antropocêntrico da filosofia helena, que teve sua existência garantida pela implantação da forma democrática de governo no campo político, pela abertura das fronteiras gregas ao mundo comercial com maior intensidade após a vitória na guerra contra os persas no campo socioeconômico, pelo incentivo tanto dos valores cívicos quanto de toda expressão artístico-cultural.

A praça pública (*agorá*), povoada por homens dotados da arte e da técnica (*techné*) de utilização das palavras, tornou-se espaço onde se exercia verdadeira oficina da intelectualidade em sua expressão oralizada.[171] Assim, pelo poder persuasivo dos sofistas, ou pelo trabalho dos *logógraphoi*, perante os magistrados, os discursos forenses se avolumavam ao lado das questões públicas. Sendo a argumentação o critério básico norteador de qualquer decisão proferida pelo órgão julgador, as palavras tornaram-se o elemento primordial para a definição do justo e do injusto.

Com isto, o Direito da cidade perdeu sua solidez ao tornar-se, arbitrariamente, objeto da criação linguística, produto da concatenação cerebrina e astuciosa de ideias para a satisfação de interesses imediatos daqueles que as manipulavam. A *techné* argumentativa suplantou a importância da busca dos limites entre o justo e o injusto; todo e qualquer conteúdo podia ser objeto do Direito, conquanto que bem articulado pela força da expressão oral e bem defendido perante os magistrados, em caso de questão processual, ou perante os demais cidadãos, em caso de votação das *nómoi* da cidade.

Neste passo, a tendência foi a própria desagregação do sentimento de união cívica, baluarte da *pólis*, uma vez que a democracia, com seus respectivos instrumentos de participação direta na escolha de representantes e

---

[171] Os questionamentos acerca da coerência sistêmica do mundo jurídico heleno dos séculos V e IV a.C. feitos pelos sofistas ensejaram a meditação sobre a justiça enquanto fenômeno ontológico e enquanto fenômeno de realização humana, o que levou A. Sanchez de la Torre a afirmar que teriam sido os sofistas os primeiros filósofos do Direito: *"De este modo, se inició la filosofía jurídica, igual que los filósofos jonios habían inventado la filosofía natural"* (*Op. cit.*, p. 61).

na elaboração e votação de leis, obscureceu-se manipulada pelo interesse e pelo individualismo. Quedaram inúteis todos os esforços de aperfeiçoamento do convívio social, uma vez que o Bem Comum deixou de ser a busca de todo cidadão.

O resultado não foi senão a pura relativização conceptual do termo justiça, que se encontrou sufocado entre os dois pólos da dicotomia formada sob o signo natureza x lei. Muitos dos cultores do movimento sofístico, embasados em tal dicotomia, advogaram a ideia de que existiria uma oposição intrínseca entre a lei da natureza (*phýsis*), o que equivale a dizer a lei do mais forte sobre o mais fraco, e a lei convencionada pelo homem (*nómos*), lei esta que seria artificial e que atentaria contra a ordem natural das coisas. Destarte, preconizavam que os homens deveriam se submeter ao poder daquele que ascendesse ao controle da cidade por meio da força, sem qualquer respeito aos ditames da organização social e aos direitos inerentes à estrutura comunitária de vida. A lei (*nómos*), ainda na concepção desta corrente de pensamento, seria criação do espírito humano alheia e, de certa forma, forjada pelo arbítrio convencional do ser humano para escapar à lei que presidiria a todos os seres sem qualquer distinção.

5. A reflexão socrática, as leis e a justiça

Emergencial reforma de valores se fez mister empreender. Em tal tarefa se empenhou Sócrates (469-399 a.C.), iniciador da filosofia moral e inspirador de toda uma corrente de pensamento até Aristóteles. Preconizou o "conhece-te a ti mesmo" (*gnouth autós*) como catarse interior do indivíduo para o benefício do conjunto social, assim como a necessidade de depuração lógico-semântica da linguagem, por meio da parturição discursiva das idéias.[172] Muitas vezes injustamente situado entre os sofistas

---

[172] A revolução socrática é bem expressada por Zeller: *"L'époque de Socrate avait reçu de l'âge précédent un riche héritage d'idées religieuses, de principes moraux et de conceptions scientifiques. Mais en même temps elle s'était bien écartée, en toutes choses, de la direction intellectuelle et morale des générations antérieurs. Les formes traditionnelles étaient devenues trop étroites pour elle, on cherchait des voies nouvelles, de nouveaux problèmes s'imposaient. Les conceptions mythiques des dieux et de la vie future avaient perdu leur valeur pour la grande majorité des hommes instruits; l'existence même des dieux était devenue douteuse pour un grand nombre. Les anciennes moeurs étaient tombées en désuétude; le respect de la loi dans la vie publique, la simplicité et l'austérité dans la vie privée avaient fait place à une licence sans frein, à une poursuite sans scrupule de la jouissance et de l'interêt. Des principes*

e ridicularizado pela impiedosa comédia de seu tempo, como se verifica em *As nuvens* de Aristófanes,[173] Sócrates partiu do entendimento sofista da realidade, essencialmente contundente, relativista e dicotômico, para erigir uma linha de pensamento autônoma e originária que se voltasse contra o despotismo do discurso e da palavra que se havia instaurado neste período da história grega.[174]

Imiscuindo-se no mundo filosófico, granjeou inúmeros discípulos, assim como um sem-número de inimigos, que mais tarde haveriam de reunir forças para sustentar a sua condenação popular. Sócrates marcou sua presença nas ruas de Atenas pelo conteúdo de suas lições, flagrantemente oposto à ordem prevalecente de ideias. Destarte, o respeito às normas vigentes, a vinculação do filósofo com a busca da verdade conceptual, o engajamento do cidadão nos interesses da cidade aparecem como postulados perenes de seu pensamento, postulados estes que haveriam de golpear fatalmente o relativismo e lançar os gérmens de novos sistemas filosóficos, como o platônico, o aristotélico e o estoico.[175]

Sócrates, o mestre de Platão, demonstrou ser o Direito instrumento humano de coesão social, dotado de um fim bem definido, o Bem Comum, objetivo comum a todos, consistente no desenvolvimento integral de todas as potencialidades humanas, alcançável por meio do cultivo das virtudes. Em seu conceito, que nos foi transmitido pelos diálogos platônicos de primeira geração, as *nómoi* da cidade são inderrogáveis pelo arbítrio da vontade humana que se expressa por meio de falaciosas construções silogísticas e de argumentos desvinculados de qualquer compromisso com a verdade (*dóxa*). É perceptível a transição do pensamento dos sofistas para o de Sócrates. Enquanto os primeiros relevaram a efemeridade e

---

qui ébranlaient les fondements mêmes du droit et de la loi étaient hardiment proclamés, aux applaudissements unanimes de la jeune génération; *la sévérité et l'élévation de l'art ancien, la beauté limpide, la grâce classique, la dignité pleine de retenue de l'art postérieur commençaient à dégénérer en un savoir-faire uniquement à l'effet. Avec la sophistique, la philosophie était arrivé à se défier non seulement des systèmes particuliers, mais de la direction générale qu'avaient suivie les recherches antérieurs, disons plus, de la possibilité même de la science*" (grifo nosso) (Zeller, *La philosophie des grecs considérée dans son développement*, Trad. de Émile Boutroux, Paris, 1884).

[173] Aristófanes, As nuvens, *in Os pensadores*, 1972.

[174] Sócrates diz a Alcibíades: "*Me demande-tu si je peux m'expliquer en longs discours, tels que tu est habitué à en entendre? Ce n'est pas ma manière*" (Platon, "Alcibiade", 106 b, *in Oeuvres complètes*).

[175] Tovar, *Vida de Sócrates*, 1953, p. 319.

a contingência das leis variáveis no tempo e no espaço, Sócrates empenhou-se em restabelecer para a cidade o império do ideal cívico, liame indissociável entre indivíduo e sociedade.

Após a restauração democrática, o que representou significativa vitória contra as forças oligárquicas, que haviam submetido Atenas ao governo dos Trinta Tiranos de Esparta após a Guerra do Peloponeso (431-404 a.C.), Sócrates, que havia despertado a animosidade em muitos daqueles que interpelara dialeticamente, foi processado pela cidade de Atenas através de seu órgão julgador colegiado e, após defesa em que contraditou os argumentos de seus adversários, condenado a beber cicuta por negar as divindades da cidade criando outras, além de corromper a juventude com seus ensinamentos. Tal condenação demonstra a relatividade de todo julgamento humano lastreado na opinião de acusadores, prova da própria imperfeição do modo democrático de deliberar, vigente entre os gregos, que condenou o maior expoente da filosofia ateniense.

Não obstante a injustiça do julgamento a que deram causa as acusações de Meleto, Anito e Licon, Sócrates submeteu-se serenamente à sentença condenatória, deixando entrever aos seus discípulos mais um importante ensinamento: o valor da lei (*nómos*) como elemento de ordem para a *pólis*.

De fato, às vésperas da execução da sentença, negando ao apelo de Críton, discípulo que viera ao cárcere propor-lhe a evasão da prisão, Sócrates pôde consolidar a sua doutrina e demonstrar a solidez de seu sistema filosófico.[176] Aquele que havia dedicado sua vida à busca da verdade em benefício da *pólis* e ao cultivo da virtude não podia desmentir a própria postura vivenciada com o testemunho de seus discípulos e seguidores.

Desta forma, não procurando revidar o injusto corporificado na sentença condenatória com outro ato de injustiça para com a cidade, Sócrates consagrou valores que foram, posteriormente, absorvidos por Platão e por Aristóteles. O homem enquanto integrado ao modo político de vida deve zelar pelo respeito absoluto, mesmo em detrimento da própria vida, ao *nómos póleos*, que é o que permite a vivência comum. O homem, assim radicado naturalmente na forma de vida comunitária, tem como dever o cumprimento de seu papel como cidadão participativo, e, assim, integrado

---

[176] Apolodoro diante de Sócrates: *"Mais moi j'ai beaucoup de peine, Socrate, à te voir mourir injustement"* Ao que o mestre responde: *"Préférerais-tu, mon bien cher Apollodore, me voir mourir justement plutôt qu'injustement?"* (Xénophon, *Apologie de Socrate*, p. 28).

nos negócios públicos, deve buscar a manutenção da validade das instituições convencionadas que consentem o desenvolvimento da harmonia comunitária.

O ato de descumprimento da sentença imposta pela cidade representaria para Sócrates a derrogação de um princípio básico do governo das leis: a eficácia.[177] Sua atitude serviria de exemplo para que outros também se esquivassem do cumprimento de seus deveres legais perante a cidade, o que equivaleria a solapar as estruturas da cidade-estado erigida sob a égide do governo de Sólon que havia instituído a *isonomía* entre os cidadãos.

O valor das leis ganhou força de princípio coercitivo e vinculativo para todo aquele que se pudesse considerar um bom cidadão, um cidadão virtuoso.[178] É virtuosa a servidão às leis. A *justiça política*, que se fazia viva por meio das leis positivas, representou entre os gregos, e mesmo entre outros povos da Antiguidade, a orientação da vida do próprio indivíduo. Amplamente restritivas da liberdade individual, intercedendo profundamente na vida privada dos indivíduos, para algumas cidades gregas, Esparta, por exemplo, e, contrariamente, concessivas em outras, Atenas, por exemplo, as leis representavam o estatuto que imprimia o ritmo de vida a ser seguido pelos súditos da *politeía*. Desde o nascimento até a morte do cidadão, o paternalismo das leis se exprimia por um conjunto de disposições que norteavam a educação, a disciplina e outros valores sociais no sentido de aperfeiçoamento não só da parte, mas do todo à qual estava indissociavelmente ligada.[179] A liberdade que o ateniense encontrava em sua cidade era fruto de um regime político democrático que era respaldado pela *politeía*, valioso corpo de leis que vigorava nos limites das fronteiras da *pólis*.

---

[177] No diálogo platônico Críton, Sócrates imagina qual seria sua postura diante das leis da República se estas o argüissem, antes de sua fuga, nos seguintes termos: "*Dis-nous, Socrate, qu'as tu dessein de faire? Ce que tu tentes, qu'est-ce autre chose que de vouloir nous détruire, nous les lois, et tout l'État, autant qu'il est en ton pouvoir? Crois-tu vraiment qu'un État puisse subsister, qu'il ne soit pas renversé, lorsque les jugements rendus y sont sans force, lorsque les particuliers peuvent en supprimer l'effet et les détruire?*" (Platon, "Criton", *in* Oeuvres Complètes, 50 b).

[178] A sacralidade do valor das leis e o peso destas na vida do cidadão estão claramente caracterizadas em Fustel de Coulanges (*Op. cit.*, ps. 290 e 305).

[179] Vide Tovar, Vida de Sócrates, ps. 321 e 322. Também, neste sentido: "*Traza límites y caminos (la leye), incluso en los asuntos más íntimos de la vida privada y de la conducta moral de sus ciudadanos*" (Werner Jaeger, *op. cit.*, vol. I, p. 127).

Sócrates se serviu de sua própria experiência para fazer com que a verdade acerca do justo e do injusto viesse à tona.[180] A lei que encontra guarida no interior de cada ser, lei moral por excelência, poderia julgar pela prudência acerca da justiça de uma lei positiva, mas este juízo não poderia ultrapassar os limites da crítica a ponto de se lesar a legislação política pelo descumprimento.[181] O foro interior e individual deveria se submeter ao exterior e geral em benefício da coletividade.[182] Sua submissão à sentença condenatória representou não só a confirmação de seus ensinamentos, mas, também, a revitalização dos valores sociorreligiosos acordantes com os que foram a base da construção da própria cidade-estado grega, quando da transição de um estado gentílico ao político. Moralidade e legalidade caminham juntas para a realização do escopo social, dentro da ordem das leis divinas as quais Sócrates insistia em sublinhar como parâmetro do correto julgamento do próprio ser.[183]

Urgia à cidade o cultivo de novos alentos ao sentimento cívico, o que se perfez com a atitude desprendida do filósofo relativamente à sua própria vida. Não foram poucos os motivos que o inspiraram em sua decisão, podendo-se enumerar, entre outros, os seguintes: a) o momento histórico decadencial vivido pela mais célebre cidade-estado grega após haver sucumbido às forças espartanas na Guerra do Peloponeso; b) a oportunidade de deixar novo ensinamento que concatenasse lei moral com legislação cívica; c) o respeito às normas e à religião que governavam a comunidade, no sentido do sacrifício da parte pela subsistência do todo; d) a importância e imperatividade da lei entre os antigos; e) a substituição do princípio da reciprocidade, segundo o qual se respondia ao injusto com injustiça, pelo princípio da anulação de um mal com seu contrário, assim,

---

[180] Aloysio Ferraz Pereira, *História da filosofia do Direito*, 1980, p. 37.
[181] "...temos em Sócrates o exemplo clássico do conflito entre a ordem objetiva e legal, por ele considerada como expressão da justiça, e o seu sentimento subjetivo de que estava sendo injustiçado ao ser condenado à morte" (Cláudio de Cicco, "A justiça e o Direito moderno", *in Revista Brasileira de Filosofia*, 1991, p. 147).
[182] "*Avec Socrate cette direction devient dominante. Il s'occupe exclusivement de la détermination des concepts et des recherches sur la vertu; c'est aux mêmes problèmes, à quelques exceptions près, que les écoles demi-socratiques limitent leur champ d'études*" (Zeller, *op. cit.*, p. 38).
[183] "*Eh, bien, Criton, à la bonne fortune! Si telle est la volonté des dieux, qu'il en soit ainsi.*" diz Sócrates, respondendo à temerosa ansiedade do discípulo que o queria ver distante da prisão. (Platon, "Criton", *in Oeuvres Complètes*, 43 b).

da injustiça com um ato de justiça;[184] f) o reconhecimento da existência de uma lei divina anterior e superior à humana, responsável pelo verdadeiro veredito dos atos humanos.

Portanto, um misterioso conjunto de elementos morais e religiosos, combinados com valores ético-sociais, permearam os ensinamentos socráticos, que permaneceram como princípios perenes e modelares, apesar de não terem sido reduzidos a escrito,[185] mas que se transmitiram e se consubstanciaram principalmente no pensamento platônico, surtindo seus reflexos nas demais escolas que se firmaram na doutrina socrática. A obediência à lei consignou-se dogmaticamente como limite entre a civilização e a barbárie;[186] correspondendo às ideias de ordem e coesão, é medida de toda coexistência social, uma vez que as partes pertencem ao todo e o interesse do que é comum (*koinón*) deve prevalecer sobre o interesse do particular (*ídion*).

6. O platonismo e a justiça

"E também tenham pensamentos benignos e pios para com os deuses, os demônios e os heróis, assim como pelos genitores e bem-feitores; venham em socorro da lei e combatam a ilegalidade."[187] Estas eram as

---

[184] Em *Criton*, as leis se dirigem a Sócrates nos seguintes termos: "*Aujourd'hui, si tu quittes la vie, tu la quitteras condamné injustement, non point par nous, les lois, mais par des hommes; si, au contraire, tu t'évades en répondant si honteusement à l'injustice par l'injustice, au mal par le mal...*" (Platon, "Criton", 54 c, in *Oeuvres Complètes*).

[185] A este respeito diz Hannah Arendt: "Depõe muito a favor de Sócrates o fato de que só ele, entre todos os grandes pensadores – singular neste aspecto como em muitos outros – jamais se tenha entregue ao trabalho de dar forma escrita a seus pensamentos; pois é óbvio que, por mais que um pensador se preocupe com o eterno, no instante em que se dispõe a escrever os seus pensamentos deixa de estar fundamentalmente preocupado com a eternidade e volta a sua atenção para a tarefa de legar aos pósteros algum vestígio deles" (*Op. cit.*, p. 28).

[186] "No *Críton*, diálogo entre os primeiros de Platão, há uma indicação da importância que ele dá às leis como limite à barbárie. Se os homens erram ao aplicá-las – como fizeram com Sócrates quando o condenaram – nem por isso elas devem ser quebradas, dado o poder de obediência que têm e sua validez para todos. A lei estende seu manto igualando os homens como cidadãos, apesar de preservar a diferença entre eles, de tal modo que, na igualdade e na diferença, possa transparecer um todo harmônico, logo justo, porque pleno de limites necessários à convivência" (Andrade, *op. cit.*, ps. 206 e 207).

[187] "*E inoltre abbiate pensieri benigni e pii per la stirpe degli dèi, dei demoni e degli eroi, nonché per i genitori e i benefattori, venite in soccorso della legge e combattete l'illegalità*" (Giamblico, *Vita pitagorica*, XI, 100).

palavras pronunciadas pelo mais ancião dos membros da comunidade pitagórica, após as últimas libações do dia aos deuses, na sacralidade da jornada de atividade dos iniciados (*akousmata*) na *sophía* das coisas divinas e dos demais ensinamentos pitagóricos. Este discurso era a habitual incitação de um membro da comunidade, o mais ancião dentre eles, aos demais, no sentido de introspectar-lhes o amor pela observância do culto aos deuses, às instituições humanas e à lei. Neste sentido, não só os valores morais, religiosos e legais encontravam uma mesma significância valorativa, pois colocados uns ao lado dos outros paritariamente, mas também às 'coisas humanas' se devotava o mesmo respeito que às 'coisas divinas'. Nesta contraposição de conceitos 'coisas humanas' – 'coisas divinas' ressalta-se o respeito às leis (*nómoi*) e a incitação ao combate da ilegalidade (*anomía*) como 'coisas humanas' de valor divino.

As prescrições genéricas da conduta, que, enfim, constituem as construções arquitetônicas do legislador no sentido de orientar o comportamento humano em sociedade, parecem alcançar alto grau de estimação dentro da hierarquia valorativa das instituições humanas. Isto porque o 'con-vívio' era entendido em seu sentido mais concreto a partir do conceito de 'ordem' (*táxis*), estando a preservação da *koinonía* em relação direta com a preservação dos valores da tradição, bem como no sentido da manutenção da ordem. A lei, em toda a sua semântica sociopolítica, comportava, aos olhos da melhor filosofia de época, a mais adequada sinonímia com relação ao termo 'ordem' (*táxis*). Daí que a evocação do termo 'ordem' (*táxis*) signifique referência direta ao termo lei (*nómos*).

Se, em Pitágoras, a conduta humana, e sobretudo a conduta humana em sociedade, é interpretada a partir de seu acordo ou desacordo com as 'coisas divinas'[188] – e este era o parâmetro para o obrar humano –, parece um tanto evidente que, ademais da importância do comportamento do cidadão (*polités*) em sociedade, a própria conduta e a própria educação do legislador (*nomothétes*) fossem modelares, seja porque a própria função legiferante lhes exigia, seja pelo objetivo de procura do melhor (*aristón*) e do mais verdadeiro para os cidadãos que devia lhe orientar a ação. Para estes, em especial, prescrevia, Pitágoras, um estatuto disciplinar que os

---

[188] Giamblico, *Vita pitagorica*, XXVIII, 137.

dirigisse ao alcance da perfeição legislativa. O mesmo para os políticos (*politikói*).[189]

O valor justiça, portanto, sobrepõe-se a qualquer outro valor, na acepção absoluta que lhe dá Pitágoras de Samos; o sacrifício chega ao limite de se conceber que, entre sofrer a injustiça e causar-lhe a outrem, era preferível sofrê-la.[190] O princípio mais abrangente de sua concepção de justiça, que vem alcançar e comprometer toda a principiologia platônica da *Republica*, reside na igualdade de todos e na comunhão de bens, tal qual se todos fossem uma única e homogênea forma orgânica.[191]

O paradigma da justiça expresso no símbolo da balança aparece no contexto desta filosofia com a seguinte máxima: '*Non fare traboceare la bilancia*' (Giamblico, XXX, 186). A justiça pitagórica se distende em inúmeros conceitos, assim como ocorre com a justiça em Platão e em Aristóteles, podendo-se resumir aos seguintes preceitos e máximas genéricas: a) a justiça, em uma primeira acepção, significa respeito aos deuses e ao culto; b) em uma segunda acepção, a justiça é judiciária, o que significa um *post factum*, um corretivo com relação ao surgimento de uma situação de injustiça; c) a justiça normativa, que, melhor que a judiciária, é um *ante factum*, ou seja, um algo preventivo colocado a serviço dos *politai* como garantia da ordem e do Bem Comum; d) justiça é, também, sinônimo de autoridade e de obediência, estando implícita na noção de ordem a ideia de hierarquia; e) a justiça aparece como piedade num sentido mais ético do termo;[192] f) a justiça é humana, no que se refere ao tratamento dos homens *inter homines*, e a justiça é animal no que se refere ao tratamento dos homens

---

[189] *Id., ibid.*, XXIV, 108.

[190] "*Secondo i suoi precetti, era di gran lunga preferibile subire ingiustizia piuttosto che uccidere un uomo, perché il giudizio è riservato all'oltretomba (...)*" (*Id., ibid.*, XXX, 179).

[191] A remição do compromisso platônico com a doutrina pitagórica é dada diretamente por Jâmblico, na seguinte passagem de sua obra *Vita pitagorica*: "Ora, per lui il principio della giustizia risiede nella comunità dei beni, nell'uglaglianza e in un'unione tra gli uomini tale che tutti possano sentire come un corpo e un'anima sola e chiamare la medesima cosa mia a tua. Proprio in questo senso va la testimonianza di Platone [Repubblica, 462 b], *in ciò discepolo dei pitagorici*" (*Id., ibid.*, XXX, 167).

[192] Veja-se, aqui, por exemplo, a consagração desta acepção por Pitágoras: "*Dopo la comunanza dei beni, poi, ciò che secondo lui apporta giustizia è il sentimento di familiarità verso gli altri, mentre l'estraniamento e il disprezzo del genere umano ingenerano giustizia*" (*Id., ibid.*, XXX, 168).

para com os animais.[193] A doutrina pitagórica, afora o seu contexto religioso e as demais bases míticas sobre as quais se assenta – tenha-se presente que Pitágoras foi o fundador de uma *koinonía* –, foi a base da conceptualização platônica, e como tal absorvida amplamente pelos textos platônicos, de modo que resplandecem as noções ali consagradas como valores imorredouros para a compreensão histórica da filosofia helênica. É a partir destas considerações acerca do pitagorismo que se pode compreender melhor a dimensão dos postulados platônicos acerca da justiça. De forma direta ou indireta, estas premissas participarão, em grande parte, do pensamento aristotélico.

Platão, na mesma esteira, como herdeiro direto do pensamento pitagórico e seguidor do método e dos ditames socráticos, estabeleceu os princípios de sua concepção da justiça sobre os valores consagrados por toda a literatura do século VI a.C., século em que se lançaram as bases do da legislação das *politai* na Grécia, início de uma nova fase evolutiva da organização social grega que havia sido estribada, a partir de então, no império das leis das cidades em face da tradicional forma de governo fundada no eixo de poder político aristocrático-sacerdotal. Neste período de transformações político-jurídicas intensas, que culminou nas grandes reformas empreendidas por Clístenes, erigiram-se valores que situaram o homem-cidadão como ser indissoluvelmente ligado ao Estado pelo dever legal. Assim, coube aos poetas cunharem pela primeira vez na história da Grécia o termo que representou não só uma abrupta ruptura com a terminologia tradicional, mas, também, o surgimento de uma virtude completa, uma vez que de caráter social: a *dikaiosýne*, ou seja, a *virtude-da-justiça*.[194]

Platão reanalisou todo o embasamento sociopolítico da cidade, operando elementos teóricos e manipulando a realidade do século IV a.C. por meio da razão, dele emergindo a estimação da justiça como virtude universal, ou seja, síntese de todas as outras virtudes. Esta foi a forma de reabilitação das precedentes construções gregas no sentido da reabsorção dos ideais cívicos para a superação das dificuldades inerentes a

---

[193] Resumidamente: *"La migliore costituzione, la concordia del popolo, la cosidetta comunione dei beni tra sodali, il culto degli dèi e la pietà per i morti, l'attività legislativa e pedagogica, la pratica del silenzio, il rispetto degli altri esseri viventi, l'autocontrolo e la temperanza, l'intelligenza, l'affinità con il divino e insomma, per dirla in una sola parola, ogni altro bene"* (Id., ibid., VI, 32).

[194] Jaeger, op. cit., vol. I, ps. 124 e 125.

uma sociedade em desenvolvimento. É assim que o termo justiça aparece consagrado textualmente na *Republica*, figurando ao lado da prudência, da sabedoria e da fortaleza.

Uma interpretação meramente literal do texto poderia conduzir ao errôneo entendimento de que seria a justiça uma das quatro espécies de virtudes no pensamento platônico, o que não só se afiguraria como um falseamento, mas, também, como um reducionismo do conceito platônico de justiça. Na verdade, a prudência, a sabedoria e a fortaleza dependem da existência da justiça, corolário fundamental da coexistência social pacífica, sendo que esta precede e engloba as três virtudes, sendo-lhes manifestamente superior.

Neste sentido, imbricam-se postulados de caráter político e psicológico na elaboração de uma teoria da justiça em sociedade. A República Ideal configura-se tripartida, na orientação dada por Platão, em partes essenciais para o alcance do fim social, quais sejam, a classe dos artesãos, a dos guerreiros e a dos governantes. A perfeita harmonia entre estas classes, cumprindo cada uma a parte do dever que lhe incumbe, perfaria o ideal almejado e consubstanciado na *Republica*.[195] A justiça corresponderia exatamente a esta perfeita equivalência das partes, atuantes no sentido da implementação de funções específicas e interdependentes, concorrentes para o estabelecimento de um todo orgânico: a ordem comum.[196]

Assim, a divisão do trabalho é a regra de justiça no Estado Ideal; três classes dividem-se em três atividades diferentes (política; defesa; economia), não podendo haver interferência de uma classe na atividade da outra (*Republica*, 592). Neste sentido, a justiça manifesta-se pelo princípio da não-interferência. De fato, tendo cada qual seu *locus* na cidade, fazer o do outro é causar a desordem, o caos, sendo que desordem e caos conduzem à injustiça. Onde há ordem, onde há equilíbrio, não há interferência;

---

[195] Para o mestre da Academia: "A justiça é organização das virtudes públicas, tendo por objeto cuidar cada um do trabalho próprio, não se imiscuir no de outrem e reter apenas os bens que nos pertencem. Em suma, a justiça significa eficácia, racionalidade, harmonia" (Bicudo, *A justiça aristotélica*, tese de doutorado, 1989, p. 27).

[196] "*La justicia, en efecto, la justicia en la ciudad, consiste simplemente en que cada una de las clases sociales que hemos dicho, o más concretamente los hombres a ellas pertenecientes, hagan lo que los corresponde: los guardianes, que gobiernen; los soldados, que combatan, y los de la clase económicamente productiva, que produzcan*" (Robledo, *Platón: los seis grandes temas de su filosofía*, 1993, p. 559).

esta representa, para Platão, a injustiça,[197] e isto, pois cada classe corresponde a uma parte da alma, e a alma racional, aliada à epitimética, é a que deve governar. Esta visão, para além de caracterizar a filosofia de Platão, imprimirá uma marca de profunda presença na concepção que será posteriormente desenvolvida por Aristóteles.[198] Dizer que a alma racional deve governar significa que o filósofo, no sentido platônico do termo (aquele que contemplou a Verdade e a Justiça), deve governar, pois quando isto ocorrer não serão mais necessárias leis. Neste estado político da comunidade, sua vontade seria a vontade do Estado, que de leis desnecessitaria.[199] As leis somente aparecem como um paliativo, como uma alternativa viável para a falta de um verdadeiro homem sábio no governo das coisas humanas.[200]

Papel especial, portanto, desempenha o filósofo no alcance do Bem Comum. Este, por meio da dialética, método ascensional, em parte discursivo, em parte intuitivo, de conhecimento das Ideias, teria a tarefa de, conhecendo o significado da Justiça-Ideia, que tem vida no mundo da Realidade Metafísica, após este processo de desnudamento do suprassensível, estabelecer a ordem por meio da lei e da sabedoria. Dentro da filosofia platônica, a lei é julgamento racional, como em *Leis*, IV, 714 a. Esclareça-se que a *pólis* assim dirigida estaria sob o governo único da *epistéme*, pois a ciência como conhecimento do imperecível, imutável e Real só é possível pela contemplação das Ideias, realizável pela dialética que desloca o pensamento da realidade efêmera e corruptível da materialidade, onde prevalece o conhecimento doxológico, que é, por consequência, conhecimento imperfeito e inadequado ao direcionamento dos negócios públicos em uma sociedade concebida em tão esmerados contornos.[201]

---

[197] Kelsen, *A ilusão da justiça*, 1995, p. 462.
[198] "Aristóteles, porém, não pode ser compreendido como unicamente reagindo contra Platão. Ao contrário, em um tema, absolutamente central à doutrina da justiça, ele herda os elementos principais" (Zingano, *Aristóteles: Ethica Nicomachea: tratado da justiça*, 2017, p. 27).
[199] *Id.*, ps. 498/501.
[200] *Id.*, ps. 502/503.
[201] "As boas leis, participantes das idéias de beleza, simetria, verdade, são feitas para os homens por um técnico que tenha o amplo conhecimento da dialética" (Andrade, *op. cit.*, p. 206). Veja-se também Ingemar Düring: "...acerca del mundo sensible sólo podemos tener opiniones, pero no saber. Que los doxósofos se esfuercen en la investigación del mundo sensible; ésa no es la tarea de los filósofos" (*Op. cit.*, ps. 326 e 327).

Inteligível e sensível são os dois mundos correspondentes, respectivamente, às esferas do Uno e do múltiplo, da Ideia e da matéria, dentro da filosofia platônica.[202] Tal postulado é o princípio básico de raciocínio e interpretação de todo o sistema de maturidade do mestre da *Akademeia*. Nesta linha de pensamento, a Realidade é deslocada para o mundo das Ideias, onde se situa *ante res* a ideia de Justiça. Ali, destituída de toda corruptibilidade e perecibilidade, características da esfera do sensível, este valor faz-se constante e imutável, lenta e gradativamente apreensível pela inteligência com a ampliação da faculdade racional humana no exercício infatigável da filosofia na busca da verdade enquanto tal, ou seja, da Verdade.

Da calibração entre o que é humano e o que é divino, Platão extrai suas considerações sobre o justo e o injusto. A admissão de uma Realidade (divina) para além da realidade (humana) importa, também, na admissão de que existe uma Justiça (divina) para além daquela conhecida e praticada pelos homens. O que é inteligível, perfeito, absoluto e imutável pode ser contemplado, e é do resultado desta atividade contemplativa que se devem extrair os princípios ideais para o governo da *politeía*, tarefa delegada ao filósofo. Platão está consciente, ao elaborar sua doutrina, do fato de que a Justiça (divina) é inalcançável, e, portanto, irrealizável como *práxis* social. A Justiça é inalcançável porque se trata de algo inefável. A Justiça Absoluta é um segredo divino,[203] sendo, portanto, inexprimível do ponto de vista teórico;[204] ao contrário do que ocorre na proposta de Aristóteles, nos diálogos de Platão dedicados à questão da justiça, que não são poucos (comparar *Apologia de Sócrates*, *Íon*, *Eutífron*, *Hípias Maior*, *Laques*, *Cármides*, em que a justiça é tratada lateralmente, com *Protágoras*, *Górgias*, *República*, *Político*, *Leis*, em que a justiça é tratada frontalmente), queda a questão sem possibilidade de receber tratamento conceitual mais sólido ou uniforme.

---

[202] De qualquer forma, há que se ter presente a essencialidade da noção de <número> na filosofia pitagórica e a essencialidade da noção de <idéia> (*eîdos*) em Platão. Uma e outra remontam a uma influência órfica: *"Da ciò risulta evidente che Pitagora derivò dagli orfici la dottrina per la cui l'essenza degli dèi è definita dal numero"* (Giamblico, op. cit., XXVIII, 147).
[203] Cf. Kelsen, *A ilusão da justiça*, 1995, ps. 497/498.
[204] *Id.*, ps. 488/489.

A IDEIA DE JUSTIÇA NA CULTURA GREGA

Mas, mesmo estando a ideia da Justiça distante dos olhos do comum dos homens, sua presença se faz sentir desde o momento presente na vida de cada indivíduo. Existe, para além da ineficaz e relativa justiça humana (a mesma que condenou Sócrates à morte), uma Justiça, infalível e absoluta, que governa o *kósmos*, e da qual não se pode furtar qualquer infrator. A justiça não pode ser tratada unicamente do ponto de vista humano, terreno e transitório; a justiça é questão metafísica, e possui raízes no Hades (além-vida), onde a doutrina da paga (pena pelo Mal; recompensa pelo Bem) vige como forma de Justiça Universal. A cosmovisão platônica, que segue rigorosamente passos pitagóricos, funcionaliza a questão da justiça, reduzindo os efeitos racionais da investigação, e maximizando os aspectos metafísicos do tema.[205] Neste sentido, toda alma que perpassa a sombra e a incógnita da morte encontrará seu julgamento, que será feito de acordo com os infalíveis mandamentos da Justiça. A doutrina da paga no Além dos males causados a outrem, deuses e homens, possui caráter essencialmente órfico-pitagórico, e é o cerne da justiça cósmica platônica.

Desta forma, combatendo o relativismo conceitual proposto pelos sofistas, encontra Platão a raiz do problema da justiça não no *hic et nunc* das práticas jurídicas e políticas humanas. Em verdade, o que faz Platão, ao teorizar sobre a matéria, é integrar as responsabilidades humanas a um movimento valorativo mais amplo que aquele que preside a organização sócio humana. A conduta e seu regramento possuem raízes no Além (Hades), e o sucesso (maioria dos tiranos, homens públicos, juízes...) e o insucesso (Sócrates) terrenos não podem ser condições de mensurabilidade do caráter de um homem (justo ou injusto). No reino das aparências (mundo sensível), o que parece ser justo, em verdade, não o é, e o que parece ser injusto, em verdade, não o é. A inversão ético-valorativa operada

---

[205] Assim, o que ocorre é que a noção de justiça se funcionaliza, de modo que seja feita parte de uma ordem de coisas muito maior; sua importância como máximo valor humano diminui à medida que a investigação evolui em seus aspectos metafísicos e transcendentes. De fato, a justiça participa do Bem, idéia maior que tudo ordena, e para o que tudo teleologicamente se direciona, ou seja, da idéia que congrega todas as demais virtudes (Amizade, Coragem, Amor...). A própria paga no Além é somente meio para a realização do Bem Supremo, como se pode inferir do texto da *Republica*. A respeito, consulte-se Kelsen, *A ilusão da justiça*, 1995, ps. 447/448.

por Platão[206] faz com que todo o equilíbrio das relações humanas se baseie não em critérios palpáveis, acessíveis aos sentidos, passíveis de serem discutidos pela opinião (*dóxa*); o que há é que se cria uma expectativa de justiça, somente realizável no Além, apesar de, por vezes, imediatizar-se na vida terrena.

Mais que tudo, nesta sequência do raciocínio platônico, a justiça como retribuição (paga pelos males causados a homens e a deuses) no Além é a doutrina da pedagogia do agora, pois atemoriza pela possibilidade da punição. Seja no *Górgias*, seja nas *Leis*, seja na *Republica*, a retribuição aparece como a forma providencial de justiça cósmica. Nas *Leis*, sobretudo, a ordem do mundo é dada pela justiça retributiva (*Leis*, 903). Esta é infalível.[207] O melhor à alma que se separa do corpo é nada dever a ninguém, pois aquele que algo dever, ainda que se esconda (*Leis*, 905), sob a justiça encaminhada pela providência divina haverá de sucumbir. De fato, a retribuição é o modo de justiça metafísica (*Republica*, 613) que ocorre desde o aqui e também no Além. A justiça agrada a Deus,[208] sendo que a injustiça lhe desagrada; mais que isto, a justiça é causa de bem para aquele que a pratica, e causa de mal para aquele que a transgride.[209]

Sobretudo, o mito final da *Republica* (mito de Er) ilustra a doutrina da paga no Além: de acordo com o mito narrado por Sócrates a Glauco, as almas despidas de quaisquer ornamentos, qualificações, títulos, referências, provas de grandeza... apresentam-se a um tribunal, cuja função é julgar o destino de cada qual no Além, de modo a que algumas justas passem à direita de Deus (gozos), outras injustas passem à esquerda e para baixo de Deus (penas); as almas cumprem seus ciclos num longo período

---

[206] "Platão não dá grandes garantias acerca do destino dos justos nesta vida – embora ele tenha a certeza de que os deuses os não esquecerão (*Rep. 613a-b*; comparar *Leis* X, 899c-900b) –, mas é na vida futura que a justiça recebe a sua recompensa suprema, tal como é descrito em termos ardentes no 'Mito de Er' in *República X*" (Peters, *Termos filosóficos gregos*, 1983, p. 55, verbete *díke*).

[207] Cf. Kelsen, *A ilusão da justiça*, 1995, ps. 325/327.

[208] Id., p. 279.

[209] O castigo corrige, emenda, ensina; é a única forma de correção do incorreto; também a intimidação metafísica (temeridade pelo futuro no Hades) é aliada da correção e educação das almas. *Vide*, a este respeito, as considerações acerca da pedagogia penal de Platão no texto *A ilusão da justiça*, de Hans Kelsen, 1995, ps. 305/310.

de provas de mil anos, durante o qual permanecem indo e vindo entre as duas realidades. Toda alma que retorna ao mundo transitório tem direito a escolher, diante de três moiras, a sorte que deseja cursar, dentro de um vasto leque de opções, podendo optar por profissões e posições sociais as mais variadas, levando-se em conta as aptidões que já possui e que já adquiriu em vivências passadas; logo em seguida submete-se a alma a beber a água do rio Ameles para o esquecimento do que viu e posterior renascimento. O próprio renascimento, momento de união do corpo com a alma, sendo que esta está presa como a um cárcere àquele, significa a justiça em funcionamento, mecanismo que responsabiliza cada alma por sua conduta aqui e no Além.[210]

A conclusão não é outra senão a de que não se pode ser justo ou injusto somente para esta vida, pois se a alma preexiste ao corpo, é porque também subsiste à vida carnal, de modo que ao justo caberá o melhor, e ao injusto, o pior. Aqui residem esporos da doutrina órfico-pitagórica e de um dualismo escatológico. Ao justo, a ilha dos bem-aventurados, ao injusto, o Tártaro (*Górgias*, 447).[211] Neste sentido, o mecanismo é implacável, pois toda alma comparecerá diante de um tribunal, que sentenciará os acertos e os erros, determinando o fim de cada qual no Além.[212]

Mas, neste quadrante de reflexões, ainda se encontra espaço para as considerações acerca da justiça que é praticada entre os homens. Não só a Justiça (divina) está presente entre os homens, como também a justiça (humana), uma vez que esta nada mais é que cópia da Justiça (divina); instável e imperfeita, só pode ser algo que deriva do conhecimento instável e imperfeito que o homem possui da Verdade, da Realidade, do que É, de acordo com a teoria metafísica do conhecimento exposta no *Mênon* e no *Fedro*.[213]

A existência da Justiça (divina) não desmerece a existência da justiça (humana). Pelo contrário, aquela é fundamento para a obediência desta; a ordem estatuída por uma constituição (*politeía*) deve ser seguida como preceito de valor divino, e isto pois seu fundamento reside na transcendência da própria Justiça Absoluta; esta obediência, mesmo às leis

---

[210] Cf. Kelsen, *op. cit.*, ps. 315/323.
[211] Esta mesma reflexão reaparece no começo e no fim da *Republica*.
[212] Cf. Kelsen, *op. cit.*, ps. 300/304.
[213] *Id.*, ps. 203/218.

iníquas, deve ser irrestrita (*Críton*, 50), pois também Sócrates, consciente da injustiça da decisão que pendia contra si, ainda assim, se submeteu à sentença condenatória que lhe fora imposta (*Apologia de Sócrates*); assim, as leis positivas vêm justificadas metafisicamente, e a legitimidade da organização criada por elas deriva desta ordem sobrenatural.[214] As leis transitórias que se inspiram nas regras da Justiça hão de ser obedecidas, sob qualquer condição.

A mutabilidade das leis é apreendida por Platão como imanente à ordem de coisas a que se submete o mundo fático, mundo das sombras. Enquanto em sua existência ideal o Justo permanece imutável em sua absoluta perfeição, o conceito humano apreensível do mesmo varia com o evolver da razão num caminhar incessante no sentido deste fim, que é a contemplação pura e plena da Idéia em sua totalidade.

Mas, em termos de finalidade, a formulação de uma legislação coerente com os objetivos do Estado corresponde a prescrever aos cidadãos os meios para o alcance das virtudes.[215] A legislação tem função claramente educativa, pedagógica, servindo como orientação do comportamento, diante do erro, da falsidade, da traição, da injustiça, da desordem e da bandalheira. Destarte, o fim do labor legislativo é justamente a *paideía* cívica, ou seja, consentir não só o enriquecimento da cidade e a manutenção da paz, mas também fortalecer a convicção de uma vida virtuosa a todos os seus membros que, pelo respeito recíproco, constroem as condições da convivência equilibrada. Não é por outro motivo que o filósofo, longamente preparado para o exercício da função diretiva social, representante da parte logística da alma humana, realiza o movimento descendente da Ideia em direção à lei concreta para a aplicação de medidas norteadoras do agir humano.[216] O acesso à Verdade torna os serviços do filósofo para o Bem Comum importante instrumento de fruição coletiva do que, em termos de acesso, foi facultado pela ascese do pensamento filosófico.

---

[214] *Id.*, ps. 504/519.
[215] A. Sanchez de la Torre, *op. cit.*, ps. 156 e 157.
[216] "A *politeía* reproduz, na escala social, a composição do ser humano. A ordem no macrocosmo político decorre da harmonia de cada cidadão. Ao contrário, a desordem social corrompe o microcosmo que o compõe. Portanto, não há virtude individual que não se projete no meio social" (Pereira, *História da filosofia do Direito*, 1980, p. 53).

É a ação individual de cada cidadão na observância da lei (*nómos*) e no cumprimento de suas funções, o que pode equivaler a um tipo único de conduta, que compõe propriamente a justiça.[217] Imprescindível, portanto, que a virtude em estrita correlação com o dever legal seja o móvel do agir cívico, o que significa a plena adequação do indivíduo participativo à lei, alma da cidade. A civilidade do convívio perfaz-se com a coincidente relação entre a virtude da cidade e a virtude do cidadão; papel político, papel cívico e papel ético são uma única e mesma coisa dentro deste pensamento. Neste passo, torna-se nítida a absorção da doutrina de Sócrates e a aproximação desta com as demais contribuições do sistema platônico. Política, Direito e Moral caminham teleologicamente para a obtenção do valor social de maior importância: o Bem Comum.[218] Dentro da filosofia platônica, o *homem*, o *cosmo* e a *cidade* aparecem interligados qual se fossem malha de cozimento complexo.[219]

O exemplo deixado por Sócrates, condenado injustamente pela cidade, estabeleceu postulados que se arraigaram não só no pensamento platônico, como, também, no aristotélico, demonstração clara da perenidade de seu sistema de ideias. Dentro de uma concepção de filosofia citadina, o coletivo (*koinón*) antepõe-se ao individual (*ídion*), sendo que a dependência existente entre estes torna necessário que o segundo concorra ativamente, por meio da virtude, para a atualização dos objetivos do coletivo. De um lado, sem as suas partes o todo não pode crescer, ocorrendo ou um desenvolvimento acéfalo e desproporcional de grupos separados ou um gradativo estiolamento até o completo e caótico esgotamento do convívio comunitário. A importância da *paidéia* para o mestre da Academia

---

[217] FÉ esta a interpretação dada por Giorgio Del Vecchio: *"La giustizia, così intesa, significa dunque la virtù che regge e armonizza l'operare tanto dei singoli, quanto delle moltitudini congregante, assegnando ad ogni facoltà od energia la propria direzione ed i propri uffici"* (La giustizia, 1959, p. 22).

[218] Esta é uma característica da tradição filosófica socrática, que se manterá viva a ativa tanto em Platão, quanto em Aristóteles, e que descendem diretamente da concepção aristocrática grega antiga de mundo: "Aristote retiendra trois leçons de cette tradition aristocratique: l'importance de l'éducation dans la formation de l'excellence, la transcendance de l'acte sur les moeurs, enfin la visibilité de l'action morale" (Vergnières, *Éthique et politique chez Aristote*: phýsis, êthos e nómos, 1995, p. 04).

[219] Este é o tema central do estudo de Rachel Gazolla de Andrade em sua obra *Platão: o cosmo, o homem e a cidade*, 1994, supracitada.

concentrou-se inteiramente neste ponto, o que representa a preparação da individualidade para ser colocada a serviço da coletividade,[220] uma vez que a *paideía* traz benefícios iguais para o homem-ente e para o homem-cidadão. De outro lado, um conjunto mal orientado, sem leis, dirigido pelas paixões, é um corpo corrupto, o que pode não afetar diretamente as partes, mas ao menos desfavorece o fortalecimento de ideais comuns, assim como impede a cristalização de um ambiente propício ao desenvolvimento das virtudes, imprescindíveis tanto para a parte quanto para o todo, notadamente no que se relaciona com a sociabilidade e as relações entre os homens.

Se a Platão coube a formulação de princípios de justiça e de política, imbricados uns aos outros, também dele não deixaram de provir esforços no sentido da implementação de seus ideais e da atuação na realidade fática. Sua participação como conselheiro dos tiranos Dionísio I e II na Sicília foi um primeiro passo neste sentido. Sem resultados, o filósofo investiu na formação de seus discípulos através dos estudos realizados na Academia, o que em outros termos significou a preparação de uma nova geração imbuída de conhecimentos necessários para atuar na cidade-estado; obter-se-iam potenciais futuros filósofos, oradores, políticos e legisladores. De fato, desta nova geração surgiu, e isso Platão pôde presenciar em vida, dos escritos de juventude aos escritos de maturidade, o pensamento de Aristóteles, que haveria de inaugurar uma nova tradição para o pensamento ocidental.

7. A síntese aristotélica

Toda a tradição precedente que cuidou de, gradativamente, fornecer contribuições particularizadas à mais madura concepção filosófica de justiça que surgiria no século IV a.C. teve seus reflexos no pensamento aristotélico. Habituado aos estudos e à crítica da cultura helênica, uma vez que a metodologia crítica endoxológica era parte integrante de sua filosofia, Aristóteles pôde ter contato com inúmeras obras e textos que continham

---

[220] Eis um traço importante da cultura grega, como um todo, pois desde a tradição homérica o caráter pedagógico das leis se destaca. Em Platão, este ponto é acentuado, e não será diferente no pensamento de Aristóteles, afinal: "O caráter educador das leis é uma das descobertas fundantes de qualquer cultura" (Perine, *Quatro lições sobre a ética de Aristóteles*, 2006, p. 48).

o cerne da discussão em torno do conceito do justo, enquanto absoluto (*tò díkaion*). Não só por meio do trabalho individual de síntese veio à tona a concepção aristotélica de justiça, mas também para isto concorreram os contatos com o tema advindos das reflexões da Academia, comunidade de estudos (*koinobíous*), à qual se vinculou durante aproximadamente 20 anos, e a constância do problema conceptual entre os letrados do século IV a.C. Para tanto, muito valeu a observação por parte do *philósophos* da utilização corrente do termo 'justiça' na vida diária contemporânea, tanto popular, quanto dos tribunais, debates públicos e retóricos, além dos resultados das deliberações coletivas das assembleias.[221] Eis uma particularidade da concepção de Aristóteles, pesquisar um fenômeno em sua concretude, através de seus vários usos concretos e práticos, considerando seu uso para o mais comum dos homens.[222]

A exploração dos temas de justiça nos discursos dos sofistas ainda era latente no século IV a.C., de forma que, concluindo a tarefa iniciada por Sócrates, Aristóteles debruçou-se no estudo da lógica e da retórica, atribuindo a estas a função de instrumento (*órganon*) do pensamento humano.[223] E é neste sentido que, num meticuloso trabalho em torno das palavras, Aristóteles buscou o conceito de justiça, não só respeitando toda a herança conquistada e legada pelos pensadores, poetas, filósofos, sofistas, retores e políticos, como também trazendo elementos de síntese cultural, de rigor científico, de apuro linguístico, permeados por uma visão realista, característicos da originalidade de seu sistema filosófico.

Como que acumuladas nos vários séculos de experiência da civilização helênica, uma miríade de questões formuladas pela tradição compôs um acervo que se apresentou compactamente ao espírito do sábio inclinado na busca de respostas coerentes e plausíveis, assim como adequadas com o caráter e com a cultura do povo grego. A justiça encontra seu fundamento na natureza (*physis*) ou em Deus (*Théos*)? A justiça resume-se na convenção do espírito humano (*nómos*)? Qual a importância da justiça

---

[221] Veja-se, por exemplo, em *Eth. Nic.*, V, 1, 1129 a, 5, que Aristóteles sempre parte em seus estudos das noções do senso comum para afirmar a cientificidade em bases realistas.
[222] O princípio metodológico aparece expresso nas primeiras linhas do livro V da *Eth. Nic.* (*Eth. Nic.*, 1129 a, 6/7).
[223] Aristóteles, *Dos argumentos sofísticos*, 1, 164 a, 20.

para a cidade e para o cidadão?[224] O caráter mutável das leis existentes é sinônimo de arbítrio do legislador? Em que deve consistir o bem da cidade e, por consequência, a própria tarefa do legislador (*nomothétes*)? Justiça e igualdade (*íson*) têm significados coincidentes? Estaria a justiça dissociada da esfera do sensível, ultrapassando as possibilidades de realização material (*eîdos*)? Esses, entre outros postulados, conduziram o filósofo à dissecação do conceito de 'justiça' na busca de suas significações, o que se estudará a seguir de forma mais detalhada.

---

[224] "Vimos que, para o Estagirita, embora o bem singular do indivíduo e o bem do Estado tenham a mesma natureza (posto que ambos consistem na virtude), o bem do Estado é mais importante, mais nobre, mais perfeito e mais divino" (Reale, *Introdução a Aristóteles*, 2012, p. 129).

Capítulo 3
A Justiça Aristotélica

1. Implicações éticas da temática

Partindo da opinião comum, pode-se afirmar que "toda arte e toda investigação, assim como toda ação e toda escolha, têm em mira um bem qualquer" (*Eth. Nic.* I, 1094 a), e que este bem é o fim a ser buscado pela ação humana. O que há, portanto, de comum entre a técnica (*techné*), a deliberação (*proaíresis*), a ciência (*epistéme*) e a prática (*práxis*) é o fato de que todas estão determinadas ao alcance de um fim, sendo este o bem para cada qual destas atividades humanas. Para o homem, portanto, o sumo bem consiste na busca e no alcance da felicidade (*eudaimonía*). Seguindo as lições de Giovanni Reale, pode-se dizer que "A felicidade, portanto, é o fim para o qual tendem, consciente e declaradamente, todos os homens".[225]

Se o fim é a felicidade, nem todos estão de acordo, no entanto, na forma como se alcança a felicidade e no que ela consiste; uns a vislumbram na *vida voluptuosa*, baseada nos prazeres e na satisfação dos sentidos, outros, na *vida política*, que busca a honra pública e o reconhecimento social, assim como outros a vislumbram na *vida contemplativa* (*bíos theoretikós*). A tripartição aristotélica dos modos diversos de vida, da menos excelente à mais excelente, obedecendo a esta escala, desconsidera as atividades do

---

[225] Reale, *Introdução a Aristóteles*, 2012, p. 113.

escravo, que vive em função do senhor em relação tirânica de poder, e do comerciante, sendo que as desempenhadas por este último não têm um fim em si mesmas e consistem num desvirtuamento da natureza dos bens comerciados. O modo de vida mais condizente com a natureza humana não pode estar, pois, relacionado aos princípios que regem as atividades nem de um, nem de outro; deve estar alhures.

Na sondagem daquele que considera como sendo o sumo bem, ou seja, o bem bastante por si só, Aristóteles refuta as opiniões comuns que sustentavam ser a riqueza, o prazer ou a honra os bens de *maior valor* para o homem, subordinando suas existências a uma razão de ser mais importante para o ser: a felicidade (*eudaimonía*). Deslocada a pura matéria, e conectada à característica central do ser humano, Aristóteles irá identifica-la com aquilo que é mais próprio do ser racional. Se a alma humana é racional, vegetativa e sensitiva, ao homem corresponde uma vida segundo a sua natureza a busca da felicidade de acordo com a parte que lhe é mais própria, singular e elevada, ou seja, aquela parte da alma racional. E isso porque aquilo que é próprio do homem, e que o distingue dos demais seres, é o que há de representar o que de mais alto ele possui: a razão (*lógos*). Uma vida de acordo com a razão (*lógos*) é a verdadeira expressão da vida humana, única responsável pela capacitação humana de alcance da felicidade (*eudaimonía*) de acordo com a sua natureza.

A felicidade pode ser atingida a partir do exercício constante da alma em conformidade com a virtude (*areté*), o que demanda o exercício da sensatez prática (*phrónesis*) para a escolha dos meios adequados que conduzam ao bem, ao alcance dos fins almejados (*télos*). A *phrónesis* é algo que, diferentemente da ciência e da arte, não se esquece, é algo que se adquire e se incorpora ao indivíduo, ao seu senso de decidir, ao seu senso de vida, e, portanto, ao seu senso moral.[226] Também concorrem

---

[226] "... Aristóteles explica que a ação (*práxis*) tem como princípio a 'escolha' (*prohaíresis*), a qual é resultado do encontro entre o desejo de chegar a certo fim e o cálcuclo dos meios necessários para alcançá-lo, ou 'deliberação'. Quando o desejo é reto, isto é, é voltado a um fim bom, e o cálculo verdadeiro, quer dizer, quando indica meios realmente necessários, tem-se a 'verdade prática' " (Berti, *As razões de Aristóteles*, 1998, p. 145). E, também: "O caráter prático, isto é, concernente à ação, próprio da *phrónesis* exige, portanto, que ela possua o conhecimento dos casos individuais, pois a ação se produz sempre em situações individuais: por isso a *phrónesis* requer certa experiência, que é justamente conhecimento dos particulares" (Berti, *As razões de Aristóteles*, 1998, p. 149).

para a realização deste estado permanente de prazer, desfrutado pelo homem que se realiza pela prática da virtude, inúmeros outros fatores, como a riqueza, a honra social, a saúde, a beleza, que, por si sós, pouco representam para o alcance da felicidade, não sendo indispensáveis para a realização desta, mas que, em conjunto com a aquisição das virtudes, permitem a plena satisfação na busca pela felicidade.[227] O que ocorre é um entrelaçamento entre os *bens externos* (riqueza, poder, honra), os *bens do corpo* (saúde, disposição, fortaleza) e os *bens da alma* (virtude, sabedoria, ciência).[228] A constância deste estado de beatitude é a prova de que o bem do homem deve aproximá-lo de sua própria natureza racional, apesar de a ele ser dada apenas a capacidade de desfrutar de fugazes momentos de realização absoluta de sua natureza, o que não obsta que sua conduta se aproxime muito mais da vida divina.[229]

Seguindo a mesma linha de Sócrates e de Platão, como bem aponta Giovanni Reale,[230] o Estagirita ressaltou ser o juízo correto (*orthòs lógos*) a respeito de uma ação (*práxis*) o que torna o homem capaz de realizar a virtude (*aretê*). Esse prévio ato consciente consiste no exercício da deliberação (na tradução francesa, *choix réfléchi*, ecolha deliberada)[231] antes da tomada de decisão acerca da ação prática. A parte da alma que se ocupa da atividade prática é a *razão prática* (*logística* ou *calculadora*) (*nous logistikòn*), que é aquela que delibera sobre meios e fins práticos para o alcance de objetivos concretos, e que atua diferentemente da *razão teórica*, epistêmica (*nous epistemikòn*), uma vez que esta opera com a sabedoria da ciência, ou

---

[227] *Eth. Nic.*, 1102 a, 15.
[228] A concorrência de elementos de ordem puramente material e humana, ao lado dos de ordem espiritual, para o alcance da *eudaimonía*, aparece consignado, além da menção expressa na *Eth. Nic*, I, 8, 1099 b, 1/5, na *Magna Moralia, ipsis litteris*: "...*algunos radican en el alma, v. g., las virtudes; otros en el cuerpo, como la salud, la belleza, y otros son externos, como el poder, la riqueza, el honor y cosas de esa índole*" (livro I, cap. III, p. 17).
[229] *Eth. Nic.*, 1100 b.
[230] "Aristóteles adere à doutrina socrático-platônica que via a essência do homem na alma, mais precisamente, na parte racional da alma, no intelecto" (Reale, *Introdução a Aristóteles*, 2012, p. 115).
[231] "O exercício das virtudes morais está em nosso alcance por exigir uma escolha deliberada acerca dos meios apropriados para a busca do meio-termo, tendo sempre em vista os fins escolhidos, que se subordinam ao fim último da atividade humana que é a felicidade" (Lacerda, *O raciocínio jurídico*: uma visão aristotélica, 2005, p. 73).

seja, com o conhecimento puro dos objetos eidéticos, universais, imperecíveis e eternos.[232]

Sabendo-se que a virtude (*areté*) consiste numa disposição de caráter (*éxis*) e que não é inata ao ser, é necessária a participação do processo educativo (*paideía*) para a formação do indivíduo desde a mais tenra idade no que concerne à ação. Adquirida uma boa orientação, a razão impõe-se sobre as paixões, como analogamente ocorre na cidade,[233] isto quando a ela se impõe o governo das leis sobre a vontade e o arbítrio humanos (de um único homem, no caso da tirania, de alguns homens, na oligarquia, ou de muitos homens, no governo demagógico).

A analogia entre a vida individual e a vida da cidade permite uma visualização perfeita da temática, visto que o *governo das leis representa o governo da razão sem paixão*, ao passo que o *governo dos homens propende para a desigualdade* e para o exercício do poder seduzido pelos ditames da alma apetitiva.[234] A educação (*paideía*) é capaz, neste sentido, de harmonizar as partes da alma, colocando-as sob o governo da razão. Por isso, a educação corresponde à atividade de habituar os cidadãos ao "... exercício da virtude da *phrónesis*, que consiste no hábito de decidir, nas circunstâncias concretas, a partir de modelos do bom e do melhor que estão acima de sua individualidade, porque são os modelos estabelecidos pelas leis".[235]

A partir daí, a ação humana poderá ser a expressão de um *meio-termo*[236] entre extremos, enquanto exercício da sensatez ou prudência (*phrónesis*). E isto, pois, a prudência (*phrónesis*) nada mais é do que a disposição racio-

---

[232] Cf. Düring, op. cit., p. 703.

[233] *Pol.*, I, 5, 1254 b, 1.

[234] É do texto do *De anima* que decorre a diferenciação do desejo como volição e como apetite, o que parece plenamente ajustado à reflexão presentemente desenvolvida acerca dos desvios da alma, e, sobretudo, da alma no desenvolvimento do governo da cidade. A volição é o desejo exercido sob o crivo da razão, e, portanto, deliberado, exercido de modo infalível no alcance dos fins da ação; o apetite é o desejo orientado por si só, instintivamente, sem o diretivo da razão, e, como tal, falível na realização de seus objetivos. Neste sentido, vide *De anima*, 433 a, 20/30.

[235] Perine, *Quatro lições sobre a ética de Aristóteles*, 2006, p. 86.

[236] "Simplificando, o problema da ação virtuosa é o problema do *hábito* de evitar o mais e o menos e de encontrar o justo meio naquela parte da alma na qual o excesso e a falta são possíveis" (Perine, *Quatro lições sobre a ética de Aristóteles*, 2006, p. 85).

nal direcionada para a ação, no sentido da atualização e realização de um bem.[237] Os meios devem estar acessoriamente ligados aos fins, sabendo-se que a eleição dos meios adequados para a realização de fins legítimos e bons, é o que distingue o homem dotado de sabedoria prática (*phronimós*). E, neste sentido, os jovens podem ser bons em muitas coisas, por exemplo, na geometria ou na ginástica, mas dificilmente se vêem jovens sendo chamados de *prudentes* ou *sensatos*, pois, basicamente, falta-lhes o treinamento que decorre da experiência de vida, do erro e acerto que levam à maturidade do senso de decisão, como nos faz notar Marcelo Perine, ao interpretar o livro VI da *Ética a Nicômaco*.[238] Neste sentido é que se pode conhecer o homem pelas suas ações, e pelo que faz, uma vez que este age a partir de pontos de partida, diretivos de toda a aplicação da sabedoria prática (*sophrosíne*).

Escolha, deliberação e decisão participam das etapas de realização da ação justa ou injusta, sabendo-se que a vontade, a necessidade, a oportunidade, a adequação e a ação propriamente dita estão no campo de atuação da razão prática. Diferentemente do que ocorre com a razão teórica, a *proairetiké*[239] não se aplica ao necessário, sendo restrita sua atuação ao campo do contingente, da opinião e da ação. Assim como não há opinião (*dóxa*) acerca do que é necessário, daquilo que é como é (*verdade e necessário*), também não há ciência (*epistémé*) acerca daquilo que é contingente; o campo da ética é um campo onde prevalescem o que é passageiro e contingente, uma vez que tudo o que se relaciona com as deliberações sobre as formas e os momentos do agir, determinam apenas a esfera do exercício prático e contingente da ação humana. A *práxis* não é de conteúdo predeterminado, somente vindo a ser a partir do momento em que é feita ação, e concretizados os seus resultados; assim, os fins eleitos corretamente, pelos

---

[237] *Eth. Nic.*, 1140 b, 5/6.

[238] "No livro VI da *Ética a Nicômaco*, Aristóteles diz que os jovens podem ser geômetras ou matemáticos, e mesmo mestres nessas disciplinas, porém jamais se viu um jovem que seja sábio (*phronimos*)" (Perine, *Quatro lições sobre a ética de Aristóteles*, 2006, p. 19).

[239] A respeito: "*Mas el propósito parece ser lo que sugere su nombre* (proaíresis), *quiero decir, que optamos por una cosa antes que por otra, p. ej., antes por lo mejor que por lo peor. Por eso, siempre que tomemos lo mejor a cambio de lo peor por opción, estará bien utilizado el verbo 'proponerse'* (proaireísthai)" (*Gran Ética* (MM), livro I, cap. XVII, ps. 40 e 41).

meios adequados para a sua consecução, identificam o modo adequado de condução da *ação ética*.[240]

Sabendo-se que, em Aristóteles, as virtudes são divididas em *virtudes éticas* e em *virtudes dianoéticas*, a *phrónesis* (prudência ou sensatez)[241] pode ser considerada o pilar da escolha deliberada, e, portanto, um traço da excelência da razão prática. Assim, se existem inúmeras virtudes da alma racional (razão prática e razão teórica), existem inúmeras virtudes humanas, a serem almejadas, quais a sabedoria (*sophía*), ciência (*epistémé*), prudência (*phrónesis*), arte (*techné*), contemplação (*noûs*).[242]

É certo que o modo de vida mais elevado é aquele que corresponde ao convívio com as características mais excelentes da alma racional humana, e não por outro motivo, Aristóteles exalta a teoria (*theoría*) como o ideal máximo de vida, o que implica não só a realização do homem de acordo com a razão teórica, capaz de operar com o necessário e com o absoluto, mas, também, com a razão prática, e, por isso, com a capacidade de deliberação ética. Este ideal de vida é aquele que reúne as características do cultivo da razão prática e da razão teórica, ambos domínios da alma racional, o que aponta para a ideia de que, em Aristóteles, o sábio (*sóphos*) reúne em si a excelência em ambos os sentidos, uma vez que não se deve entender o *sóphos*, como contemplativo-teorético e eremítico (*éremos*), mas como aquele que é capaz de harmonizar os fins da alma racional com os propósitos da *eudaimonía* pelo hábito de bem agir.

---

[240] "Na verdade, ele nega de modo expresso que a escolha possa se identificar à vontade (*boúlesis*), pois a vontade diz respeito apenas aos fins, enquanto a escolha (assim como a deliberação) diz respeito aos meios. Então, se é verdade que a escolha é aquilo que nos transforma em autores de nossas ações, responsáveis por elas, ela não é o que nos torna verdadeiramente bons, pois só os fins a que nos propomos alcançar podem ser bons, enquanto a escolha (assim como a deliberação) refere-se apenas aos meios. Assim, o princípio primeiro, aquele do qual depende nossa moralidade, está antes na volição do fim" (Reale, *Introdução a Aristóteles*, 2012, p. 126).

[241] Segue-se, aqui, a tradução dada por Giovanni Reale, que prefere o termo sensatez: "A "sensatez" consiste em conseguir governar corretamente a vida do homem, ou seja, saber deliberar a respeito do que é bom ou mau para o homem" (Reale, *Introdução a Aristóteles*, 2012, p. 121).

[242] "*Les vertus intellectuelles sont distinctes des vertus morales ou pratiques; mais les vertus intellectuelles sont nécessaires aux vertus morales*" (Léon Ollé-Laprune, *Essai sur la morale d'Aristote*, 1881, p. 49).

A excelência do caráter, enquanto cerne de todo o estudo da ética, fica claramente atrelada ao hábito (*éthos*),[243] como ação reiterada e como vontade,[244] direcionada a fins bons. É aqui que se afiguram as características que melhor distinguem o *homem bom* enquanto exercente das mais altas faculdades humanas, capaz de colocar em ação a excelência da *psyché* humana.[245] Assim, em poucas palavras, pode-se dizer que a felicidade (*eudaimonía*) pode ser alcançada quando o homem se faz exercente de todas as potencialidades de sua alma. Ao colocar a razão como guia da ação, Aristóteles está a dizer que ética e teoria são aliadas na construção da felicidade humana. Não basta conhecer, há que se agir virtuosamente; não basta simplesmente agir, há que se conhecer as causas dos fenômenos, para explicá-los e bem discerni-los.

2. A filosofia política e a justiça peripatéticas

A *política*, na teoria de Aristóteles, está diretamente relacionada ao tema da justiça, pois é a *cidade* (*pólis*) e a constituição da cidade (*politeía*) que promovem a *justiça*. Sendo a política a *ciência prática e arquitetônica sobre os assuntos da cidade*,[246] e que tem como objeto o estudo do Bem Comum, é por meio dela que se proporciona não somente o bem de cada qual, mas, sobretudo, o bem de todos, considerando os interesses da

---

[243] As virtudes em potência são apenas conhecimento, e como tal desvirtuam-se de sua finalidade, qual seja, produzir efeitos sobre a conduta ativa humana. No mesmo sentido, analogicamente, não há cura sem a devida atualização das prescrições médicas, sendo que muitos se resumem a escutá-las, sem aplicá-las; são, tais prescrições, tão inúteis quanto as virtudes em potência. Neste sentido, vide *Eth. Nic.*, 1105 b, 15.

[244] "Realizando sucessivamente atos justos, nós nos tornamos justos, ou seja, adquirimos a virtude da justiça, que depois permanece em nós de maneira estável, como um *habitus* que mais tarde irá nos ajudar a realizar atos de coragem. E assim por diante. Em suma, para Aristóteles, as virtudes éticas são aprendidas da mesma maneira que aprendemos as várias artes, que são, elas também, hábitos" (Reale, *Introdução a Aristóteles*, 2012, p. 117).

[245] Veja-se Jaeger, *Aristóteles*, 1992, apêndice I, ps. 477 a 486. Também, no *Protréptico*, B 41: "*Reflexionar y conocer son para el hombre deseables en sí, pues sin ambos no se puede vivir en absoluto una vida digna del hombre. Pero también son útiles para la vida práctica, pues nada nos parece como bueno, si no es llevado a término con reflexión y mediante actividad juiciosa*" (Düring, *op. cit.*, p. 642).

[246] "Ele, para Aristóteles, não é somente o bem de cada indivíduo. Mas é o bem de toda a cidade (*pólis*), pois o singular é parte dela; por isso a ciência que dele se ocupa é a ciência da cidade, ou a ciência 'política' " (Berti, *As razões de Aristóteles*, 1998, p. 118).

koinonía.²⁴⁷ A importância das questões éticas reflete diretamente na órbita do todo e daquilo que concerne ao todo, o que obriga o político ao estudo dos problemas atinentes à temática da elaboração das leis que governam os destinos da cidade e dos indivíduos, sabendo-se que o compromisso ético com o que é da dimensão política é enorme.²⁴⁸ A própria educação (*paideía*) encontra-se na dependência direta da atuação do governante, dado que a direção da coisa pública, dos negócios públicos que se dão na *ágora*, são decorrência da atuação do legislador, que direciona a ação e a conduta dos cidadãos em torno do que é comum. No mínimo, desde a filosofia pitagórica, a iniciação na justiça está imbricada à forma de atuação dos dirigentes na *pólis*, e, assim, não deixará de estar presente nos pensamentos de Sócrates, Platão, e, muito menos, de Aristóteles.

Nesta perspectiva, a constituição (*politeía*) e a legislação (*nómoi*) são os instrumentos de que se utiliza a *cidade* (*pólis*) para orquestrar a harmonia das partes, para utilizar a bela expressão de Vergnières,²⁴⁹ ou seja, estando preparada e organizada para a *habituação* de seus membros na realização do que é justo, sendo a *justiça a virtude social por excelência*.²⁵⁰ Sob o *governo das leis*, a cidade incute, por meio do *hábito* na observância das leis a vontade da virtude (*areté*) em seus cidadãos, uma vez que Aristóteles parte do pressuposto de que todas as leis são boas enquanto verdadeiras representações dos ideais da cidade, em regimes corretos, legítimos e

---

[247] "Uma *koinonía*, portanto, é algo compartilhado por um grupo de pessoas como algo de seu em comum, não como uma soma de partes isoladas produzidas ou mantidas em privado por cada qual. É um todo que pertence em comum, enquanto todo, a todo o grupo" (Cooper, John M. A comunidade política e o bem supremo, *in Sobre a Ética Nicomaqueia de Aristóteles* (ZINGANO, Marco, org.), São Paulo, Odysseus, 2010, ps. 439 a 492, p. 460).

[248] *Eth. Nic.*,1102 a, 20.

[249] "Cette proportion est assurée par la constitution ou *politeia*: 'La politeia est um certain ordre entre les habitants de la citè'; le choeur, ainsi, peut chanter diverses harmonies et devenir tantôt comoque, tantôt tragique" (Vergnières, *Éthique et politique chez Aristote*: physis, êthos e nómos, 1995, p. 157).

[250] "Tratando da justiça como uma das virtudes, Aristóteles soube genialmente determinar o que distingue e especifica a sua proporcionalidade a outrem, ou, em palavras modernas, a nota de *sociabilidade*. A justiça é uma virtude que implica sempre algo objetivo, significando uma proporção entre um homem e outro homem; razão pela qual toda virtude, enquanto se proporcione a outrem, é, a esse título, também 'justiça'" (Reale, *Filosofia do Direito*, 1957, p. 549).

justos.²⁵¹ A boa organização política em regimes políticos corretos e retos, ou seja, aquela que realiza os fins da *koinonía*, é governada por um corpo de normas que atende aos anseios políticos dos cidadãos, conduzindo-os ao Bem Comum.²⁵² Em regimes desviados, ilegítimos e despóticos não predomina o interesse pelo Bem Comum, mas o interesse na vontade *de um, ou de alguns ou de muitos*, voltados para fins particulares.

Por meio da legislação todos são iguais a todos, desde que pertencentes à mesma qualificação política do estatuto hierárquico ateniense (cidadãos/metecos/escravos); a igualdade se estabelece de modo que a cada qual destas categorias corresponda uma proporção participativa compatível com suas aptidões. A igualdade relativa é um conceito diretamente vinculado às concepções helênicas e, como tal, participa da filosofia peripatética. Não sendo a presença do legislador impeditiva da ação que infringe a legislação, presença que visa à plena realização do Bem Comum, deve-se saber que a deliberação e a ação do indivíduo podem ser contrárias à legislação, o que se confronta, de uma só vez, não só com as prescrições legais vinculativas, mas também com os interesses comuns de todos os cidadãos de verem a observância da lei como um respeito à própria *pólis*.²⁵³ Neste sentido, a pena e o sancionamento se justificam como defesa dada pelas leis da cidade em face daquilo que é de interesse de todos e comum a todos.²⁵⁴

---

[251] "*Había en el concepto ático de la ley un presupuesto de bondad intrínseca, manifiesto en su rigidez e imutabilidad...*"(Ferraz Junior, La noción aristotélica de justicia, in *Atlântida*, ps. 166 a 194). Também, textualmente, pode-se extrair do *Protréptico*, B 38, um excerto de Aristóteles a respeito: "*Todos estamos de acuerdo en que... únicamente la ley es soberana y señora, esto es, la ley que en su texto expresa una sabia comprensión*" (Düring, op. cit., p. 641).

[252] "...há boas Cidades, como há bons indivíduos: são aquelas onde, primeiramente, as leis são conformes ao regime em que elas ocorrem, como a ação do sujeito moral é conforme à sua regra de vida, e onde, em segundo lugar, o próprio regime é corretamente orientado em direção à justiça ou interesse comum, como regra de vida so sujeito moral é corretamente orientada em direção ao bem" (Bodéüs, R., Os fundamentos naturais do direito e a filosofia aristotélica, *in Sobre a Ética Nicomaqueia de Aristóteles* (ZINGANO, Marco, org.), São Paulo, 2010, ps. 339 a 378, p. 349).

[253] *Eth. Nic.*, 1103 b, 5.

[254] "*Celle-ci (la loi) a un triple rôle, tout comme l'homme d'État que l'aplique: en préservant la paix, assurer la stabilité économique et le loisir requis; ensuite, exercer les jeunes aux vertus morales, fonction indispensable, quelle que soit la fin qu'ils visent après avoir satisfait à la loi; enfin, tenir en échec et punir toute conduite qui ménace le bon ordre de la société*" (Allan, *Aristote: le philosophe*, 1962, p. 189) (grifo nosso).

A cidade possibilita a vida feliz, ou seja, a vida autárquica e completa, na avaliação de S. Vergnières,[255] algo que somente é possível na *pólis, comunidade autárquica, auto-suficiente, autônoma, bastante por si própria*, assentada sobre o governo da ordem (*táxis*) e da razão (*lógos*), *koinonía* que espelha longo processo histórico de emancipação humana do jugo da necessidade e do isolamento diante das agruras impostas pela natureza.[256] Em Aristóteles, do ponto de vista político, a *pólis* é o grau máximo de convívio social, a partir do próprio instinto humano de procriação, agrupamento e criação de famílias (*oikía*), *génos, clãs, fratrias* e *póleis*.

Por isso, o homem é um animal político (*phýsei politkòn anthrwpos*), pois realiza a sua natureza racional e sua completude na *pólis*, no convívio com os demais cidadãos. Assim, a natureza política do homem manifesta-se desde a família (*oikía*), à qual o homem nasce vinculado, até o convívio na *pólis*,[257] onde o exercício da palavra (*lógos*) atualiza as faculdades humanas no convívio político. No espaço político a palavra oralizada (*lógos*) é a palavra política, decisória, elemento que transforma o convívio, determinando convenções e costumes que ajustma as características da *koinonía*.

É no espaço do político na cidade que as capacidades de persuasão, convencimento e diálogo são exercidas. Todo o destino da cidade ganha sentido e recebe suas orientações pela participação política, exercício, na cultura ática, da palavra na *agorá*, ou seja, do uso público e político da palavra, que nos faz "compreender o que é útil ou prejudicial, e, em consequência, o que é justo ou injusto" (*Pol.*, I, 2, 1253 a, 15). Assim, a palavra (*lógos*) ajuda a promover o justo (*dikaiosýne*) e o injusto (*adikías*), e, por isso, como exercício da razão situada no espaço da política, aquilo que permite construir e moldar os destinos da cidade (*pólis*).

A cidade não provê apenas as carências básicas dos homens, mas também promove o alcance de um modo de vida racional e virtuoso a todos os membros da associação política, pois é na cidade que o teatro, a arte, o

---

[255] "La cité, enfin, possède une finalité éminente qui est 'la vie achevée et autarcique'" (Vergnières, *Éthique et politique chez Aristote*: physis, êthos e nómos, 1995, p. 150).
[256] *Pol.*, III, 2, 1275 b, 15 a 20; 9, 1280 b, 30.
[257] Ser um animal político (zwon politicon) significa estar ligado a uma cidade, ter natureza cívica, o que é algo diverso de ser um animal social (koinonicon), ou um animal "familiar" (oiconomicon), sendo que o primeiro conceito relaciona-se ao ponto culminante da evolução da natureza humana, que encontra seu fim na cidade, dentro da orientação do pensamento peripatético.

artesanato, a política, a legislação são possíveis. A realização destes ideais perfaz-se por meio do encadeamento das forças política e legislativa, que devem se coadunar com o alcance da felicidade em comum.[258] De fato, o homem solitário (*ídion*) não seria capaz de se bastar a si mesmo e, vivendo distante da cidade-estado, seria ou um *deus* ou um *bruto*.[259] O elemento aglutinador, e que pode ser tratado como o próprio fundamento da existência da cidade-estado, é a amizade (*philía*),[260] laço que faz com que os homens estejam integrados, e possam com isso estar acima das forças individuais, vivendo e partilhando do mesmo, com objetivos comuns. Neste sentido é que o conceito de amizade destaca-se no contexto da obra aristotélica como algo integrado à própria estrutura cívica (*philía* e *pólis*), estando imbricada à justiça e à cidadania.[261]

Por isso, a cidade (*pólis*) participa da educação (*paideía*) dos cidadãos. A educação é mesmo uma tarefa de organização pública da cidade, tamanha a sua significação para Aristóteles, no processo de formação do caráter e indução da virtude. Nem todos se baseiam nos mesmos critérios, assim como nem todos decidem adequadamente sobre quais medidas tomar para o ensinamento da juventude, donde a necessidade de amparo do indivíduo pela educação única desenvolvida pela educação pública promovida pela cidade. Tais dificuldades já atormentavam Melesias e Lisímaco, personagens do diálogo platônico *Lachés*, que se submeteram ao debate com Sócrates em busca de uma solução concludente a respeito do conteúdo educativo a ser ministrado à juventude ateniense.

---

[258] "*Mais les hommes ne s'associent pas en vue de la seule existence matérielle, mais plutôt en vue de la vie heureuse...*" (*Pol.*, III, 9, 1280 a, 30).

[259] *Pol.*, I, 2, 1253 a, 25.

[260] "*Or ces diverses formes de sociabilité sont l'oeuvre de l'amitié, car le choix délibéré de vivre ensemble n'est autre chose que de l'amitié...*" (*Pol.*, III, 9, 1280 b, 35).

[261] Não é por outro motivo que a temática da *philía* é tratada no livro V da *Ethica Nicomachea*, após a enunciação e a análise pormenorizadas de cada um dos conceitos de justiça explorados por Aristóteles, desde a sua acepção mais larga, como justo universal, até a sua acepção mais estrita, como justo particular. A *philía* supre a necessidade de qualquer medida legal protetiva da vida política, isto quando plenamente compreendida e praticada sem limites, de acordo com a concepção aristotélica. A respeito, consulte-se o detido estudo desenvolvido em Tese de Doutorado por Rosa Maria Zaia Borges Abrão, Faculdade de Direito da Universidade de São Paulo, "Mediação e ética das virtudes: a *philía* como critério e inteligibilidade da mediação comunitária" (2008).

Não obstante figurar a educação (*paideía*) como preocupação central de toda a legislação pública, deve-se ressaltar que o indivíduo não se encontra absolutamente absorvido pelo poder do Estado dentro da concepção de Aristóteles.

A pluralidade é a nota característica da cidade-estado, dado que uma multidão de indivíduos de aptidões e caracteres diversos compartilha de uma vida comum sob organização pública. Platão, dentro da ordem de ideias que caracterizam o seu pensamento, inseriu o cidadão numa estrutura autoritária e comunitária, em sua *Republica*, no que foi criticado por Aristóteles.[262] As medidas pretendidas por Platão são falhas no sentido de que seriam utopicamente aplicáveis a todas as cidades, estabelecendo-se rigoroso convívio comunitário com partição de bens, mulheres e filhos, quando, na verdade, é nas paixões, dentro da orientação de Aristóteles, que se deve estabelecer a *igualdade* e o esforço pela *deliberação justa*, muito mais que nas fortunas e coisas comuns, resultado da educação dada pelas leis.[263] Partilhar o mesmo pode não redundar na construção de uma cidade melhor, mas cidadãos melhores farão uma cidade melhor.

De um lado, tem-se que o papel do legislador (*nomothétes*) na orientação da cidade é de fundamental importância,[264] cabendo a ele a formulação de um corpo de leis que orientem o cidadão, e não deixem espaço para a omissão diante do essencial da vida em comum; prescrever a virtude recriminando os vícios, orientar e consentir a vida comum em direção ao alcance do Bem Comum constituem sua principal tarefa. É a reta razão (*orthós lógos*) do legislador (*nomothétes*)[265] que se corporifica num agrupamento de leis políticas essencial à vida comum. Assim, a lei é expressão da

---

[262] "*Mais la cité est, comme nous l'avons dit plus haut, une pluralité, qui, par le moyen de l'éducation, doit être ramenée à une communauté et à une unité; et il est en tout cas étrange que le législateur, qui se propose d'introduire un système d'éducation destiné dans sa pensée à rendre la cité vertueuse, s'imagine amender les citoyens par des mesures du genre dont nous parlons, et non par les usages, la philosophie et les lois...*" (*Pol.*, II, 5, 1263 b, 30 a 40).

[263] *Pol.*, II, 7, 1266 b, 25 a 30.

[264] A respeito do legislador, veja-se: *Pol.*, II, 12, 1274 a e b; II, 11, 1273 b, 20; II, 11, 1273 a, 30; II, 10, 1271 a, 40.

[265] Vislumbra-se no texto do *Protréptico*, B 46: "*Así también, los buenos legisladores tienen que estar bien enterados acerca de la naturaleza...*", pois, "*...se ocupan de la perfección del alma y pretenden enseñar los caminos hacia la dicha o desdicha para toda la comunidad*" (Düring, *op. cit.*, p. 645).

razão humana em sociedade,[266] capaz de, pelo exercício desta faculdade, trazer ordem à comunidade política.

De outro lado, tem-se que não basta uma boa orientação à coisa pública, participando ativamente os seus membros no processo arquitetônico de formação de um Estado alinhado no sentido do Bem Comum. Sendo a *virtude do bom cidadão* algo diverso da *virtude do homem bom em geral*, ela consiste em saber da mesma maneira mandar e obedecer politicamente. Cada forma de governo estriba-se no cultivo de valores diferentes (riqueza, nascimento, valor guerreiro, liberdade), o que não só relativiza seu conceito como conduz forçosamente a concluir que é a forma de governo que determina a virtude do cidadão, sendo o Estado Ideal aquele composto por homens que pratiquem a *virtude do bom cidadão*, não necessariamente a do *homem bom*.[267] A legislação deve induzir, no mínimo, as condutas de *bons cidadãos*, aproximando-se do dizer: "Fazer espontaneamente o que os outros fazem por meio das leis".[268] Isso é importante de ser dito, pois, para Aristóteles, existem *formas retas* (legítimas, corretas) de governo e *formas corruptas* (ilegítimas, distorcidas) de governo. As formas corretas são a monarquia, a aristocracia e a *politeía*. As formas corruptas são a tirania, a oligarquia e a demagogia (ou, democracia, mas em sentido diferente dos modernos).[269] O critério para separar as formas retas das corruptas de governo, é o fim do governo, qual seja, servir aos interesses da *koinonía*,[270]

---

[266] *"Appunto la legge non è che la ragione applicata; essa rende sensibile ciò che la ragione concepisce come bello e come buono, ed è rettamente costituita quando va d'accordo con la retta ragione"* (Zuccante, *Aristotele et la morale*, p. 170).

[267] *Pol.*, III, 3, 1276 b, 15 a 40 e 1277 a.

[268] Diógenes Laércio, *Vidas, opiniones y sentencias de los filósofos más ilustres*, 1947, p. 299.

[269] "Assim, há três formas de constituição justa: a) *monarquia*; b) *aristocracia*; c) *politeia*. A elas corresponde o mesmo número de formas de constituição ilegítimas: a.) *tirania*; b.) *oligarquia*; c.) *democracia* (Para melhor compreensão, o leitor moderno deve ter em mente o que o Estagirita entende por 'democracia: um governo que, deixando de lado o bem de todos, visa a favorecer os interesses dos mais pobres de modo indevido. Por conseguinte, ele dá ao termo a acepção negativa que hoje atribuiríamos à palavra 'demagogia'; Aristóteles, na verdade, faz questão de esclarecer que o erro em que incorre a democracia é considerar que, como todos são iguais em liberdade, podem e devem ser iguais também em todo o resto)" (Reale, *Introdução a Aristóteles*, 2012, p. 133).

[270] "A government is good when it aims at the good of the whole community, bad when it cares only for itself" (Hamedi, The Concept of Justice In Greek Philosophy (Plato and Aristotle), *in Mediterranean Journal of Social Sciences*, 5 (27 P2), Rome, December, 2014, p. 1165).

ou seja, atender ao *Bem Comum*. Assim, todo governo que, pelas mãos de um, de alguns ou de muitos,[271] realiza este objetivo, realiza a justiça, e aqueles que se distanciam deste objetivo, se tornam despóticos e desviados, atendendo a interesses particulares, o que os torna corruptos e, por isso, injustos. Assim, o atendimento ao fim do interesse comum é a grande nota distintiva da concepção de justiça política, em Aristóteles.[272] Isso torna claro que não há apenas um modelo de governo justo, mas três formas de governos justos, na visão aristotélica.[273] Ao contrário de Platão, que irá estudar a *república ideal*, Aristóteles aponta que o governo ideal é o que ele chama de *politeía*,[274] ou seja, o governo de muitos de classe média, voltados para o atendimento do Bem Comum. Trata-se de uma forma correta e legal de governo, que não é exercida nem pelos ricos em favor do poder dos mais fortes, e nem pelos pobres, em favor dos mais pobres, mas uma forma de governo que acaba representando a moderação diante das forças políticas em embate na vida política comum.[275]

O que se percebe, a partir desta leitura é que a justiça se faz na cidade, é atividade política, e que, por isso, depende do claro aceno da cidade para a sua realização efetiva no espaço do comum. Assim, o equilíbrio social ideal, na visão de Aristóteles, se daria, no domínio da política, pela opção

---

[271] "O poder soberano pode ser exercido: a) por *um só homem*; b) por *poucos homens*; c) pela *maior parte dos homens*" (Reale, *Introdução a Aristóteles*, 2012, p. 132).

[272] "Com efeito, é no próprio fim natural do direito e da lei positiva que Aristóteles parece descobrir a norma universal e absoluta do direito. Eu digo fim natural porque é da natureza da lei positiva visar a garantir o interesse comum" (Bodéüs, R., Os fundamentos naturais do direito e a filosofia aristotélica, in Sobre a *Ética Nicomaqueia de Aristóteles* (ZINGANO, Marco, org.), São Paulo, 2010, ps. 339 a 378, p. 352).

[273] "É uma peculiaridade do pensamento político de Aristóteles que, do ponto de vista das formas puras, não uma, mas três constituições respondem a este critério: a realeza, a aristocracia e o que ele chama de *politeia*, o regime constitucional, pois estas três constituições realizam a justiça no âmbito político" (Zingano, *Aristóteles: Ethica Nicomachea: tratado da justiça*, 2017, p. 20).

[274] "... Aristóteles indica a *politeia* como forma de governo mais conveniente para a cidade grega de seu tempo; nela não havia um ou poucos homens execepcionais, mas muitos homens, que, não sendo excelentes na virtude política, eram capazes de comandar e ser comandados, alternadamente, segundo a lei" (Reale, *Introdução a Aristóteles*, 2012, p. 134).

[275] "A *politeia*, portanto, como já observaram os estudiosos, é a constituição que valoriza 'a classe média', que, justamente por ser 'média', oferece maiores garantias de estabilidade" (Reale, *Introdução a Aristóteles*, 2012, p. 134).

política do *meio-termo*,[276] evitando-se os excessos de concentração de poder, de desmando, do despotismo, da tirania, ou mesmo da demagogia, motivo que o faz indicar na forma de governo ideal a *politeía* como governo da classe-média.[277]

3. A justiça como virtude

Vista a justiça na cidade,[278] é hora de entender-se a *justiça como virtude*. E, entre as diversas virtudes, como aponta Giovanni Reale, a justiça é entendida como a mais importante das virtudes.[279] Particularmente, seguindo-se a leitura de Marco Zingano, no quadro geral das virtudes analisadas na *Ethica Nicomachea*, a justiça é uma *vitrtude cooperativa*.[280] E será após a enumeração das virtudes (*arethai*) e a apresentação de um quadro esquemático em que se fixam as virtudes como mediedades (*mesotai*) e os vícios, por excesso e por defeito, como extremos, em 1108 b 5/10, que Aristóteles lança, pela primeira vez no texto da *Ethica Nicomachea*, um juízo acerca do problema da justiça (*dikaiosýne*), sobre ele se debruçando em outra parte da obra. De qualquer forma, já neste ponto

---

[276] "Portanto, assim como na ética, também na política o conceito de 'meio-termo' desempenha papel fundamental" (Reale, *Introdução a Aristóteles*, 2012, p. 135).

[277] "A doutrina do meio termo não ousa determinar os parâmetros individuais por meio de uma caracterização quantitativa do que é bom ou ruim, mas ela torna claras as condições sob as quais os impulsos da nossa alma nã-racional e as ações correspondentes podem ser ditas boas ou corretas. E isso é exatamente o que o contexto da doutrina em EE 2 e EN 2 requer" (Rapp, Christoff, Para que serve a doutrina aristotélica do meio termo, *in Sobre a Ética Nicomaqueia de Aristóteles* (ZINGANO, Marco, org.), São Paulo, 2010, ps. 405 a 438, p. 438).

[278] "A cidade é entendida por Aristóteles como uma ordenação objetiva que possibilita, por sua forma de vida concreta e por suas leis, a realização da melhor forma de vida para os seres humanos, dado que nela já estão ordenados todos aqueles bens que adornam a vida dos cidadãos em suas diferentes atividades e funções" (Perine, *Quatro lições sobre a ética de Aristóteles*, 2006, p. 79).

[279] "Entre as virtudes éticas, o Estagirita não hesita em apontar a justiça como a mais importante (e dedica todo o quinto livro à análise desse ponto). Num primeiro sentido, a justiça é o respeito à lei do Estado; e como a lei do Estado (do Estado grego) abarca toda a área da vida moral, a justiça, nesse sentido, compreende de certo modo toda a virtude" (Reale, *Introdução a Aristóteles*, 2012, p. 119-120).

[280] A este respeito: "Aristóteles reflete perfeitamente esta situação, pois a primeira parte de seu estudo sobre as virtudes tomadas separadamente inicia com a coragem e se consagra mais às virtudes competitivas, ao passo que o livro V é dedicado à virtude cooperativa por excelência, a justiça" (Zingano, *Aristóteles: Ethica Nicomachea: tratado da justiça*, 2017, p. 19).

queda estabelecida uma questão primordial sobre a justiça, em Aristóteles: não se trata de uma questão simples, na medida em que a noção de justiça se desdobra em vários conceitos distintos entre si.[281] No entanto, desde já resta bem identificado onde se situa e aparece o tratamento da questão da justiça, ou seja, no *campo da ética*.

Torna-se inequívoco perceber que a teoria aristotélica da justiça desborda numa discussão ética, com nítidas fronteiras com a teoria política;[282] na verdade, não exatamente por se fazerem considerações acerca da justiça num livro dedicado à compreensão do fenômeno ético é que a justiça guarda imbricações éticas, mas, *a contrario sensu*, sua situação topográfica na *Ethica Nicomachea*, e, mais particularmente no *livro V*, se deve ao fato de se entender, por característica do pensamento antigo, a *quaestio* da justiça como um capítulo importante do estudo ético. O mestre do Liceu primou, pois, por abordar a questão da justiça entendendo-a como uma virtude (*areté*),[283] assemelhada a todas as demais tratadas no curso da obra, comportando inúmeras subdivisões que a fazem multiplicar-se terminologicamente para abranger os vários significados a ela inerentes. Então, Aristóteles irá tratar a '*justiça*' designando-a '*dikaosýne*', ou seja, como significando a '*virtude-da-justiça*', aqui compreendida como uma *virtude* porque esta é o objeto de estudo próprio do campo da ética, a grande questão do comportamento humano.[284]

---

[281] A questão é colocada nos seguintes termos: *perí dè dikaosýne kaí adikías spektéon* (*Eth. Nic.*, 1108 b, 7/8).

[282] "According to Aristotle, justice in individual is the harmony in the human soul, and in the society is equality and proportion in the enjoyment of values" (Hamedi, The Concept of Justice In Greek Philosophy (Plato and Aristotle), *in Mediterranean Journal of Social Sciences*, 5 (27 P2), 2014, p. 1165).

[283] A este respeito: "...na Antigüidade pode-se dizer: a legislação enquanto trabalho do legislador não se confundia com o Direito enquanto resultado da ação. Em outras palavras, havia uma diferença entre *lex* e *jus* na proporção da diferença entre *trabalho* e *ação*. Deste modo, o que condicionava o *jus* era a *lex*, mas o que conferia estabilidade ao *jus* era algo imanente à ação: a virtude do justo, a justiça" (Ferraz Júnior, *Introdução ao estudo do Direito: técnica, decisão e dominação*, 1988, p. 28).

[284] Inserida na textura dos debates de natureza ética se encontra a investigação que avança sobre o problema da justiça. Mas, não tanto o problema da situação da questão da justiça em sede de uma teoria ética se releva neste passo, frente à necessidade em si de se traçarem linhas filosóficas acerca do próprio problema da justiça. Avolumam-se motivos para que a justiça receba um tratamento não só específico, como capítulo do *Corpus*, como também extensivo, em

A JUSTIÇA ARISTOTÉLICA

No pensamento de Aristóteles não se irá encontrar a distinção moderna que se faz entre a ética social e a ética individual, uma vez que ambas se fundem num único objetivo, fim da atividade da cidade,[285] assim como da própria da vida do indivíduo; o indivíduo e a comunidade estão inseridos numa sorte comum, num destino comum, próprio da forma como os antigos enxergam o compromisso entre o *ídion* e o *koinón*. Neste sentido, o que é o justo da coletividade também o será, de uma certa forma, para o indivíduo, tendo-se em vista a sua inserção nesta perspectiva maior de vida comum. A harmonia e a virtude do indivíduo conduz a ações justas na cidade, e a harmonia na condução dos negócios públicos conduz a uma condição harmoniosa que impacta a vida dos indivíduos.[286] Nesta medida,

meio às demais reflexões constantes de seus escritos. Fatos há, portanto, que, subliminarmente a todo o debate teórico encetado no livro V da *Eth. Nic.*, serviram como direta motivação para a construção de um aparato conceitual que procurou cercar toda a temática, não obstante todas as dificuldades que dela se possam extrair. Historicamente, a justiça já era *quaestio*, e, portanto, motivo de muitas reflexões na história helênica, séculos antes do surgimento da filosofia aristotélica. Ora tratada pela literatura, sendo seus maiores expoentes Homero e Hesíodo, e pela poética, ora tratada como mister filosófico propriamente dito, e aqui já com Sócrates e Platão, principalmente, não deixou a *dikaios ne* de ser objeto de investigações retóricas. E não em outra contextura senão naquela já epilogal do imperialismo cultural helênico que se propõe Aristóteles, após séculos de longas experiências e de maturação de seu conceito, a delinear o universo multívoco da semântica da justiça. O século IV foi efetivamente um período em que marcantemente a oratória forense e a logografia se alçaram a cumes antes não alcançados, encontrando eco na própria formação e na própria estrutura da *paideía* dos jovens círculos intelectuais que se formavam. As escolas se desenvolveram mesclando ao exercício da cidadania – visto que o encargo de defesa ou acusação diante do Tribunal era atribuição pessoal do cidadão – as lições de retórica e oratória. Este foi um período em que da boa educação do jovem não se apartava o dever de conhecimento, ainda que superficial, dos problemas forenses. É neste clima e com esta atmosfera que a escola de Isócrates ganha corpo e que o nome de Demóstenes se solidifica como o maior exemplar da oratória ateniense. Acerca do problema, em excelente síntese, se pronuncia Jaeger: "*El sofista Protágoras llega a considerar al conocimiento del derecho vigente como la parte más importante de la educación del adulto griego*" (Demóstenes, 1994, p. 41).

[285] "*Mais la vertu de justice est de l'essence de la société civile...*" (*Pol.*, I, 2, 1253 a, 35).
[286] Esta concepção deriva da tradição platônica, seguida por Aristóteles: "É justo o agente cuja alma estiver em um estado tal que suas partes estão harmoniosamente dispostas, isto é, tal que a parte apetitiva cede aos ditames da razão, aos quais naturalmente se apega a parte irascível. Decorre disso que as ações que pratica tal homem promovem a justiça na cidade, mas isso é decorrência do estado psíquico em que se encontra e não sua causa ou elemento primário" (Zingano, *Aristóteles: Ethica Nicomachea: tratado da justiça*, 2017, p. 40).

a ética está estritamente associada à dimensão da convivência, fazendo elo entre indivíduo e comunidade. Exatamente por isso, os conceitos éticos e políticos estão reciprocamente condicionados um pelo outro; a imbricação entre ambas as esferas, seja consideradas praticamente em suas consequências e efeitos, seja consideradas, teoricamente, uma política, que trata do bem-estar social e da administração daquilo que é comum a todos, uma ética, que pertine, sobretudo ao direcionamento da conduta humana, tem por consequência a interação dos conceitos que de suas dimensões promanam. Assim, a adesão do homem a um modo de vida gregário implica subordinação do indivíduo às tarefas cívicas e comuns. Uma vez que o Bem Comum é coincidente com o bem das partes, não se encontra o indivíduo absorvido pela cidade ao ponto do sacrifício do primeiro pelo bem deste; o que ocorre, na verdade, é que pelas práticas sociais a própria natureza do homem em sociedade se faz natureza humana.[287] Se o contrário se conhece pelo seu contrário, o homem se conhece pelas diferenças que guarda com relação aos demais animais que, não obstante muitas vezes se desenvolverem de forma grupal, não são capazes de *lógos*, são desprovidos de *noûs*, e, por consequência são incapazes de práticas socio deliberativas e de uma interação qual esta preconizada por Aristóteles, ou seja, de uma interação fundada no *éthos*.Todo o tema se desloca, portanto, para o campo das ciências práticas, dentro da tripartição aristotélica das ciências em práticas (*epistémé praktiké*), poéticas ou produtivas (*epistémé poiétiké*) e teoréticas (*epistémé theorétiké*).[288] A discussão sobre a justiça não se destina à especulação ou à produção, mas à ação prática; o conhecimento ético, e, por isso, *o conhecimento do justo e do injusto*, é uma primeira premissa para que a ação se converta numa *ação justa*, ou seja, numa *ação em conformidade a virtude da justiça*. Por isso, para o plano da ação, não basta o conhecimento do que seja justo ou injusto, mas o hábito na justiça. Tanto em suas implicações éticas como em suas implicações políticas, o tema se encontra no âmbito da ação (*práxis*), ou seja, com vistas à obtenção de resultados práticos através da razão prática ou calculadora,

---

[287] Cf. Düring, *op. cit.*, ps. 671 e 673. Veja-se, também: *Eth. Nic.*, 1094 b, 1/10.

[288] A classificação das ciências aparece em vários capítulos da obra de Aristóteles, pontualizadamente. Neste sentido, *vide De generatione et corruptione* e *Metaphysica*. Ainda mais, acerca do conceito de ciência como disposição tendente à demonstração, seus caracteres, e sobre os métodos dedutivo e indutivo, *vide Ethica Nicomachea*, 1139 b, 31/32.

como diretiva da ação humana. A questão se encontra vinculada à realidade fática, e não completamente apartada da obtenção de resultados concretos como se encontraria se fosse objeto da especulação teorética pura, como o são os conhecimentos matemático, físico e metafísico (ou, de filosofia primeira). A esta gama de implicações teóricas não se aplicam leis fixas, diferentemente do que ocorre com o conhecimento matemático,[289] as quais asseguram a obtenção de resultados constantes, restando sempre uma margem de variabilidade que torna a principiologia ética flexível e adaptável à esfera individual de cada qual. As noções absolutas e rigidamente estanques não encontram guarida na esfera das investigações aqui enunciadas. E é neste ponto mesmo que se deposita toda a excelência do estudo ético, reflexão sobre o *fim da ação humana*, pois este também é objeto da investigação política, a mais importante das ciências práticas; é sua a tarefa de traçar as leis adequadas para orientar a vida em comum na *pólis*, e para a realização do Bem Comum.[290]

É próprio da metodologia, da linguagem e da poética textual aristotélicas que, primeiramente, se proceda à análise da 'justiça' (*dikaiosýne*), a partir das opiniões correntes acerca do termo, que são, posteriormente, desenvolvidas cientificamente, partindo-se para a ponderação das contradições, para a refutação dos argumentos contrários ao seu ponto de vista, para a situação do problema em seu devido *locus*, e, por fim, para a organização e fixação da relação de gênero e espécie entre as diversas categorias do conceito analisado, alinhadas com suas respectivas nomenclaturas.[291] De fato, tal método emprega-se como recurso de indispensável valor para a detectação do objeto da 'justiça', enquanto foco de análise, assunto que por si só apresenta dificuldades inerentes a tudo aquilo que concerne à matéria de caráter ético.

É claro que os princípios éticos não se aplicam a todos de uma forma única, estando condicionados ao exame do caso particular para que a cada um, de maneira personalizada e singularizada, se aplique o justo meio

---

[289] "*Alors que le mathématicien part d'axiomes absolus qui s'imposent universellement, le moraliste selon Aristote, raisonne sur les opinions que les hommes se font du bien et du mal*" (Thiry, "Saint Thomas et la morale d'Aristote", in *Aristote et Saint Thomas d'Aquin: journées d'études internationales*, 1957, p. 253).

[290] *Eth. Nic.*, 1094 b.

[291] A compreensão da dimensão do justo e do injusto parte de uma particular investigação das opiniões comumente admitidas acerca da temática, como se vê em 1129 a 6/7.

(*mesotés*).²⁹² O conceito de *mesótes* não comporta de forma alguma uma compreensão genérica e indiferente às qualidades específicas que preservam as individualidades; é, pelo contrário, sensível, na acepção aristotélica em apreço, à dimensão do particular. A justiça, compreendida em sua categorização genérica, é uma virtude (*areté*),²⁹³ e como toda virtude, qual a coragem, a temperança, a liberalidade, a magnificência, entre outras, é um justo meio (*mesotés*).²⁹⁴

Mas, a noção de justo meio, de proporção entre extremos, de medida medianeira, não se revela bem compreendida por uma mera interpretação algébrica do ponto de localização da virtude (não será sempre uma quantidade fixa, num esquadro matemático), mas da situação desta em meio a dois outros extremos equidistantes com relação à posição mediana, um primeiro por excesso, um segundo por defeito, de acordo com a ação do indivíduo. A dificuldade de mensuração do '*justo meio*' reside na adaptação da abstração concebida como '*justo meio*' à esfera individual e específica de cada qual; a relatividade deste com relação à esfera do indivíduo, que, além de complexa, tende, com maior facilidade, a estancar-se num dos extremos até que seja alcançado o ponto justo e adequado de equilíbrio da conduta ética própria para aquele indivíduo em particular. É deste exercício, no hábito reiterado da ação virtuosa, que nasce a capacidade individual de bem avaliar os meios proporcionais para o alcance de fins legítimos e bons, e, com isso, a capacidade de adquirir sabedoria prática, a saber, *phrónesis*.

---

[292] *Eth. Nic.*, 1106 b, 27/28. A par desta referência, deve-se consultar também outra passagem específica a respeito (1109 a, 20/24).
[293] Cf. Samaranch, *op. cit.*, p. 230.
[294] De acordo com Moraux, no entanto, deve-se entender que o justo compreendido como *díkaios* não admite a sua idealização qual meio-termo; nenhum conceito absoluto pode ser dimensionado de acordo com esta noção de meio-termo. As precisões terminológicas são de importante papel neste contexto, o que leva o autor a exclamar o seguinte: "*La langue française est, hélas! moins souple que le grec, et ne permet pas de distinguer sans recourir à des périphrases, les notions exprimées respectivement par* to dikaion, dikaios *et* dikaiosýne. *Faute de mieux, nous rendrons par <justice objective> le neutre* tò díkaion, *étant bien entendu qu'il ne s'agit pas d'une vertu éthique, mais d'une certaine qualité, d'une certaine manière d'être des choses, des situations, etc., qui vaut à celles-ci le nom de <justes>. La<<vertu de la justice>,* dikaiosýne, *se trouve, elle dans le sujet; l'homme qui la possède peut être appellé* díkaios, *un <homme juste>*" (Moraux, *À la recherche de l'Aristote perdu: le discours `Sur la justice'*, 1957, p. 117).

Com isto, só se tem a sublinhar a impossibilidade de se forjar uma técnica de obtenção da virtude, pois esta é uma aquisição que se perfaz por meio da *educação ética*, do cultivo da razão deliberativa ou calculadora, do hábito constante no campo da ética, da ação contínua de busca da virtude, enquanto excelência da ação humana. Eis a reta razão (*ortòs lógos*) em atuação na esfera das ações humanas;[295] a perfeição de caráter é, pois, um bem a ser adquirido com a reiteração da *ação virtuosa*.[296] Eis aqui, de novo, a importância da *paidéia*.[297] De fato, esta fortalece os estímulos para que o homem possa agir retamente, partindo-se da ideia de que fornece os instrumentos e os parâmetros para que se possam valorar o justo e o injusto, o excesso e o defeito, o certo e o errado, em cada situação. Neste sentido, toda pretensão de reforma da *pólis* está condicionada à existência de uma *paidéia* pública;[298] é, pois, sobre uma política estrutural que se deve fundar toda e qualquer teoria que se descola para o campo da ação humana.

A noção de medida (*métron*), que organiza toda a tratadística de Aristóteles, não foi tema novo na literatura filosófica do século IV a.C., tendo sido concebida como estandarte do governo de Sólon, legislador do equilíbrio e da ordem. A terminologia do justo meio, do excesso e da falta, além da noção de adequado (*armótton*) foram amplamente exploradas pela medicina do século V a.C., que deita raízes na doutrina de Hipócrates, na qual foi iniciado Aristóteles pela própria tradição familiar. Não só em Aristóteles, no entanto, a noção é uma constante. Também em Platão esta se encontra explicitamente exposta, o que demonstra um acolhimento reiterado do tema pelo pensamento grego antigo nos diversos círculos de

---

[295] "...there are several excellences of man. There is, in first place, the realm of ethical virtues. A virtue is neither a state of the soul (like pleasure), nor a faculty; it is a quality of the character (ethos), inculcated by instruction and practice until it has become a habit (ethos). These excellences are defined as the habits of choosing the mean (mesotes) between excess and falling-short (to wich our passions or pleasures might lead us) as a prudent man would choose it according reason (II, 5 and 6)" (Voegelin, *Plato and Aristote*, 1957, p. 297).

[296] *Eth. Nic.*, 1094, 15 a 25.

[297] "Fica, portanto, mais uma vez afirmada a importância da educação e da legislação – da *paideia* e da *politeia* – na formação e amadurecimento das disposições a serem adquiridas para alcançar a vida boa, isto é, a vida verdadeiramente humana" (Perine, *Quatro lições sobre a ética de Aristóteles*, 2006, p. 107).

[298] *Eth. Nic.*, 1095 b, 5/10.

cultura que o compunham. Os princípios do adequado, da justa medida e do equilíbrio são as expressões mais flagrantes da cultura helênica; assim, se coaduna a cultura helênica, afeita ao culto da medida, da proporcionalidade estética, do equilíbrio da forma e da própria harmonia dos opostos, sendo esta última um tema de reflexão de origem pitagórica. De aplicabilidade variada, podendo se distender para os setores político, médico e filosófico,[299] Aristóteles retoma os citados conceitos como parâmetro da *ação ética*, fazendo destes a proporção humana para a busca do equilíbrio da *psyché*.[300]

Se a justiça corresponde a um justo meio (*mesotés*), é, no entanto, peculiar da noção de justiça o fato de que, enquanto virtude, não se opõe a dois vícios diferentes, mas a um único vício, que é a *injustiça* (*adikía*).[301] A injustiça, no entanto, ocupando dois pólos diversos, é ora *injustiça por excesso*, ora *injustiça por defeito*. Também, é possível afirmar que, se de um lado tem-se um indivíduo que sofre a injustiça, de outro, tem-se indivíduo que pratica a injustiça. Então, numa única situação que envolve uma *injustiça*, verifica-se a existência de dois vícios extremos: *injustiça por defeito*, para aquele que a sofre, e *injustiça por excesso*, para aquele que a pratica. O justo meio (*mesotés*) é a equilibrada situação dos agentes numa posição mediana de igualdade, seja proporcional, seja absoluta, em que ambos compartilham de um *status* de coordenação, sem que um tenha sua esfera individual invadida ou lesada pela ação do outro. Deve-se grifar, no entanto, que apenas a atividade do injusto, ou seja, o reter uma porção maior de bens e menor de males, constitui propriamente um vício, sendo que sofrer a injustiça, estado de passividade por excelência, não pode ser considerada uma situação viciosa, pois é sempre preferível sofrer uma injustiça do que praticá-la (a exemplo dos pensamentos de Pitágoras e de Sócrates).

---

[299] É uma evidência da amplitude dos conceitos a afirmação lançada na *Physica* de que "<Entre> supõe ao menos três coisas, pois os extremos de um movimento são contrários (...)", o que ocorre não tão-somente "com os movimentos de lugar, mas também em todos os demais movimentos" (226 b, 25/30, 227 a).

[300] "A célebre doutrina de que a virtude é um estado intermédio entre dois vícios, o do excesso e o do defeito, deriva da analogia médica da saúde considerada como mescla equilibrada ou <proporcionada> de qualidades físicas contrárias, e que pode ser alterada por excessos de calor ou de frio, secura ou umidade etc." (Cornford, *Estudos de filosofia antiga: Sócrates, Platão e Aristóteles*, 1969, p. 82).

[301] *Eth. Nic.*, 1133 b, 30.

Portanto, não são dois vícios que se contrapõem por um *meio-termo*, como ocorre com as outras virtudes, mas se trata de uma posição mediana entre o possuir mais e o possuir menos, relativamente a todo e qualquer bem que se possa conceber.[302]

A prática da virtude é a finalidade da ética. O meio de aquisição da virtude (*areté*) é ponto de fundamental importância neste sentido. De fato, não sendo a virtude nem uma faculdade, nem uma paixão inerente ao homem, encontra-se neste apenas a capacidade de discernir entre o justo e o injusto, e de optar pela realização de ações conformes a um ou a outro. A virtude, assim como o vício, adquire-se pelo *hábito*, reiteração de ações num determinado sentido. A própria terminologia das virtudes chamadas éticas deve-se ao termo 'hábito' (*éxis*),[303] de acordo com a própria análise que dele faz Aristóteles, em *Eth. Nic.*, 1103 a, 17. Sendo própria dos homens a capacidade racional de deliberação, a escolha é algo que permite a cada indivíduo discernir, diante das situações práticas, o justo do injusto. Mas, fica claro que o fato de conhecer em teoria o conteúdo da virtude não basta, como à exaustão já se disse, ao prudente (*phronimós*), sendo de maior valia a atualização prática e a realização da virtude (*areté*) na ação (*práxis*).[304]

4. Os muitos sentidos da justiça

O termo justiça é ambíguo,[305] e, por isso, abre-se a inúmeras adjetivações e aplicações, o que torna a pesquisa sobre o tema da justiça em Aristóteles um exercício complexo. Os usos do termo revelam os empregos que recebe, as situações em que aparece, demonstrando a complexidade das

---

[302] Aquino, *Comentários a el libro quinto de la Ética a Nicômaco*, 1946, p. 168.
[303] *Eth. Nic.*, 1103 a, 15/25. E, também: "*La palabra ética* (ethiké) *o virtud moral, derivase del siguiente modo, si la etimología tiene visos de verdad, como tal vez la tiene. De ethos, con E breve, viene ethos con E larga, por lo que se llama ética a la virtud moral, es decir, lo que se adquiere con la práctica*" (*Gran ética* (MM), livro I, cap. IV, p. 24).
[304] Afirma Aristóteles: "*Sócrates tampoco estaba en lo cierto al considerar que las virtudes eran ciencias...*", e ainda, "*...porque cualquiera que conozca lo fundamental de la justicia no por eso será justo, sucediendo otro tanto en cuanto a las demás*" (*Gran Ética* (MM), livro I, cap. I, p. 13).
[305] "A situação complica-se um pouco pelo fato de na linguagem corrente, sobre a qual se funda Aristóteles, as palavras justiça e injustiça possuírem uma certa ambigüidade" (Lacerda, *O raciocínio jurídico*: uma visão aristotélica, 2005, p. 77).

aplicações da noção de justiça.[306] Essa variedade de acepção responde aos diversos contextos de ação aos quais a ideia de justiça se integra.[307] Por isso, não importa tanto a Aristóteles, quanto importava para a filosofia platônica, o significado em absoluto, ou o significado único e absoluto, do termo justiça, mas sim seus usos e suas significações concretas. E, diante disto, Aristóteles será um dos primeiros filósofos ocidentais a percebê-lo e identificá-lo, ao menos com tanta precisão e acuidade. Em sua obra, a ambiguidade da justiça faz dela um termo próprio para a expressão de semânticas diversas a partir de um único significante. No entanto, a homonímia aqui não está a obstar a investigação da plurivocidade.[308] A partir deste ponto, dentro da concepção de Aristóteles, se trata de investigar em quantos sentidos se diz o homem injusto (*ádikos*), para que se compreenda em quantos sentidos se diz o homem justo (*dikos*). O homem injusto é ora aquele que não respeita a igualdade (*ánisos*), ora aquele que não respeita a lei (*paránomos*), ora aquele que toma em excesso aquilo que é bom em sentido absoluto e relativo (*pleonéktes*).[309] Deste modo, seguindo-se a leitura de Marco Zingano, um elemento que ressalta, desde já, na análise da teoria da justiça de Aristóteles é a centralidade da questão da *igualdade*, pois a *justiça* tem a ver com a *igualdade*.[310] É assim que, após reconhecer a ambiguidade do vocábulo justiça,[311] termo que comporta múltiplos sentidos, Aristóteles inicia o exame da primeira noção conceptual do termo: *a justiça total* (*díkaion nomimon*).

---

[306] "Même si celui-ci se dit en plusieurs sens, n'y a-t-il pas un juste absolu capable de fonder – dans leur différance même – les diverses formes de justice?" (Vergnières, *Éthique et politique chez Aristote*: physis, êthos e nómos, 1995, p. 199).

[307] "Justice comes in kinds because the content of justice varies with respect to different activities" (Beever, Aristotle on equity, law and justice, *in Legal Theory*, 10 (1), 2004, p. 34).

[308] "O ser não tem significado unívoco, mas polívoco" (Reale, *Ensaio introdutório*, Aristoteles: Metafísica, vol. 1, 2001, p. 63).

[309] *Eth. Nic.*, 1129 a, 31/34.

[310] "Mas, então, em que consiste isto, ser justo? A resposta de Aristóteles vai direto ao ponto: em última instância, ser justo consiste em ser igual. A noção de igualdade é a noção fundadora para toda teoria da justiça, no entender de Aristóteles: uma relação é justa, uma pessoa é justa, uma associação é justa, uma cidade é justa se promover a igualdade, se visar à igualdade" (Zingano, *Aristóteles: Ethica Nicomachea: tratado da justiça*, 2017, p. 26).

[311] *Eth. Nic.*, 1129 a, 26/27.

4.1. O justo total

A primeira acepção de justiça, na concepção aristotélica, é a *justiça total*, e ela está estritamente associada à forma como se governa a cidade e ao fato de se viver em cidade.[312] A *justiça total* consiste na observância da lei (*nómos*),[313] no respeito àquilo que é *legítimo* e que vige para o bem de todos (*koinonía*). Este é o tipo próprio de justiça aplicável à vida política, organização de acordo com os ditames emanados do poder legislativo de que estava investida a cidade numa de suas funções.[314] E, anteriormente, já se verificou que, para Aristóteles, as formas não corruptas de exercício do poder levam as diversas formas de governo (monarquia, aristocracia, *politeía*), como nos faz notar Bodéüs,[315] voltadas por suas leis para a realização do Bem Comum.

---

[312] "A cidade é entendida por Aristóteles como uma ordenação objetiva que possibilita, por sua forma de vida concreta e por suas leis, a realização da melhor forma de vida para os seres humanos, dado que nela já estão ordenados todos aqueles bens que adornam a vida dos cidadãos em suas diferentes atividades e funções" (Perine, *Quatro lições sobre a ética de Aristóteles*, 2006, p. 79).

[313] *Nómos* é um termo grego de abrangência bem ampla se comparado com o significado estrito da lei como norma jurídica escrita; assim, o costume, a convenção social, a tradição, são todas acepções não só cabíveis como usuais e pertinentes ao conceito de nómoj entre os gregos. Neste sentido: "*Le mot désigne primitivement l'usage, la tradition, la manière de faire que primitivement s'impose impérativement à tous les hommes – ou au moins aux Grecs – parfois même aux dieux – comme une obligation de nature supérieure. Il désigne ensuite, par opposition à la thémis orale, la loi écrite dont la publication assure à tous égale justice, réalisant la synthèse de la force et du droit*" (Schuhl, *Essai sur la formation de la pensée grecque*, 1934, ps. 356/357). Para maiores referências a respeito do termo no seio da teoria aristotélica, ao lado de outros correlatos (*nómos/nomikós/nómimos/nómisma*), vide H. Bonitz, *Index aristotelicus*, 1955, ps. 488/489.

[314] "*La justice pourra être considérée comme la vertu complète, parfaite, non que toute vertu, prise en soi, rentre dans la justice, mais toute vertu, en tant qu'elle a du rapport avec autrui, est à ce titre, justice*" (Ollé-Laprune, *op. cit.*, p. 29).

[315] "Aristóteles admite, notemos, que, por um lado, o direito positivo dos regimes corretos é estritamente legal e convencional. E isso não significa que a lei que o estabelece por simples convenção formula um preceito contra a natureza. Isso significa unicamente que é naturalmente indiferente que a lei disponha de um tal modo antes de que um outro sobre certos pontos "o legal é aquilo que é, de início, de maneira totalmente indiferente assim ou de outro modo" (1134 b, 20-21)" (Bodéüs, R., Os fundamentos naturais do direito e a filosofia aristotélica, *in Sobre a Ética Nicomaqueia de Aristóteles* (ZINGANO, Marco, org.), São Paulo, 2010, ps. 339 a 378, p. 354).

Nesta perspectiva, tudo o que é legítimo do ponto de vista do exercício do poder soberano é justo do ponto de vista das leis que decorrem destas formas de governo, e o homem justo (*dikos*) é aquele sujeito que pratica atos que não transgridem as regras convencionais, preservando, de uma maneira geral, a ordem que beneficia o todo em que está inserido. Se a *nómos* é uma prescrição de caráter genérico e a todos vincula, é porque ela é estatuída no seio da comunidade pelo legislador visando ao Bem Comum. Este fim há de ser um fim próprio à comunidade, e como tal, um *fim comum*. A ação que se vincula à legalidade obedece a uma norma que é dirigida para o bem de todos; como tal, esta ação deve corresponder a um *justo legal*, e a forma de justiça que lhe é por consequência é a *justiça legal*. O mesmo, *a contrario sensu*, a respeito do injusto que lhe corresponde.

O papel relevante aqui desempenhado pelo legislador é, pois, determinante do comportamento dos cidadãos que se vinculam à legislação vigente. Neste sentido, a função do legislador é diretiva da comunidade política, sendo sua atividade comparável àquela do artesão.[316] O legislador, ao operar no sentido da construção do espaço normativo da *pólis*, nada mais está a fazer senão exercendo a prudência (*phrónesis*) legislativa,[317] a saber, a *nomothesía*;[318] sabendo-se que Aristóteles distingue entre as várias espécies de prudência existentes (*phrónesis, oikonomía, politiké, bouleutiké, dikastiké*),[319] esta afeta ao legislador recebe uma nomenclatura específica, e é chamada *nomothesía*. Sendo que o legislador age tendo em vista o melhor para a comunidade, e cuida da cidade da melhor forma para proporcionar a boa vida proporcionada aos cidadãos, o fim das leis deve necessariamente ser o Bem Comum.[320]

Este tipo de justiça é o gênero, ou seja, assume o sentido mais amplo que se pode atribuir ao termo. A *justiça total* é também chamada de *justiça universal ou integral*, e tal se deve ao fato de ser a abrangência de sua

---

[316] *Eth. Nic.*, 1141 b, 29.
[317] "Política e *phronesis* são um mesmo estado habitual, visados de pontos de vista diferentes (1141b23-24), e a *phronesis* arquitetônica dos legisladores não é mais que uma parte da *phronesis* que tem por objeto a cidade (b24-25)" (Perine, *Quatro lições sobre a ética de Aristóteles*, 2006, p. 29).
[318] *Eth. Nic.*, 1141 b, 24/25.
[319] A distinção aparece em *Eth. Nic.*, 1141 b, 31/33.
[320] *Eth. Nic.*, 1129 b, 14/19.

aplicação a mais extensa possível.³²¹ Pode-se mesmo afirmar que toda virtude, naquilo que concerne ao outro, pode ser entendida como justiça, e é neste sentido que se denomina justiça total ou universal. De fato, pode-se entendê-la como sendo a *virtude completa ou perfeita (areté téleia)* em relação ao semelhante, e não em absoluto,³²² pois se a lei que versa sobre as mais diversas matérias e que prescreve a prática das inúmeras virtudes exercitáveis no convívio social (temperança, magnificência, tolerância, igualdade, lealdade)³²³ é regularmente observada, por consequência, tem-se que nenhum prejuízo a outrem se efetuará pelo homem que pratica atos de justiça. Assim, o membro da sociedade relaciona-se indiretamente, através de suas atitudes de respeito à legislação com todos os que compartilham da vida em comum, tendo os resultados de suas ações efeitos sobre todos. Esta é consequência direta da ação do indivíduo sobre a ação da comunidade, dado que ambas estão intrinsecamente imbricadas.

O *justo total* é, por isso, nada mais do que a observância do conjunto das virtudes inseridas no corpo legislativo. O hábito humano de conformar as ações ao conteúdo das leis, e de respeitar a *politeía* como regra maior da cidade, é o que permite a realização da justiça nesta acepção; aqui, portanto, *justiça* e *legalidade* são uma e a mesma coisa. O alcance, pois, do respeito à legislação é sempre o conjunto dos cidadãos, e, por isso, esta noção chama a virtude total. A noção de alteridade,³²⁴ para a conformação do *díkaion nomimón*, parece ser essencial. Não só é essencial, como também a afetação da alteridade por meio da prática desta forma de justiça se dá de duas formas, uma omissiva, outra comissiva. Explique-se. Ao se violarem as leis está-se a atingir não só este ou aquele de seus membros especificamente, mas todos de uma só vez, visto que a lei é a garantia e a sustentação do corpo social não em partes, e sim como um todo. Esta é

---

[321] "*La justice conçue comme observance de la loi apparaît comme une vertu complète, totale, somme de toutes les autres vertus. En effet, la loi commande à la fois la bravoure, la modération, la douceur, etc.*" (Moraux, *op. cit.*, p. 113).
[322] *Eth. Nic.*, 1129 b, 25/27.
[323] A respeito da sacralidade das leis, do papel refinado do legislador, da influência das mesmas no comportamento humano social, já Pitágoras fora exemplo ao dar leis aos povos que visitou durante suas viagens: "*A esse diede le leggi servendosi (dei codici) di Caronda di Catania e di Zalluco di Locri e fu grazie a lungo esempio di perfetto ordine interno e oggetto di invidia da parte dei centri circostanti*" (Giamblico, *Vita pitagorica*, VII, 33).
[324] Conforme aparece em *Eth. Nic.*, 1130 a, 4.

a lesão pela comissão. Ao se abster da prática de qualquer violação à lei, está-se, omissivamente, praticando a justiça, nesta acepção do termo. Da mesma forma, se o ato comissivo se relacionar a uma conduta permitida em lei ou não proibida por esta, estar-se-á a praticar de maneira ativa a justiça, bem como se aquele a quem incumbe um dever qualquer legal deixar de executar-lhe o ato correspondente, omissivamente estará a realizar a injustiça nos exatos limites da acepção ora em apreço.

A afetação, portanto, da alteridade, faz-se em acordo ou em desacordo com a lei, de maneira que o justo ou o injusto são provocados pelas atitudes omissiva ou comissiva frente às prescrições ditadas pelo legislador. Seja por ação, seja por omissão, a violação da lei em si, com ou sem a provocação de uma lesão direta a este ou àquele indivíduo, indiretamente, representa a afetação da comunidade em função da qual as leis são destinadas.

Neste ponto, Aristóteles retoma o tema que formou uma ampla tradição literária desde o século VI a.C.,[325] ou seja, a intelecção da *justiça* como *a maior das virtudes*, ressaltando-se o caráter de sociabilidade inerente à mesma. Eurípedes[326] e Platão são exemplos na história grega de personagens que adotaram o termo nesta mesma acepção genérica, valor imprescindível para a formação de uma cultura cívica. Também na filosofia pitagórica aparece o mesmo conceito, com seus matizes religiosos e míticos.[327]

Mais ainda. Esta justiça, segundo a qual se dispõem as ações humanas de acordo com a legalidade, não é parte da virtude (*mesotés areté*), porém a virtude completa. Em um certo sentido, confunde-se até com o próprio sentido da virtude integral. Em essência, porém, diferem a justiça total (*díkaion nomimón*) da virtude total (*dikaiosýne*). Esta é um bem alótrio (*oti pròs éterón estin*), porém apenas uma disposição de espírito,

---

[325] *Eth. Nic.*, 1130 a, 4/9.

[326] *Eth. Nic.*, 1129 b, 25.

[327] "*Perché gli uomini, consapevoli che in ogni luogo c'è bisogno della giustizia, favoleggiano che come accanto a Zeus sta Themis e accanto a Plutone sta Dike, così lo stesso posto occupa la legge nella città, affinchè chi non compie il suo dovere secondo giustizia risulti immediatamente iniusto nei confronti dell'ordinamento universale*" (Giamblico, *Vita pitagorica*, VIII, 46). "*In più, Pitagora istituì un altro nobilissimo genere di giustizia; quella normativa* (tò nomothétikón), *la quale prescrive cosa bisogna fare e proibisce ciò che è illecito. Essa è dunque superiore a quella giudiziaria* (toú dikastoú), *perché questa è paragonabile alla medicina, e cura i malati laddove quella impedisce sin dal principio di ammalarsi e provede per tempo alla salute dell'anima*" (Giamblico, *Vita pitagorica*, XXX, 172).

enquanto aquela envolve não somente o *animus* subjetivo humano, mas, também, e sobretudo, os importes relacionais para com o outro, ou seja, a alteridade.[328]

Na produção de efeitos em meio ao convívio social, justiça e virtude são idênticas, uma vez que o conteúdo de toda legislação é o agir num sentido que corresponde à conduta que representa o meio termo. Não obstante serem materialmente coincidentes, uma distinção em essência deve ser feita: diz-se que um homem é justo ao agir na legalidade; diz-se que um homem é virtuoso quando por disposição de caráter se orienta segundo estes mesmos vetores, mesmo sem a necessária presença da lei, ou mesmo, do conhecimento da mesma.[329]

O cumprimento desta forma de virtude total se revela pelo compromisso de todos com tudo o que concerne os interesses comuns da cidade. Por ser a mais completa das virtudes, esta forma de justiça é a mais difícil de ser exigida e, também, justamente por isto, a mais excelente de todas. Isto, pois, se muitos são capazes de praticar a justiça para consigo mesmos ou para com aquilo que lhes é pertinente, poucos são aqueles que o fazem nos importes relacionais, em função da alteridade. Aqui se encontra o diferencial entre a mais alta virtude e toda e qualquer outra forma de *justiça particular*.[330]

A contrario sensu do que foi estabelecido anteriormente, a injustiça legal toma o sentido de vício integral, tendo-se em vista os efeitos corruptivos da injustiça em âmbito social. A injustiça é a ilegalidade, descumprimento dos preceitos que garantem a ordem e a harmonia políticas.[331] Os efeitos da prática da injustiça, tomada nesta acepção, fazem-se sentir por todos os membros da cidade, uma vez que é atingida não só a esfera individual como a coletiva, na busca da realização da felicidade social como um todo.[332]

---

[328] *Eth. Nic.*, 1130 a, 9/13.
[329] *Eth. Nic.*, 1130 a, 10.
[330] *Eth. Nic.*, 1130 a, 5/8.
[331] É curioso anotar que, de acordo com Heráclito, a injustiça desempenha um papel mais importante do que se possa imaginar, visto ser ela *conditio* para a busca e a descoberta da própria justiça. São suas palavras: "*S'il n'y avait pas d'injustice, on ignorerait jusqu'au nom de la justice*" (FRAG. 23, *in* J. Voilquin, *Les penseurs grecs avant Socrate: de Thalès de Milet à Prodicos*, ps. 55/63).
[332] *Eth. Nic.*, 1130 a, 9/11.

4.2. O justo particular

O justo não se resume apenas a uma acepção, como já foi dito antes; não somente deve ele ser compreendido como algo que se relaciona com as leis e a cidade, com os cidadãos e a dimensão do Bem Comum, uma vez que comporta ainda um outro sentido menos extenso e menos abrangente que aquele anteriormente referido.[333] Trata-se de outra acepção, a saber, o *justo particular*. Este corresponde apenas a uma parte da virtude e não a ela em sua integralidade, como ocorre com o *justo universal ou total* (*díkaion nomimón*). De qualquer forma, no entanto, tanto o *justo total* como o *justo particular* se expressam no neutro (*tò díkaion*), o que corresponde a um absoluto na língua grega. Como tal, o justo particular, participando do gênero constituído pelo justo legal, apresenta a mesma característica básica, ou seja, a alteridade. No entanto, ao justo total aplica-se uma noção mais ampla de alteridade, uma vez que a ação do homem justo se dirige à comunidade como um todo e aos interesses públicos da cidade.

A *justiça particular* refere-se a relações singulares de um e outro, diferença fundamental que permite se encontrem as fronteiras de aplicação terminológica entre a justiça em sua acepção particular e em sua acepção universal. Ressalte-se, ainda, que enquanto a espécie relaciona-se apenas com a conduta de um homem de bem, no gênero engloba-se a conduta que é dirigida para a aquisição de vantagens por parte daquele que obra injustamente, sejam honoríficas, sejam pecuniárias, sejam de segurança pessoal do agente, caso em que se constitui a injustiça legal.[334] Normalmente, o *excesso* e a *ganância* estão na base de uma tal desigualdade, sendo esta a razão de uma desproporção que injusta.[335]

---

[333] Para uma mais completa análise do quadro genérico das diversas espécies de justiça em Aristóteles e para o conhecimento da plurivocidade do termo, vide Moraux, *À la recherche de l'Aristote perdu: le dialogue `Sur la justice'*, 1957, p. 119.

[334] *Eth. Nic.*, 1130 a, 15/30; 1130 b, 5.

[335] "Aristóteles volta à noção comum de *ganância* e busca identificar no excesso que a caracteriza a marca por excelência do ato injusto2. Ser justo2 é ser igual; por oposição, ser injusto2 é, em última instância, ser desigual, e ser desigual consiste em ter mais, em procurar levar vantagem em tudo. A noção de ganância é, assim, alçada de Aristóteles a uma posição central na reflexão filosófica sobre a justiça, justamente na medida em que capta o traço de desigualdade que marca todo ato de injustiça2" (Zingano, *Aristóteles: Ethica Nicomachea: tratado da justiça*, 2017, p. 51).

A relação necessária entre ambas é que tudo que é desigual (*ánisos*) é ilegal (*paránomon*), mas nem tudo que é ilegal (*paránomon*) é desigual (*ánisos*). O *ilegal* é o gênero e o *desigual*, a espécie. De fato, o *justo particular* é espécie do gênero *justo total*, pois quem comete um *injusto particular* não deixa de violar a *lei*, e, como tal, praticar um *injusto no sentido mais genérico*. Se aqui se particulariza ainda mais a acepção do termo justiça é porque se procede *per genus et differentiam* da mais ampla à mais estreita das significações.[336] O *justo particular* divide-se em *justo distributivo* (*díkaion dianemetikón*) e *justo corretivo* (*díkaion diorthótikon*). A primeira acepção do justo particular se relaciona com todo tipo de distribuição levada a efeito na constituição, seja de dinheiro, seja de honras, de cargos, ou quaisquer outros bens passíveis de serem participados aos governados. Em suma, refere-se às repartições em escala geral de bens entre os cidadãos. A segunda acepção consiste no estabelecimento e aplicação de um juízo corretivo nas transações entre os indivíduos. Trata-se de uma justiça apta a produzir a reparação nas relações (*synallágmasi diorthótikon*).[337] Em síntese, está a presidir a igualdade nas trocas e demais relações bilaterais.[338]

Deve-se ter presente, ainda, que o *justo corretivo* biparte-se para abranger tanto as relações baseadas na *voluntariedade* do vínculo entre indivíduos (compra e venda, locação, mútuo, garantia, comodato, pagamento, depósito...), constituídas pelo elemento estrutural sinalagmático, tipo de justo que não recebe nome em especial em grego (1132 b, 31/1133 b, 28), como as relações estabelecidas *involuntariamente*, surgidas como consequência de uma clandestinidade ou de uma violência, que atingem uma ou ambas as partes (roubo, adultério, prostituição, falso testemunho, homicídio doloso, sequestro, furto, difamação, injúria, lesão física...), esta acepção denominada *epanorthotikón* (1131 b, 32/1132 b, 20).

Que existem, pois, várias acepções do termo *dikaiosýne* e que há uma forma de justiça diversa daquela que corresponde à *virtude total* parece ter ficado esclarecido. Partindo-se para a análise daquilo que ainda não foi explorado, em primeiro lugar, deve-se investigar a respeito da primeira

---

[336] *Eth. Nic.*, 1130 a, 34/1130 b.
[337] *Eth. Nic.*, 1131 a.
[338] "O que é justiça, então? É aquela relação que promove a igualdade entre pelo menos dois agentes quanto aos bens exteriores" (Zingano, *Aristóteles: Ethica Nicomachea: tratado da justiça*, 2017, p. 35).

das acepções do *justo particular distributivo* e, após, que recaia a análise sobre as demais acepções que comportam o *justo particular corretivo*.

4.2.1. O justo particular distributivo

O *justo particular distributivo* (*díkaion dianemetikón*) realiza-se no momento em que se faz mister haver uma atribuição aos membros da *koinonía* de bens pecuniários, de honras, de cargos, assim como de deveres, responsabilidades, impostos, encargos, tarefas, funções e poderes. Perfaz-se, portanto, numa relação da cidade para o cidadão,[339] sendo que, aqui, a *justiça* e a *injustiça* do ato radicam-se na própria ação do governante dirigida aos governados. É tarefa dos governantes eleger os critérios pelos quais atribui e trata igualmente ou diferentemente, a cada um dos membros da cidade, e isto é propriamente governar. E o critério irá variar, conforme a forma de governo, e não será o mesmo na monarquia, na aristocracia ou na *politeía*, para ficar com as formas retas e legítimas de governo.

Esta pressuposta, na ideia de distribuição, uma relação de subordinação entre as partes que se relacionam, entre aquele que distribui e aqueles que recebem. Estes apenas podem ser, ao menos imediatamente, sujeitos passivos da justiça ou da injustiça do ato emanado do poder soberano. A injustiça, neste sentido, é o desigual, e corresponde ao recebimento de uma quantia menor de benefícios ou uma quantia maior de encargos que seriam realmente devidos a cada cidadão. Ocorrendo a injustiça na distribuição, tendo-se uma escassez de benefícios (menos do que é bom) ou um excesso de ônus (mais do que é ruim), para uns, e um excesso de benefícios (mais do que é bom) ou uma escassez de ônus (menos do que é ruim), para outros, *injusto* é aquele que distribui, uma vez que é deste ato de distribuição que parte a iniciativa da ação de aquinhoamento e partição.

Tem-se que a *justiça distributiva* consiste numa mediania a ser estabelecida entre quatro termos de uma relação,[340] sendo dois destes indivíduos

---

[339] Vide Bobbio, *Estado, governo e sociedade; por uma teoria geral da política*, 1987, ps. 19 e 20.
[340] "Or des deux justices auxquelles pense ici Aristote, l'une s'identifie à la vertu en général et l'autre est la justice au sens strict. Celle-ci se définit comme une analogie à quatre termes, dont deux représentent les personnes et les deux autres, les biens à partager" (Décarie, *L'objet de la métaphysique selon Aristote*, 2ª ed., 1972, p. 69).

que se relacionam comparativamente, e os outros dois, os objetos.[341] A distribuição, portanto, atingirá o seu justo objetivo se proporcionar a cada qual aquilo que lhe é devido, dentro de uma razão de proporcionalidade participativa, pela sociedade, evitando-se, assim, qualquer um dos extremos que representam o excesso (*tò pléon*) e a falta (*tò élatton*). De fato, a injustiça na distribuição recai em um dos pólos ou quando pessoas desiguais recebem a mesma quantia de encargos e de benefícios (tratar igualmente pessoas desiguais), ou quando pessoas iguais recebem quantias desiguais de benefícios e encargos (tratar desigualmente pessoas iguais). Em ambas as possibilidades, têm-se uma *falta* e um *excesso* com relação a cada indivíduo comparado. Entre o mais e o menos, o justo aqui reside no meio (*méson*), e, destarte, representa o igual (*íson*).

Portanto, a *justiça distributiva é igualdade de caráter proporcional*,[342] pois é estabelecida de acordo com um critério de estimação dos cidadãos entre si. Nem todos devem ser tratados da mesma forma, considerada uma qualidade própria de cada cidadão, ou conforme o critério de governo que se elege como diferenciador dos cidadãos entre si. Aqui pesa na definição do critério o que cada forma de governo irá destacar ou privilegiar como elemento de valorização na distribuição de vantagens e ônus. E, nisto, não há acordo político; na oligarquia, o critério é a riqueza, ou o nascimento, e para a aristocracia, a *arethé*.[343] No entanto, a conjunção de interesses na *politeía* deve perfazer-se da maneira mais equitativa possível, proporcionando um governo mediano dos interesses públicos centrado no atendimento das variegadas reinvindicações sociais, considerado especialmente o fim de todo governo, que é o Bem Comum.

Por isso, a noção de igualdade que cabe para definir a justiça distributiva é de tipo geométrico,[344] observando-se a proporcionalidade da participação de cada qual no critério eleito pela constituição de cada cidade (*politeía*), em cada forma de governo. A igualdade na dis-

---

[341] *Eth. Nic.*, 1131 a, 18/20.
[342] *Eth. Nic.*, 1131 a, 29.
[343] *Eth. Nic.*, 1131 a, 20/25.
[344] *Eth. Nic.*, 1131 b, 11/12. "À la notion simple de l'égalité, qui apparaissait dans l'idéal d'isonomie, *se substituent des conceptions plus savantes: on distingue, on oppose égalité arithmétique et égalité géométrique ou harmonique. En fait, la notion fondamentale est devenue celle de proportion...*" (Vernant, *Mythe et pensée chez les grecs*, 1965, ps. 171 e 172).

tribuição visa à manutenção de um equilíbrio, pois aos iguais é devida a mesma quantidade de benefícios ou encargos (tratar igualmente os iguais), assim como aos desiguais são devidas partes diferentes (tratar desigualmente os desiguais), na medida em que são desiguais e em que se desigualam.[345]

Vale afirmar, neste ponto, que a posição de Aristóteles frente ao problema da distribuição e da adoção de um critério de *igualdade geométrica* encontra fundamentos históricos que merecem ser explorados. Da observação das quatro partes relacionadas, dois indivíduos e dois objetos, pode-se depreender a relação matemática em que o primeiro termo está em direta relação de proporcionalidade com o terceiro, ao mesmo tempo em que o segundo assim se encontra frente ao quarto termo (A:B=C:D, onde A+C=B+D). Esta *relação tetrática* revela influência direta da *teoria numérica pitagórica*,[346] considerando-se não só a utilização de uma nomenclatura nitidamente matemática – que, inclusive, era de uso constante entre os discípulos da *Akademeia* –, mas pela forma de exposição e encadeamento do problema ético sob o prisma de uma ciência teórica (*epistéme theoretiké*), como o é a matemática dentro do quadro genérico das ciências na filosofia aristotélica. A própria significação simbólica atribuída ao número 'quatro' pelos pitagóricos era coincidente com o termo 'justiça', uma vez que tanto pela multiplicação, como pela somatória das díades, obtém-se a *tetraktys*

---

[345] Na *Gran ética* (MM): "*...es proporcional que el que tiene mucho tenga que contribuir con mucho, y el que tiene poco con poco...*" (livro I, cap. XXXIV, p. 64).

[346] De acordo com a doutrina de Pitágoras, a justiça era entendida como igualdade. Sua teoria numérica relevou a tríade (3) e a *tetraktys* (4) como os símbolos da justiça, especialmente esta última, representação da *omónoia*, harmonia dos contrários existente entre os lados do quadrado. É sugestiva a idéia da perfeição obtida pela somatória dos elementos que formam a primeira *tetraktys* (1+2+3+4=10), que resulta na década, símbolo do infinito e da união das partes que a compõem. O pensamento analógico de Aristóteles, no sentido das próprias contribuições platônicas a este respeito, permitiu a cunhagem de conceitos precisos sobre a justiça a partir da conjugação de elementos da tradição matemática. A respeito da tradição pitagórica, escreve Cornford: "*The reconstruction of Pythagoras' system may be approached through the analysis of certain pivotal conceptions which all admit to be characteristic of the Italian tradition. These are: the idea of 'becoming like God' and the notion of mimesis: the correspondence of macrocosm and microcosm; the conception of harmony; the doctrine of numbers; the symbol known as the* tetractys" (Cornford, "Mysticism and science in the pythagorean tradition", in *The presocratics: a collection of critical essays*, edited by Mourelatos, 1974, p. 140).

(2+2=4, ou, 2x2=4).[347] Anteriormente, já se procuraram ressaltar alguns pontos de contato entre a doutrina aristotélica da justiça e aquela concebida por Pitágoras de Samos; aqui, este liame torna-se mais claramente inequívoco.

Na perspectiva ora em apreço, a *ação injusta* consistirá no realizar um ato injusto (*dikaiopragousi*), no consentir que exista uma disparidade que desiguale, em medidas proporcionais, os governados aos quais se atribuem as riquezas, honras, direitos de participação, elegibilidade, cargos, deveres, ônus e atribuições. É certo que nem todos são iguais e que nem todos merecem as mesmas quantidades de benefícios e ônus, a depender o critério eleito para avaliar a cada cidadão, e é exatamente por isto que um critério se elege para a diferenciação dos membros da cidade (*pólis*). Sendo o meio termo (*méson*) a igualdade proporcional, os extremos comporão a desigualdade, seja por *excesso*, seja por *defeito*. Ainda assim, sucintamente, pode-se dizer tratar-se de uma forma de justiça que se exerce por *direito político*, por uma atividade distributiva, que tem como fim o Bem Comum segundo um critério de governar, que, desde que não seja corrupto ou desviado, conduz o processo de distribuição a *escolhas políticas* legítimas e justificáveis.

Eis, pois, os principais traços da primeira das acepções do justo particular. Proceda-se, agora, ao exame da outra figura que participa do gênero do justo particular ao lado do justo distributivo.

4.2.2. O justo particular corretivo

A outra espécie de *justiça particular*, compartilhando com a *justiça particular distributiva* de todas as implicações que advêm do fato de serem ambas espécies participantes de um mesmo gênero, é chamada *justiça particular corretiva*, ou simplesmente, *justiça corretiva* (*díkaion diorthótikon*). Esta espécie se destina a ser aplicada em todo tipo de relação a ser estabelecida

---

[347] "*La igualdad venía representada por el número 3, por ser igual a los números que le antecedem (1+2). La igualdad está también en el número 4, por otra razón: porque está compuesto de dos números iguales. <_>De la representación geométrica del número 4 obtienen los pitagóricos que lo própio de la justicia es la reciprocidad y la igualdad (y a que los lados y los ángulos de un cuadrado son iguales y se corresponden con los contrários). Así es como el cuadrado es modelo de armonía, porque lo forman unos mismos números, tanto si se los suma como si se los multiplica. Por tanto, la justicia no es sólo igualdad, sino doble igualdad (Luego, Aristóteles dirá que la igualdad de la justicia puede ser aritmética o geométrica)*" (Sanchez de la Torre, *op. cit.*, p. 44).

entre indivíduos que se encontrem numa situação de coordenação – e não de subordinação, como ocorre com o justo distributivo.

Enquanto a aplicação da justiça para a distribuição obedece à apreciação de cada cidadão segundo o crivo de um critério político (variável conforme a forma de governo), o que implica necessariamente uma *igualdade proporcional* na repartição do que a cada qual é devido (seja de benefícios, seja de ônus), a *justiça corretiva* baseia-se exclusivamente num critério objetivo e impessoal de restabelecimento do equilíbrio rompido entre os indivíduos: *a igualdade aritmética*.[348]

De fato, o termo justiça, em sua acepção particular e corretiva, vincula-se à ideia de *igualdade perfeita ou absoluta*. Não se tem presente aqui qualquer espécie de relatividade, pois não se tem em conta os méritos, as qualificações, as distinções, as igualdades ou desigualdades que possam existir entre os indivíduos que se relacionam. Segundo esta modalidade de justiça, não se faz qualquer distinção ou se estabelece qualquer tratamento diferenciado, para a sua aplicação. A aritmética aplicável à espécie permite a ponderação entre a perda e o ganho, garantindo objetivamente o restabelecimento das partes à posição inicial em que se encontravam; o *justo corretivo* se exerce por meio do retorno das partes ao *status quo ante*. Tem-se uma perfeita equidistância das partes relativamente ao centro, onde se situa o justo meio (*mesotés*). À mediania recorre-se para a sustação da desigualdade aritmética imperante. Se se recordar qual a fórmula que presidia a concepção do *justo distributivo* (A:B=C:D), verificar-se-á que aqui a equação assume outra configuração; há outro tipo de valoração na análise e ponderação do relacionamento dos elementos envolvidos numa situação em que se faça necessária a aplicação desta forma de justiça (A-B+C-D).

O valor do justo corretivo será sempre reclamado quando, nas relações humanas, houver uma parte a que se atribua uma quantia maior de vantagem e menor de desvantagem em detrimento de outra parte, que, por sua vez, sofre a *injustiça* por receber mais daquilo que lhe é maléfico e menos daquilo que lhe é benéfico, rompendo-se com isso um estado de igualdade que inicialmente marcava aquela relação. Uma parte *pratica a injustiça* e a outra *sofre a injustiça*, sendo que a *igualdade aritmética* entre ambas é o justo meio entre elas, ou seja, a igualdade novamente (*ón én*

---

[348] *Eth. Nic.*, 1131 b, 25/30.

méson tò íson, o legomen eînai díkaion). Procura-se grifar que novamente a noção do *igual aparece para qualificar a justiça*, mas não da mesma forma como anteriormente se disse a respeito do *justo geométrico*.[349] A noção de *igual* aqui não tem em vista o critério do mérito na distribuição, mas exclusivamente a *ideia aritmética*, de perfeição na divisão em absoluto e em abstrato. Entre o mais e o menos, entre o ganho e a perda, o *justo*. Nas palavras de Aristóteles: "De fato, nos casos deste tipo, se fala simplesmente – mesmo se para alguns o nome não é próprio – do ganho para quem, por exemplo, feriu e perda para quem foi ferido" (*Eth. Nic.*, 1132 a, 10/12). Perfazê-lo consiste exatamente em não tomar além do que lhe pertence, ou não causar a ninguém qualquer dano, dado que os reflexos podem ser de caráter penal ou civil.[350]

Do texto de Aristóteles ressalta-se a importância de uma análise etimológica do justo tomado neste sentido (*díkaion*), para que se apreenda com precisão o seu conteúdo. Assim é que *dika* significa uma *partição igualitária*, intermediário visível ao se cotejarem duas linhas, uma maior e outra menor, numa operação algébrica – tomem-se as linhas AA, BB e CC iguais entre si; de AA se retire o segmento AE e se o ajunte a CC, de modo a obter-se CD; a inteira linha DCC supera EA de CD + CZ, e, como tal, supera BB de CD; a *justiça* aqui está em se retirar de uma que há de mais e se juntar a que há de menos – recebendo o termo *díkaion* o mesmo sentido aplicado à conceituação do justo particular em apreço.[351] Pode-se acompanhar de perto o texto: "O igual é um meio entre o mais e o menos segundo a proporção aritmética. Por isto é chamado 'justo', porque é divisão em duas partes iguais, como se se dissesse 'dividido em duas partes' (*díkaion*) e o juiz fosse um divisor em duas partes (*dikastés*)" (*Eth. Nic.*, 1132 a, 30/32).

O *juiz* (*dikastés*) é o *mediador* de todo o processo de aplicação da justiça corretiva, e seu papel é o de restabelecer a igualdade perdida, após um ato ou evento qualquer.[352] Se o injusto corresponde a um estado entre as partes em que uma permanece com mais e outra com menos daquilo que é prejudicial, e vice-versa com relação àquilo que é um benefício,

---

[349] *Eth. Nic.*, 1131 b, 32/1132 a, 2.
[350] *Eth. Nic.*, 1132 a.
[351] *Eth. Nic.*, 1132 a, 30.
[352] wste tò adikon touto anison on isázein peiratai o dikasths (*Eth. Nic.*, 1132 a, 6/7).

então incumbe ao juiz colocar as partes numa situação de paridade, de *igualdade absoluta*, de acordo com o estado inicial em que se encontravam antes de se desigualarem reciprocamente. O injusto é o mais do que é ruim e o menos do que é bom; a função do juiz será retirar daquele que se apropriou de porção maior do que é bom, redistribuindo-a ao outro, ou atribuir mais do que é ruim àquele que se esquivou de fazê-lo por sua própria vontade. Sendo a relação entre as partes prejudicada pela existência de uma disputa, querela ou desavença, baseada na diferença que as distanciam, comumente recorre-se ao juiz, dentro de uma ordem política organizada sob o império da lei, indivíduo ao qual incumbe, por um reto juízo, restabelecer a igualdade, favorecendo-se não de seu arbítrio ou de seus interesses, mas do convencionado e consubstanciado na legislação da cidade. Assim, indiferentemente se se trata deste ou daquele cidadão, aplicar-se-á a lei de modo a obter-se uma situação de igualdade aritmética; neste sentido, a lei é cega para as diferenças de qualificação de cada qual.[353]

A própria noção de intermediário do justo relaciona-se à posição do juiz perante as partes em contenda, uma vez que é a imparcial e equidistante personificação da justiça.[354] É o representante do intermediário, é um mediador, e, já por esta significação, representa uma mediedade, sinônima de justiça corretiva. A posição ocupada pelo juiz na aplicação da lei é tal que se pode dizer que se colocar diante do mesmo é se colocar diante do justo; o juiz (*dikastés*) quer ser como o justo personificado (*díkaion empsikón*).

A paridade é alcançada quando se retira daquele que cometeu a injustiça e obteve um ganho, e se atribui àquele que foi privado de um benefício ou lesado em qualquer âmbito de expressão de seus interesses pessoais, ou mesmo, sancionando-se aquele que sobre a outra parte agiu causando uma clandestinidade ou uma violência. A *justiça corretiva* em sua aplicação conduz ao retorno das partes ao *status quo ante*, o que pode significar a possibilidade de uma retomada total das condições anteriores, quando se trate de situação restituível, ou do arbitramento de uma equivalência

---

[353] Para fins de aplicação prática deste conceito à época de Aristóteles, a lei não media diferenças entre os sujeitos, somente questionando o *status civitatis* das partes, pois desta forma variava a aplicação das normas de acordo com a condição de cidadão, escravo ou estrangeiro do sujeito.
[354] *Eth, Nic.*, 1132 a, 20.

indenizatória com relação àquilo que seja o objeto da diferença estabelecida entre as partes.

O *justo corretivo*, regido pelos princípios mencionados, encontra aplicação em dois âmbitos diversos, o das relações estabelecidas *voluntariamente* e o das relações estabelecidas *involuntariamente* entre as partes, o que explica a necessidade de uma bipartição conceptual.[355]

Ao primeiro âmbito de aplicação corresponde uma espécie de justo que não recebe um nome específico entre os gregos, mas que poderemos chamar de *justo comutativo*, espécie de correção aplicável às transações do tipo da compra e venda, da locação, do empréstimo, do depósito, em suma, contratuais, onde prevalece a liberdade de vinculação e de estipulação do teor do vínculo, correspondendo ao sinalagma perfeito. Presente se faz a *injustiça*, quando, por qualquer motivo, os bens ou serviços trocados não se correspondem, devendo-se, portanto, recorrer a um critério de correção baseado na *igualdade absoluta* para o reequilíbrio da interação voluntária.

Segue-se que, contrariamente ao entendimento que tinham os pitagóricos acerca do conceito de justiça, Aristóteles diferenciou-o da noção de *reciprocidade*. Os filósofos da escola de Pitágoras de Samos tomavam os conceitos do justo e do recíproco como sinônimos, qual em verdadeira aplicação do princípio punitivo de Talião, em que se retribui um mal com o mesmo mal em quantidades equivalentes. A noção de *justo* associada à noção de recíproco já havia sido amplamente criticada e contestada por Sócrates, responsável pela rearticulação da tradição proveniente do período arcaico, em que prevaleciam as ideias de *vindita* e de retribuição absoluta.

Neste sentido, Sócrates estabeleceu o princípio de que não se deve responder com *injustiça a uma injustiça*, o que equivaleria à reiteração *ad infinitum* de um conflito, sendo que a justiça deve se substituir a qualquer outro valor, uma vez que ao cidadão cabe fazer com que esta prevaleça na *pólis*. Não sendo este o tipo de lei que deve reger as relações sociais, nem como base de uma *justiça distributiva*,[356] nem como base de uma *justiça*

---

[355] *Eth. Nic.*, 1131 b, 25/26.
[356] "Diferencia-se do distributivo, pois, para este, não havendo a mesma igualdade que a reciprocidade pressupõe, prevalece a proporcionalidade entre as partes comparadas na relação" (Aquino, *Comentários a el libro quinto de la Ética a Nicômaco*, 1946, p. 138).

corretiva,[357] o Estagirita consagrou uma nova abordagem do tema, introduzindo um outro tipo de retribuição, a proporcional, e destronando o velho conceito de retribuição em igual medida. Esta nova reciprocidade, fundada na proporção, é elemento basilar das trocas efetuadas entre bens de naturezas diversas.

Tendo-se presente que a reciprocidade proporcional é imprescindível ao governo das múltiplas necessidades humanas, deve-se acrescentar que a justiça comutativa é a realização perfeita das interações voluntárias. Se é a necessidade um dos fundamentos da existência do próprio modo de vida em sociedade que visa à autossuficiência coletiva (*autarkeía*), a troca é algo inerente ao convívio humano, convívio que pressupõe uma pluralidade de interesses diversos em convívio. Para que haja a troca, um parâmetro de comensurabilidade deve existir para efeitos de equiparação dos bens que circulam em sociedade; este será imprescindível como elemento igualador entre coisas ou serviços desiguais. É assim que a procura por uma coisa, expressão do grau de necessidade e de utilidade, bem como da escassez, caracteriza o valor da coisa procurada, sendo o intercâmbio efetuado por meio da moeda. Esta é elemento de mediação nas relações humanas que envolvem valor e, de uma certa forma, importante para se saber se há ou não equilíbrio ou equivalência de valores entre coisas, pois qualquer desigualdade será motivo para a medição de uma injustiça. Assim, o estudo da presença da moeda parece se refletir diretamente na temática da justiça, sendo relevante a sua inserção neste ponto da discussão, a exemplo do que faz Aristóteles em extensa passagem (*Eth. Nic.*, 1132 b, 21/1133 b, 28).

É assim que o *justo comutativo* bem compreendido conduz à noção de *reciprocidade proporcional* das trocas na cidade. São as trocas a base da subsistência da cidade. As trocas se fazem entre objetos diferentes produzidos por pessoas diferentes, que recebem valorações diferentes de acordo com as *póleis*. A equivalência que pode igualar os elementos da troca é conseguida por meio de um termo comum que estabeleça um

---

[357] "Diferencia-se da corretiva, uma vez que a reciprocidade daria, muitas vezes, causa à desigualdade e à injustiça, devido ao fato de que, apesar de a lei tratar todos de maneira paritária, os danos têm reflexos pessoais que exigem uma análise da parte envolvida numa relação particular. Além disso, a consideração acerca da voluntariedade e do elemento subjetivo da ação conduz à aplicação de penas diversas, uma vez que é mais reprovável aquilo que é feito emulativamente" (*Id., ibid.*).

liame entre estes, de acordo com a relação do tipo: A é um agricultor, C é uma quantia de alimento obtido pelo trabalho de A, B, um sapateiro, e D, o produto que constitui o objeto do labor de C. Para que a associação entre A e B seja viável, C e D devem igualar-se, tendo a convenção monetária como mediadora da interação.[358]

Neste sentido, afirma Aristóteles, na *Ética a Nicômaco*: "Deste modo agindo o dinheiro como uma medida, torna ele os bens comensuráveis e os equipara entre si; pois nem haveria associação se não houvesse troca, nem troca se não houvesse igualdade, nem igualdade se não houvesse comensurabilidade" (*Eth. Nic.*, 1133 b, 15). Como representante da procura, o dinheiro tem função convencional relevante por presidir às trocas. Não sendo algo que existe por natureza, mas como fruto da criação e do poder normativo humano, deriva da lei e da convenção (*nómos*), donde se extrai sua denominação (*nómisma*).[359] O caráter convencional da moeda se deve ao fato de ter sido ela adotada pela utilidade, podendo ser igualmente substituída por outro padrão, qualquer que fosse, adotado pelos homens que da moeda fazem uso.[360]

A moeda é uma convenção que tem função definida de promover a igualização das trocas entre coisas diferentes, de cuja equivalência se extrai a possibilidade da sobrevivência. Numa apreciação histórica do desenvolvimento da sociedade, do simples núcleo familiar, até o estágio político de agremiação, vê-se uma gradativa complexização do intercâmbio natural humano da troca de gênero por gênero de produto para uma forma de relação que envolve a moeda. Sua introdução no contexto das relações sociais veio dinamizar a comercialização dos produtos, tendo surgido mesmo como uma necessidade premente de facilitação da vida comercial, pois o metal mostrou-se inicialmente como sendo eficaz meio de pesagem e mensuração, mediador com a cunhagem e a destinação à circulação, dada a praticidade de manuseio e a facilidade de transporte e condução.[361]

Além da aplicação da *justiça corretiva* no reequilíbrio das associações humanas fundadas na voluntariedade do liame, pode-se distinguir uma

---

[358] *Eth. Nic.*, 1133 b, 5.
[359] *Eth. Nic.*, 1133 a, 30.
[360] *Pol.*, I, 9, 1257 b, 10.
[361] *Pol.*, I, 9, 1257 a, 30/35.

segunda espécie de justiça aplicável à reparação da situação anterior das partes que se encontram em relação, a saber, a *justiça reparativa*, que cumpre função primordial no âmbito das interações involuntárias. É também a este conceito aplicável a ideia de *igualdade aritmética*, pois o renivelamento das partes se consegue com o retorno delas ao *status quo ante*. O sujeito ativo de uma injustiça – aquele que age com a intenção de causar um dano qualquer a outrem – recebe o respectivo sancionamento por ter agido como causa eficiente de um dano indevidamente provocado a outrem, assim como o sujeito passivo da injustiça vê-se ressarcido pela concessão de uma reparação ou compensação *a posteriori* com relação ao prejuízo que sofreu.

Assim, há de se ter presente que a *justiça reparativa* é a necessária medida de restituição das condições anteriores em que se encontravam as partes antes que se fizesse entre elas uma desigualdade involuntária. A aproximação entre as partes não existia, sendo que passou a existir desde que involuntariamente se tornaram vinculadas. O início da relação, para as partes nela envolvidas, é o início de sua desigualdade.

Nesta medida, deve-se encetar que a igualdade inicial existente entre as partes pode ser rompida de duas maneiras diversas, a saber: por *clandestinidade*, como nos casos de furto, adultério, envenenamento, lenocídio (corrupção), falso testemunho, engodo para escravizar, entre outros; por *violência*, como no sequestro, na agressão, no homicídio, no roubo à mão armada, na mutilação, nos insultos e nas injúrias.[362] No primeiro grupo de atos, destaca-se o caráter sub-reptício da injustiça cometida, dada a sutileza com que é realizada, enquanto no segundo grupo ressaltam-se os elementos de agressão moral ou física como caracterizadores de toda ação direcionada à obtenção de determinados fins com o emprego de meios coativos e de pressão. Englobam-se, destarte, nos gêneros expostos, hipóteses de danos materiais, *v.g.*, furto, assim como morais, *v.g.*, insulto e injúria.

As normas legais, sendo impessoais, enquanto descrevem a conduta humana de um indivíduo para com outro, contemplam em seus textos normativos a existência de uma bipolaridade – são dois os indivíduos envolvidos por uma determinada ação, aquele que age e aquele que sofre os efeitos da ação – e o liame entre os indivíduos da relação, que existe

---

[362] *Eth. Nic.*, 1131 a, 5.

em decorrência da injustiça perpetrada por um agente, em detrimento do outro, na interação. Assim, as partes que compõem os dois pólos são: *o autor da injustiça* (A), agente que investe contra aquele que sofre a lesão, e o *receptor da ação injusta* (P), sendo este último a parte passiva da relação fundada na involuntariedade do liame. Apesar da impropriedade da utilização dos termos perda e ganho para as hipóteses deste tipo de situação – como o caso em que alguém lesionou ou matou uma pessoa –, o que se destaca é o fato de que sempre indicam uma *desigualdade* – ou a ruptura de uma situação inicial de igualdade entre os indivíduos – que se forma a partir de uma ação causadora de dano.[363] De fato, aquele que causou o mal é chamado de sujeito ativo do injusto, e, neste sentido, aquele que lucrou com a ação, pois alcançou o seu desiderato. Aquele que sofreu o mal é chamado de sujeito passivo do injusto, e é aquele que sofreu uma perda, pois um mal lhe foi infligido. A *injustiça* é, em qualquer destes casos, *desigualdade aritmética*, cabendo ao juiz (*dikastés*), num exercício de apreciação do caso particular, igualar novamente as partes aplicando ao causador de uma lesão a pena que corresponde ao delito por este cometido.[364] Com o restabelecimento da igualdade, atua o juiz de modo a tolher o ganho, reprimindo a conduta lesiva, e, se possível, fazendo com que a perda sofrida seja reparada.[365] Isso faz perceber o quanto a doutrina de Aristóteles para o exercício das penas, no campo da *justiça corretiva* é moderada, proporcional e puramente restitutiva, encontrando-se a larga distância de concepções vindicativas.[366]

---

[363] *Eth. Nic.*, 1132 a, 10/14.
[364] *Eth. Nic.*, 1132 a, 5.
[365] *alla peiratai th hmia isazein, afapwn tou kepdous* (*Eth. Nic.*, 1132 a, 9/10).
[366] A observação vem desenvolvida pela abordagem de Marco Zingano, ao afirmar: "Em tal contexto, no qual mal se vislumbra a diferença entre pena pública e vingança privada, na qual a terapia punitiva exacerba o sofrimento para corrigir a psique do agente, a proposta aristotélica de uma proporção aritmética, na qual a correção juridicamente imposta corresponde matematicamente ao que foi subtraído, é de uma refrescante moderação. Na verdade, é muito mais do que isso. Que relação tem a punição com a justiça corretiva? É aqui que o pensamento do Estagirita revela toda a sua potência. Para Platão, a punição está inscrita no coração mesmo do ato de dar justiça: aplicar a alguém justiça corretiva consiste em punir o culpado; a punição, por sua vez, tipicamente terapêutica, procede pelo contrário do prazer, a saber, pelo sofrimento. Platão conecta intimamente punição e justiça. Na doutrina aristotélica da justiça corretiva, ao contrário, reparar um dano consiste pura e simplesmente em recuperar a perda sofrida" (Zingano, *Aristóteles: Ethica Nicomachea: tratado da justiça*, 2017, p. 45).

5. A ação humana e a justiça

A *ação humana*, seja ela qualificada de *justa*, seja ela qualificada de *injusta*, diferentemente do que ocorre com a coisa justa de *per se*, depende de um agente que lhe dê causa. Sabendo-se que a prática da *injustiça* e também da *justiça* requerem a participação de um agente como causa eficiente de um efeito que se produza na esfera alheia, mister se faz a análise da diferença entre o agir, justa ou injustamente, e o ser, justo ou injusto. É o que se procura tratar a partir de agora, considerando a importância de pensar como a ação humana pode ser criadora de situações de justiça ou de injustiça.

Nem todo resultado *injusto* advém de uma ação intentada por uma *pessoa injusta*, assim como nem todo resultado *justo* implica a existência da prática de uma ação por um *homem justo*. O questionamento ora encetado reside exatamente na busca destas nuanças, de modo que se possa distinguir com nitidez o que é o ser e o que é o agir em termos de justiça ou injustiça. O que se destaca aqui é exatamente a vontade (a intenção) na ação de justiça/ injustiça. Exemplificando, não se pode afirmar com absoluta precisão, sob pena de estar-se lançando um juízo infundado sobre uma pessoa, que aquele que cometeu um roubo seja alguém que se compraz com a prática do roubo.[367]

A ação (*práxis*) não se confunde com a essência do que é justo ou injusto. O justo tomado em sentido absoluto, a coisa justa (*tò díkaion*), é por convenção ou por natureza (*tê phýsei è táxei*). Justiça ou injustiça é o que pela lei (*nómos*) ou pela natureza (*phýsis*) pode ser de uma ou de outra maneira identificado como tal. De outra feita, a coisa justa, por convenção ou por natureza, ao ser praticada, ao tornar-se ação, converte-se em ação justa, e, neste sentido, se pode dizer diferir a ação justa (*dikaioprágema*) da coisa justa (*tò díkaion*); esta, antes de ser ação (*práxis*), já é justa por natureza ou por convenção. Da mesma forma com o injusto em absoluto (*tò ádikon*) com relação à ação injusta (*tò adíkema*).[368]

Assim, é *justo* aquilo que assim o for por imposição legal ou como decorrência da própria natureza. Portanto, é algo que, objetivamente,

---

[367] *Eth. Nic.*, 1134 a, 15/20. No mesmo sentido, deve-se consultar 1099 a, 20, onde se afirma que não poderia ser chamado de 'homem justo', em sentido absoluto, aquele que não se alegra e não sente prazer na prática da virtude.
[368] *Eth. Nic.*, 1135 a, 8/13.

seja por disposição legal, vontade do legislador, seja por natureza, pode ser definido de uma ou de outra maneira. A coisa justa (*tò díkaion*) e a coisa injusta (*tò ádikon*), ao serem praticadas por um agente que obra voluntária e conscientemente, se convertem em atos de justiça ou em atos de injustiça. Aqui, tanto o justo como o injusto, se realizando na ação, revestem-se da voluntariedade proveniente da esfera subjetiva do agente, recebendo a denominação de atos de justiça ou de injustiça; trata-se de algo inerente à esfera da ação, onde imperam e concorrem a razão e a vontade, considerando os meios e os fins da ação.[369]

Reconhecendo-se tais distinções, pode-se dizer que o *homem injusto* é aquele que pratica atos que, por sua natureza ou por força da lei, são injustos, tendo concorrido para a execução do ato a vontade deliberada de causar a injustiça. E, neste passo, é imprescindível que se tenha presente o que seja um ato voluntário.[370] E, para isso, concorre a análise que distingue o ato voluntário, sob o comando do agente, do ato involuntário, fora do comando do agente.[371] Aristóteles, neste ponto, explica: "Por voluntário, entendo, como já disse antes, tudo aquilo que o homem tem o poder de fazer e que faz com conhecimento de causa, isto é, sem ignorar nem a pessoa atingida pelo ato, nem o instrumento usado, nem o fim que há de alcançar (por exemplo, em quem bate, com o que e com que fim); além disso, cada um desses atos não deve ser acidental nem forçado (se, por exemplo, *A* toma a mão de *B* e com ela bate em *C*, *B* não agiu voluntariamente, pois o ato não dependia dele)" (*Eth. Nic.*, V, 8, 1135 a, 20/25).

---

[369] *Eth. Nic.*, 1135 a, 5/10.
[370] A este respeito, consulte-se Zingano, L'acte volontaire et la théorie aristotélicienne de l'action, in *Journal of Ancient Philosophy*, no. 03, 2009, p. 03-12.
[371] "O ato involuntário, segundo 1111a 22, é aquele que é praticado ou de modo que o princípio da ação não esteja no agente, no caso de haver, por exemplo, uma força externa, ou de um desconhecimento por parte do agente de pelo menos um dos aspectos envolvidos na ação: "Parece que as coisas que são praticadas por força ou por ignorância são involuntárias. Aquilo que é forçado apresenta um princípio externo, o tipo de princípio para o qual o agente ou [então] a vítima em nada contribui" (1110a, tradução livre). 12 Fica identificada diretamente ao involuntário a influência externa de uma força que obrigue, de alguma forma, à execução de uma ação contra a vontade de quem a pratica ou a presença da ignorância ao menos de algum elemento das circunstâncias necessárias para levar a termo uma ação qualquer. Tais ações involuntárias são passíveis de perdão ou piedade e nestes casos, em geral, o agente se arrepende" (Stefani, Molon, A responsabilidade moral em Aristóteles, *in Controvérsia*, v. 10, n. 01, 2014, p. 25).

Neste trecho fica clara a preocupação de se acentuar o fato de que nem todo aquele que comete um *ato de injustiça* pode ser categorizado como um *homem injusto*; para tanto, cabe seja investigada a esfera da vontade e da consciência, determinantes para que se diga se houve ou não adesão do agente ao ato mecanicamente praticado pelo seu corpo.

Para isso, vale explicar que um ato injusto e causador de um dano pode ter sua origem de três formas diferentes, a saber:[372]

a) em virtude da *ignorância*, caso em que se trata de um engano, pois o próprio ato, instrumento ou fim a ser alcançado eram supostos de outra maneira pelo agente. A ação é involuntária, atingindo-se pessoa diversa da esperada, de forma não desejada, ou com instrumento errado. Portanto, o ato assim praticado há de ser dito involuntário, dado que existe uma causa interior de engano agindo sobre a pessoa (*v.g.*, pensar estar atacando um inimigo, quando, em verdade, está-se violentando o próprio pai);

b) em virtude de *infortúnio*, quando sobrevém dano que contraria toda e qualquer expectativa razoável acerca dos resultados possíveis, sendo, portanto, algo externo à esfera de previsibilidade do agente. Obtém-se resultado diverso do almejado (*v.g.*, duas hipóteses: o sujeito não pensa lançar um dardo e o lança; o agente pensa ferir a cabeça e fere o coração);

c) em virtude da *inexistência de deliberação* prévia, agindo-se sob o influxo da cólera ou de outra paixão inerente ao homem. O agente tem consciência do mal que ocasiona, mas a razão é obstruída por uma fraqueza. Não há malícia ou vontade de prejudicar, uma vez que o prejuízo a outrem é decorrente da incontinência do sujeito que se arrasta pela força do apetite humano. Aquele que age sob o efeito de forte ira não pode ser dito injusto, pois sua ação não foi deliberada, mas teve sua causação no outro, ao que não soube resistir por fraqueza ou paixão (*v.g.*, aquele que rouba por extrema necessidade vital).

Destes atos, *desculpáveis* são os atos voluntários cometidos na ignorância e por ignorância; *indesculpáveis*, aqueles que se originam de uma paixão

---

[372] *Eth. Nic.*, 1135 b, 10/25.

à qual o homem não está submetido por natureza, capaz de lhe tolher a capacidade de deliberação por momentos, agindo, pois, apenas, na ignorância.[373]

Assim, de acordo com qualquer das três hipóteses elencadas acima, apesar do resultado injusto ou de um dano, o indivíduo não pode ser dito um *homem injusto*, pois o resultado não estava absolutamente sob seu domínio, ocasionado pela intercessão de causas externas ou internas ao agente, ou mesmo como fruto de uma paixão qualquer. Aquele que der causa à injustiça e agir com prévia escolha deliberada, tendo conhecimento de causa, pleno domínio da ação e do resultado, poderá ser tido como *homem injusto* se o resultado da ação violar a proporção ou a igualdade, ensejando a criação de uma situação em que alguém é atingido por uma injustiça.

Assim, a disposição de caráter, a intenção, de causar mal a outrem é o que caracteriza a ação do *homem injusto*.[374] Tal permite diferenciar o homem justo do homem injusto, sendo o primeiro aquele que atua no sentido de realizar a justiça com intenção, e o segundo, aquele que pratica a injustiça com o intuito de causar prejuízo conhecendo a ação, os fins e os meios empregados para tanto.

Em suma, pode-se dizer que as ações humanas são voluntárias ou involuntárias conforme haja ou não participação da intenção no ato. Das voluntárias, algumas são deliberadas e tendem à consecução de um fim com a plena disposição do agente de se utilizar de meios para a obtenção do mesmo, outras são realizadas sem a prévia deliberação, configurando-se, portanto, um ato que tenha tido a vontade viciada por algum elemento interno ou externo ao agente. Involuntária é a ação cometida por ignorância e na ignorância; voluntária deliberada, toda ação em que aquele que obra o faz com conhecimento de causa e com pleno domínio das circunstâncias, sendo, assim, *homem injusto*; voluntária não deliberada, quando resultante de uma paixão.

---

[373] *Eth. Nic.*, 1136 a, 5.
[374] No mesmo sentido é determinante a voluntariedade da ação para a definição do ato injusto e do ato de injustiça. Assim: "*Il faut distinguer soigneusement* l'acte injuste (*adikon*) *de* l'acte d'injustice (*adikéma*): *commettre un acte injuste, c'est accomplir une des choses que nous avons être dites justes; commettre un acte d'injustice, c'est faire ces mêmes choses*, mais avec certaines dispositions intérieurs" (Gauthier-Jolif, *L'Éthique à Nicomaque*, tome II, 1959, p. 397).

A teoria aristotélica está a depositar na voluntariedade da ação uma grande importância. A intenção *dirigida para fins* e a *deliberação acerca dos meios* para alcançá-los são os dirigentes da conduta humana. Todo homem é ser consciente e, como tal, se não constrangido por coação ou ignorância, é senhor (*kyrios*) de suas ações, tanto boas, quanto ruins, tanto viciosas, como virtuosas, tanto justas, como injustas.[375]

Nisto reside o exame das condutas dos cidadãos pelos legisladores;[376] o conceito de *escolha deliberada* (*proaíresis*) parece ter importância no âmbito da *justiça aristotélica*, uma vez que está na base de cada tipo de ação a sua racionalidade e a sua prévia deliberação. Se está no poder de *proaíresis* de cada indivíduo alegar o fazer e o não-fazer, diante de cada situação, também o vício e a virtude se encontram sob a sua disposição.[377] Assim, também, quem recai em ignorância ao agir por ato consciente, embriaguez, é responsável por seus atos mesmo que praticados em estado de embriaguez, visto estar a vontade[378] na base do agir do agente.[379]

5.1. A voluntariedade e as causas da justiça no texto da *Rhetorica*

Em complementação aos estudos da *Éthica Nicomachea*, resslta-se a importância de acompanhar algumas considerações sobre a temática lançadas no texto da *Rhetorica*.[380] Ali, menos preocupado com a dimensão moral da ação, e mais preocupado com as defesas e acusações em ambientes de deliberação judiciária, poder-se-á acompanhar o estudo empírico feito por Aristóteles, dos argumentos jurídicos. E é neste sentido que se poderá fornecer ao orador o maior número de elementos possíveis para a obtenção da melhor argumentação num discurso forense diante de um pretório, sabendo-se que aqui Aristóteles analisa minuciosamente o que possa ser o móvel de uma ação humana, o que pode nos auxiliar na compreensão do tema da intenção de toda ação, especialmente quando elenca as seguintes situações:

---

[375] *Eth. Nic.*, 1113 b, 30/1114 a.
[376] *Eth. Nic.*, 1113 a, 20/25.
[377] "...on dira que *l'agent agit justement ou injustement quand il réalisera de plein gré* (ekón) *la justice ou l'injustice objectives; il sera qualifié d'homme juste et ses actes procéderont de la vertu de justice lorsque son action volontaire résultera d'un choix délibéré*" (Moraux, *op. cit.*, 1957, p. 126).
[378] *Eth. Nic.*, 1135 a, 19/20.
[379] *Eth. Nic.*, 1114 a, 15/20.
[380] *Rhet.*, 1373 b, 25/1374 a, 17.

a) *num primeiro grupo*, tudo aquilo que parte diretamente da iniciativa do agente, quais, o hábito (reiteração de ações em um certo sentido), a reflexão (julgamento acerca da utilidade da ação), a ira (paixão humana), o desejo (aquilo que se busca como real ou aparentemente bom);
b) *num segundo grupo*, as causas que são exteriores e não dependem da iniciativa do agente, como o acaso (fortuito que sobrevém sem previsão ou regularidade), a natureza (o que se produz invariavelmente tendo causa em si próprio), a coação (o fato é produzido pelo agente, mas contra sua vontade).

Sob o ponto de vista da intenção de produzir injusta, não se pode afirmar haver sinonímia entre as expressões "sofrer a injustiça" e "ser injustamente tratado". De fato, pode-se, por acidente, ser sujeito passivo de uma injustiça, assim como vítima de uma ação intencional direcionada contra si. Assim, "ser injustamente tratado" significa ser vítima dos resultados da ação daquele que obra injustamente, o que não depende da vontade daquele que sofre a injustiça. Já, por sua vez, "sofrer a injustiça" é encontrar-se em uma situação de injustiça, o que, via de regra, ocorre contra a vontade da vítima, não obstante em determinados casos opte-se voluntariamente por sofrer a injustiça, disposição esta própria do *homem de virtude*, na medida em que é preferível sofrer a injustiça a praticá-la.[381]

Assim, em posição ativa, tanto como em posição passiva, pode-se ter justiça e injustiça ocorrendo como acidentes e não como resultados de um intento premeditado de um indivíduo contra outro. Em verdade, o agente pode estar ou não consciente de provocar um mal, sendo esta última hipótese caracterizadora de uma *injustiça por acidente* (*v.g.*, não se paga o credor por ter-se pensado já haver extinto a dívida para com ele). No que concerne à vítima, ocorre o mesmo, podendo-se sofrer uma injustiça como sendo uma injustiça, ou seja, como algo danoso e lesivo, ou como algo inofensivo, aceitando-se o dano advindo sem considerá-lo um mal

---

[381] *"Après avoir pesé le pour et le contre, Aristote conclut que c'est toujours contre son gré qu'on est victime d'une injustice, mais qu'on peut parfois subir un dommage ou se trouver dans une situation objectivement injuste avec son plein consentement"* (Moraux, *op. cit.*, 1957, p. 126).

capaz de afetar-lhe a esfera subjetiva. A mera prática de uma ação injusta contra outrem não é suficiente para que aquele que a sofre se considere por ela lesado; uma ação de injustiça contra alguém, para aquele que a pratica conscientemente é uma ação injusta, mas não necessariamente o é para aquele que a sofre.

Destarte, Aristóteles formula um conceito bem apurado do que seja o causar dano a outrem, afirmando, concludentemente, consistir este no *agir contra a vontade do indivíduo, com conhecimento de causa e com pleno domínio da ação*. Mister se fazem, portanto, estas três condições para que se possa configurar uma situação de injustiça plenamente caracterizada. Inclui-se, portanto, na noção do comum dos homens, que, para que um ato seja considerado lesivo, o injustiçado se considere vítima de uma injustiça. Assim, a voluntariedade do sofrer a injustiça é relevante para a determinação do próprio conceito de ação injusta. A voluntariedade está a presidir a ação daquele que age, assim como está a presidir a situação daquele que sofre os seus efeitos. Neste sentido, a sentença que afirma que sempre se sofre a injustiça involuntariamente é falsa.[382]

Se praticar a injustiça representa o extremo oposto do que é ser vítima de uma injustiça, no entanto, só a *prática da injustiça* se constitui propriamente num vício moral, uma vez que aquele que a sofre, seja voluntária, seja involuntariamente, não obra injustamente, sofrendo, no máximo, um prejuízo que suporta espontaneamente. É preferível sofrer do que dar causa a uma injustiça,[383] e, nesta sentença, está presente um valor basilar da moral socrática, tradição que se sedimentou na memória popular ateniense desde o dito de Sócrates, tendo sido objeto de análise também da escola platônica.

Por último, relativamente à questão da intenção da ação, deve-se ressaltar estar a origem da ação naquele que voluntária e injustamente procede em prejuízo alheio. Este princípio tem grande importância na determinação da sede da injustiça no que concerne à justiça distributiva. Se a justiça distributiva é aquela que se opera na distribuição dos benefícios e dos ônus entre os membros da *pólis*, deve-se determinar quem será o sujeito verdadeiramente injusto da relação, se aquele que aquinhoa

---

[382] Aquino, *op. cit.*, p. 218.
[383] *tou de adikhmatos to men elatton adikeisqai esti, to de mei‹zon to adikei‹n* (*Eth. Nic.*, 1134 a, 12/13). Também, 1138 a, 31/32.

ou se aquele que recebe desproporcionalmente. Se é o aquinhoador o indivíduo que detém a possibilidade de atuar na distribuição, é a ele que se deve atribuir a responsabilidade pela partição dos bens, honras, deveres ou encargos pela sociedade. Se a um sujeito for atribuída uma quantia maior do que é nocivo ou menor do que é benéfico, e a outro uma quantia maior daquilo que é benéfico e menor do que é nocivo sem a observância das diferenças existentes entre as partes – ou seja, desobedeceu-se aos padrões de igualdade geométrica fixados pela *pólis* –, disparidades surgirão, resultantes de uma atribuição desigual dirigida pelo aquinhoador, sob o domínio de quem estava a ação distributiva.

Está-se a conceber aqui uma relação em que o aquinhoador é um terceiro com relação às partes a quem se atribuem deveres e direitos, ônus e benefícios. Não obstante, pode haver situações em que o atribuir não seja incumbência de um terceiro imparcial com relação às partes envolvidas; não é outro o caso em que um sujeito, na partição em que desempenha ao mesmo tempo os papéis de distribuidor e de parte aquinhoada, para si toma maior parte do que lhe é melhor ou menor parte daquilo que lhe é pior, dando origem a uma desigualdade em detrimento de outrem. Valendo-se de sua condição de aquinhoador, o sujeito se apropria de maior número de benefícios e menor número de ônus. Daqui pode-se extrair uma conclusão que pode ser expressa da seguinte maneira: o homem justo é aquele que por prévia eleição de meios sabe distribuir entre si e um outro, ou entre outros dois.

Esta diferenciação é central para a devida compreensão do relacionamento entre a conduta legal e a conduta moral.[384] Enquanto o simples cumprimento do dever de justiça estabelecido pela lei realiza-se pela objetividade do comportamento social, a virtude demanda a participação de uma disposição de caráter habitual que inclina o homem a obrar justamente, a produzir obras de justiça e a participar voluntariamente de atos justos.[385] Analisem-se, pois, a justiça objetivamente considerada em seus efeitos e a justiça subjetivamente concebida como virtude.

---

[384] Aqui, pode-se concluir que "...podemos estabelecer uma separação entre Direito e justiça, na medida em que o primeiro se contenta com o cumprimento do ato justo, e o segundo exige, além do cumprimento das coisas justas, pleno conhecimento e adesão de vontade, como toda virtude" (Bicudo, *A justiça aristotélica*, 1989, p. 115).
[385] *Id., ibid.*, p. 31.

De fato, a conduta correta, que obedece aos padrões legais estabelecidos pelo legislador, restringe-se à satisfação do conteúdo prescrito pelo estatuto que rege o grupo social. O cumprimento da obrigação jurídica para com a *pólis* representa o cumprimento da tarefa correspondente ao *justo total* (*díkaion nomimón*), o que surte duas consequências: mediatamente, beneficia aquele que age, pelo fato de incutir-lhe o hábito do cultivo da conduta virtuosa – retenha-se que a lei, ao prescrever as virtudes, tem um objetivo jurídico, qual seja, alcançar o equilíbrio social, e um outro objetivo moral, habituar o cidadão à prática das virtudes –, e de livrar-lhe das consequências advindas da sanção inerente ao preceito legal coercitivo; imediatamente, beneficia toda a coletividade, salvaguardada pelo cumprimento harmônico e pacífico das regras que norteiam o convívio social.

Diferentemente, a conduta moral encontra seu aperfeiçoamento completo quando ao lado da objetividade da conduta estiver a subjetividade da vontade, ambas concorrendo para a plena integração do ser em seu modo de vida virtuoso e segundo a razão, realização própria do gênio humano. Pode-se cumprir a lei simplesmente fazendo-se do corpo legislativo um conjunto de prescrições que devem ser respeitadas, sem que com isto o cidadão se conscientize da dimensão subjetiva do dever. A lei e a prescrição normativa convertem-se em *paideía* legislativa à medida que educam o cidadão para o aprendizado da virtude; a partir do momento em que virtude e dever legal se tornam uma só coisa, pode-se dizer ter havido plena adesão da vontade no cumprimento da legislação. Somente se pode considerar como verdadeiramente justo e, portanto, virtuoso em justiça, aquele que age de acordo com a lei consciente de que o faz, com a adesão de seu ânimo, e com a plena convicção de que age moralmente. Examinem-se, pois, agora, alguns passos da doxografia a respeito do problema da voluntariedade da ação entre os gregos.

Assim é que, contra a falsidade doxológica de algumas afirmações em voga no meio ateniense, a respeito da temática da justiça, Aristóteles dirigiu sua ética filosófica no sentido de superar a superficialidade, aprofundando a análise destas categoriais, e distinguindo-as com mais afinco e precisão do que se poderia encontrar nas opiniões em voga à sua época. Por isso, foi por lançar mão do rigoroso método de análise de argumentos e situações empíricas, tateou dois dos juízos lançados pela doxografia de época a respeito da conceituação da justiça, os quais se expõem a seguir:

a) se a injustiça está no poder dos homens ser realizada, será sempre algo fácil de se controlar, assim como fácil será ter uma conduta de acordo com os ditames da justiça;
b) se a lei contém disposições que consentem o pleno desenvolvimento das virtudes, ser virtuoso não exige sabedoria maior que o saber observar o conteúdo legislativo de fácil acesso, pois pública, e de fácil cognição, pois redigida na linguagem popular, para todos.

A incoerência destas afirmações é avaliada por Aristóteles, para deixar claro que estas se restringem a considerar a realização fática de uma ação justa ou injusta, quando, na verdade, toda dificuldade centra-se na realização de tais atos com disposição de caráter em tal ou qual sentido, o que pressupõe necessariamente um processo reflexivo-deliberativo (*proaíresis*) para a eleição de meios e obtenção de fins.[386] Nesta medida, agir objetivamente de forma justa é realmente fácil, pois trata-se apenas de uma ação humana. Porém, habituar-se à prática da virtude (*éthos*) e agir consciente e deliberadamente neste ou naquele sentido, colocando a razão prática a serviço da virtude, não pode realmente significar o mesmo que simplesmente praticar atos esparsos de justiça, sobretudo sem adesão de ânimo.

Já a segunda afirmação (b), à qual também se aplica o que foi dito anteriormente, não oferece maiores dificuldades, podendo-se dizer que da simples compreensão do texto normativo legal não advém ao homem sabedoria prática (*phrónesis*), algo que requer não só experiência fundada no hábito do exercício da virtude, como também muita prudência.[387] Ajunte-se que, como "exercer a medicina e curar não consistem em aplicar ou deixar de aplicar a faca, nem de usar ou deixar de usar medicamentos, mas em fazer essas coisas de certa maneira" (*Eth. Nic.*, V, 13, 1137 a, 25), também o ser ou não ser justo depende de uma disposição de caráter do sujeito, do elemento volitivo que se soma à ação para a caracterização do agente.

---

[386] *Eth. Nic.*, 1135 b, 8/11.
[387] *Eth. Nic.*, 1137 a, 5/10.

5.2. O homem bom e o bom cidadão

De volta ao texto da *Ethica Nicomachea*, entre 1179 a, 33 e 1181 b, 23, nas palavras epilogiais do texto, Aristóteles faz algumas reflexões a respeito da própria eficácia de seu escrito. Neste ponto, adverte que a matéria ética é difícil de ser ensinada por meio do discurso teórico (*didatikós*). Assim, a par de se analisar a matéria ética como uma possível aplicação do discurso teórico, pode-se estudar a virtude como se ela fosse uma decorrência da natureza do ser inteligente (*oi mèn phýsei*) ou uma decorrência do próprio hábito (*oi d'éthei*). É assim que Aristóteles apresenta a resposta: se o discurso teórico não persuade a todos da mesma maneira, não sendo do exercício teórico e nem da natureza que decorrem o caráter do indivíduo, então, deve o filósofo depositar sua atenção no *hábito* (em grego, *éthos*; em latim, *habitus*), que significa *ação reiterada, consciente sobre os meios*, visando *um fim bom previamente eleito* pelo agente. Neste sentido, todo o estudo da *ação humana* no plano ético sempre demandará a observação da liberdade de formação da vontade (1), da consciência da conduta e de seus resultados (2), da eleição racional e consciente dos meios adequados (3), para o alcance de fins desejados e previamente escolhidos (4).

O estudo ético é *prático*, por estar no domínio da *epistéme praktiké*, e, portanto, voltado para a ação, para a conduta concreta; nem a especulação e nem a produção interessam ao filósofo na condução da temática, mas, sim, a orientação da *práxis* humana. Todo o tema da ética induz à formulação de algumas questões que se apresentam para serem pesquisadas e debatidas a partir da leitura da *Ethica Nicomachea*. Cabe questionar então: a) é possível teorizar sobre a ética?; b) seria mais recomendável uma educação inteiramente pública ou, seria melhor uma educação privada do cidadão?; c) há diferença na conduta justa e na conduta de acordo com as leis?; d) incumbe ao legislador a tarefa de construção de leis que proporcionem a educação cívica que haverá de reger a sociedade? Estes são apenas alguns apontamentos que se extraem do debate que circunda as temáticas do ético, do justo e do político. Por isso, vale a pena visitar o texto *in fine* da *Etica Nicomachea*.

Como parte da discussão acerca do justo (*tò díkaion*) e do injusto (*tò ádikon*) é que se propõe a reflexão em torno do 'justo ético' e do 'justo cívico'. Assim como a questão da justiça ocupa apenas e fundamentalmente um livro da inesgotável miríade de conceitos que se descolam da *Ethica Nicomachea*, o entendimento do problema da "ação justa por si e em si" e da "ação justa por acidente" não é mais que uma mera fração da questão maior que a envolve, qual se se tratasse de continente e conteúdo. É nesta perspectiva que se procurará transpor a questão para este *locus*, enfocando-se sobretudo a realização de respostas às perguntas anteriormente lançadas.

De fato, reconhece Aristóteles que "diferem a ação injusta (*tó adíkema*) e o injusto (*tò ádikon*) e a ação justa (*dikaíwma*) e o justo (*tò díkaion*)" (1135 a, 8/9). A diferença está em que o algo justo ou injusto – acentue-se aqui a ideia de absoluto implícita na expressão "algo justo", que poderia ser substituída por "coisa justa" – torna-se uma ação injusta ou justa não só por ser executada como *práxis* por um sujeito, mas por concorrer para a formação da conduta a adesão voluntária (*voluntas*) desse mesmo sujeito ao ato de justiça ou injustiça. Uma coisa justa realizada praticamente por um sujeito qualquer sem a adesão de sua vontade não pode ser dita justa senão por acidente. Isto quer dizer que são praticadas ações que ocorrem de serem justas, mas não que o sejam por essência (*oîs gar symbébeke dikaíois eînai è adíkois, práttousin*).[388] Sem ignorar a pessoa, o meio ou o fim, age o sujeito injustamente se pratica o ato danoso conscientemente. É o caso de que se alguém toma a mão de outro e pratica um ato violento, o sujeito coagido à ação não pratica uma ação injusta, apenas o injusto se realiza por meio de sua mão; aquilo que é praticado sob coação ou inconscientemente é involuntário, de modo que não há responsabilidade pelo ato praticado sob coação. Da mesma forma com relação à justiça e à ação justa, pois aquele que restitui a coisa dada em depósito por medo e contra a sua vontade apenas está praticando uma coisa justa (*tò díkaion*), porém não se trata de uma ação justa (*dikaíwma*).[389]

Fica claro que o voluntário é "(...) tudo aquilo que o homem tem o poder de fazer e que faz com conhecimento de causa, isto é, sem ignorar nem a pessoa atingida pelo ato, nem o instrumento usado, nem o fim que há de alcançar (por exemplo, em quem bate, com o que e com que fim); além disso, cada um desses atos não deve ser acidental nem forçado (se, por exemplo, A toma a mão de B e com ela bate em C, B não agiu voluntariamente, pois o ato não dependia dele)".[390] Assim, os atos dotados

---

[388] 1135 a, 18/19.
[389] 1135 b, 4/5.
[390] 1135 a, 20/25.

de involuntariedade, sendo, portanto, desculpáveis, são: os praticados em virtude de ignorância (pensar estar atacando um inimigo, quando em verdade se está atacando o próprio pai), em virtude de infortúnio (o sujeito não pensa lançar um dardo e o lança, ou pensa ferir a cabeça e fere o coração), ou em virtude de inexistência de deliberação prévia (aquele que rouba por extrema necessidade vital obedecendo a um instinto famélico). Tais distinções tornam nítida a diferenciação feita anteriormente entre aquilo que pode ser dito como sendo um ato justo ou injusto, intencionalizado, e aquilo que pode ser denominado ato de justiça ou injustiça.

De outra forma, esta mesma conclusão decorre do fato de que homem justo (*o díkaios*) é dito aquele que pratica o justo segundo escolha deliberada (*praktikós katà proaíresis toû díkaiou*).[391] A noção de *proaíresis*, de escolha racional (*choix réfléchi*), de eleição de meios e de fins, está a presidir toda a discursividade aristotélica a respeito do problema ora levantado. A virtude deve ser distinguida como sendo uma disposição (*éxis*), e a disposição pressupõe hábito e reiteração consciente de condutas (*éthos*). A mecânica repetição de condutas ditas justas, de acordo com a natureza ou de acordo com a legalidade, não poderia habilitar o sujeito à condição de autor de atos justos.[392]

A *virtude* – e, aqui, deve-se esclarecer que a justiça é uma virtude (*dikaiosýne*) – é uma mediedade entre excesso e defeito, e como disposição orienta a escolha deliberada (*proaíresis*), demandando voluntarismo e consciência de causas e fins da ação. Enfim, o homem justo é aquele que pratica consciente, voluntária e reiteradamente, a partir de sua própria escolha racional, atos justos. Não o será, então, aquele que os praticar involuntária (ex.: aquele que age porque a lei prescreve uma sanção pelo descumprimento), inconsciente (ex.: aquele que age sem conhecimento de causa) ou não reiteradamente (ex.: aquele que age praticando este ou aquele ato isolado de justiça).

É neste sentido que se pode distinguir o *homem justo* (*o díkaios*), considerando-se sua postura ética frente aos deveres políticos que lhe incumbem em função do convívio social, do *bom cidadão*. O primeiro, o *homem justo*, adere aos fins da cidade, pois compreende as finalidades da legislação, e se comporta com caráter e intenção de acordo com as

---

[391] 1134 a, 1/2.
[392] 1106 a, 10/12.

mesmas. O segundo, o *bom cidadão*, na medida em que se comporta como cidadão, se restringe a cumprir os deveres legais. O primeiro realiza o justo, por concorrer com sua conduta não só para o cumprimento das leis, mas sobretudo para a *reiteração habitual dos atos de justiça* eivados de uma intenção moral de realizar o justo, enquanto o segundo realiza *atos isolados de justiça* de acordo com as prescrições das leis da cidade.

Se a coisa justa (*tò díkaion*) é praticada acidentalmente, pratica-se *justiça*, seja de acordo com a natureza, seja de acordo com a lei, sem estar-se a agir justamente; trata-se de um mero *ato de justiça*. Por outro lado, se a *coisa justa* é praticada consciente e deliberadamente, tornando-se hábito para o sujeito que a praticar, estar-se-á a falar em reinteração de ações justas e, por consequência, o autor de tais ações poderá ser dito um homem justo (*o díkaios*).

Do que até o presente momento restou traçado se resume em que as ações jurídicas – entendam-se por "jurídicas" as ações de acordo com o que a legislação prescreve – não são necessariamente ações virtuosas, do que resulta que Direito e Moral encontram circunscrições nitidamente distintas em Aristóteles. O *bom cidadão* é o protótipo do cidadão obediente à lei, às *nómoi* estatuídas pela *pólis*. Para estar de acordo com as normas postas, para cumprir condutas de acordo com as prescrições normativas do *justo legal* (*díkaion nómikon*), basta o exercício prático dos atos omissivos ou comissivos delineados pelas leis. O *bom cidadão* não carrega em si o gérmen da boa ou da má conduta, simplesmente capta modelos da exterioridade de acordo com as leis da cidade da qual participa.

Por sua vez, o *homem bom* é princípio e causa das ações virtuosas, na medida em que toda atividade prática pressupõe uma deliberação prévia a respeito de meios e fins possíveis. A deliberação e a eleição conduzem à *práxis* concreta, e esta, se reiterada, faz do "homem" um "homem bom". O *homem justo* será aquele que satisfizer o justo com a adesão de seu pensamento (*nous praktikós*), seja na escolha de fins, seja nos meios adequados para realiza-los, haja ou não definições legais para as suas ações, pois promover a justiça é um hábito incorporado à sua forma de agir na cidade.

Assim, agir virtuosamente e agir juridicamente são duas formas de conduta diversas. Para que haja virtude na realização da justiça, mister se faz a concorrência de dois fatores profundamente imbricados entre si: em primeiro lugar, a realização de uma ação objetiva com habitualidade (*éthos* = hábito), de acordo com as prescrições teleológicas do Direito

Positivo ou justo legal vigente na *pólis*; em segundo lugar, a plena consciência na realização do ato, o que compõe, propriamente, o que se pode denominar *animus*, ou intenção de realização da justiça. Deste modo, a ação que simplesmente se subsume ao texto da lei, sem a aderência da vontade de realizar a justiça por parte de seu agente, assim como sem a habitualidade inerente a todo ser justo, não pode configurar aquilo a que se convencionou chamar de justiça, ou seja, a *dikaiosýne*. A assunção de tal diferenciação é válida "(...) na medida em que o primeiro (o Direito), se contenta com o cumprimento do ato justo, e o segundo (a justiça), exige, além do cumprimento das coisas justas, pleno conhecimento e adesão de vontade, como toda virtude".[393] Isto com relação à questão de letra "c".

Resta ainda um questionamento: e se o *homem bom* discordar das leis da cidade? Pode ele, de acordo com sua deliberação, deixar de praticar atos que considere injustos da maneira que foram posto pelo legislador? Pode ele invocar uma consciência maior do dever para furtar-se ao cumprimento da lei posta? Trata-se de uma questão de fundo político, mas que encontra resposta no próprio texto da *Ethica*, resposta que parece indicar pela negativa. Isto porque as leis são feitas não para um, mas para muitos, e é por isto que obedecer a esta é praticar o *justo absoluto* (*díkaion nomimón*).[394] É fato que o justo legal pode não corresponder ao justo natural (*díkaion physikón*), e daí a disparidade. A lei, em sua função social e coletiva, prescreve algumas ações para serem praticadas, e outras para serem evitadas, e isto o faz "de maneira reta se foi retamente posta, ou menos bem se ao contrário foi improvisada" (*orthws mèn o keímenos, orthws, cheîron d'o apeschediasménos*).[395] Encontra-se, nesta passagem, expressa menção na filosofia de Aristóteles à possibilidade de erro na legislação por parte do legislador.

A partir destas noções é que é possível dizer que o jurídico toca mais ao que está de acordo ou não com o Direito posto. O ético, àquilo que está

---

[393] Bicudo, *A justiça aristotélica*, 1989, p. 115.
[394] Comentando alguns conceitos essencialmente platônicos, Jaeger se refere ao papel do legislador e à sua atividade racional de conversão dos deveres éticos em deveres legais que podem ser colocados em relevo neste passo. Assim: "*A través de la legislación, el filósofo se convierte en el demiurgo del cosmos de la colectividad humana, que debe encajarse, dentro de aquel cosmos más extenso, y el imperio del Dios se realiza mediante la aplicación consciente del logos divino por el hombre como ser racional*" (Jaeger, *Paidéia*, 1949, III, ps. 314/315).
[395] 1129 b, 24/25.

de acordo ou não com o que é bom/ruim tal qual é, antes e independentemente de ser colocado em prática.

O legislador (*nomothétes*), neste contexto, tem um papel de extrema importância. Tratando-se deste último questionamento, como decorrência do debate até agora desenvolvido, estar-se-á a abordar a *quaestio* de letra "d" em concomitância com aquela da letra "b". É ele incumbido de tecer o diagrama dos deveres cívicos e morais dos cidadãos, fazendo-o com prudência (*phrónesis*) e com razão (*noûs*), premiando os bons cidadãos, prescrevendo condutas à generalidade dos homens e reprimindo as condutas atentatórias aos padrões sociais vigentes.

A cidade tem enorme papel de educar pelas leis.[396] Por isso, as leis recobrem boa parte da *paideía* pública, mas esta, em Aristóteles, não recobre toda a função pedagógica possível; deve vir acompanhada de educação da casa – aquela desenvolvida na *oikía* –, que lhe é anterior, uma vez que obedece à idéia de elementaridade e de especificidade; a educação pública é e sempre será uma educação prescrita *in abstracto*, enquanto a privada obedece aos reclamos da individualidade. A solução medianeira dada por Aristóteles ao problema da educação é diferente daquela proposta por Platão nas *Leis*.[397] Para Aristóteles, a educação deve ser pública e doméstica; não só pública, pois a adesão voluntária à atitude ética depende do *animus* do agente, de maneira que, apesar de uma legislação perfeita induzir à formação de homens perfeitos, isto praticamente jamais ocorrerá sem que os cidadãos se sintam voluntariamente compelidos ao dever. *Éthos* é resultante da formação da virtude (*areté*), e as leis aí tem grande impacto.[398] Quando a cidade é virtuosa, há pouco espaço para o vício. O *hábito virtuoso* provém desde a mais tenra idade e deve estar acompanhado

---

[396] "Segue-se que quem educa, em última análise, é a cidade, na medida em que, pelas leis belas-e-boas, ela cria o lugar próprio desse animal de cidade que é o homem, lugar que o situa a meio caminho entre os animais e os deuses" (Perine, *Quatro lições sobre a ética de Aristóteles*, 2006, p. 86).

[397] A respeito do problema da educação predominantemente pública em Platão, comenta-se: "*En realidad, la creación de un sistema completo de educación elemental, considerado como la paideia del pueblo y como base de la alta educación de que se había ocupado en sus obras anteriores, constituye una de las más audaces innovaciones de Platón, digna de este gran genio educativo*" (Jaeger, *Paidéia*, III, 1949, p. 318).

[398] "La loi semble le véhicule privilégieé de cette 'politisation' de l'*éthos*" (Vergnières, *Éthique et politique chez Aristote*: physis, êthos e nómos, 1995, p. 161).

de instrução e ação, onde age exatamente a cidade, promovendo a melhor forma de educação possível, fortalecendo as convicções sobre a vida em comum.[399]

5.3. O juiz, a persuasão e a justiça

O juiz (*dikastés*) exerce tarefa de extrema importância, pois se trata daquele a quem incumbe distribuir imparcialmente a justiça em benefício da ordem na *pólis*. O juiz aplica as leis, com justiça, prudência e equidade, e, por isso, é fiel cumpridor da tarefa de adequar a legislação às situações casuais.[400] Uma decisão, que se impõe à vontade das partes, pode criar uma injustiça que a princípio não existia, ou criar uma injustiça diversa daquela que existia anteriormente ao ajuizamento do litígio, ou, ainda, manter a injustiça inicial, uma vez que prevalecem ao final do processo público a desigualdade e a desarmonia entre as partes que compõem a relação conflitiva.

Procederá injustamente o julgador que, por desejo de vingança ou de obtenção de gratidão por parte de um dos sujeitos, der causa a uma disparidade entre estes. Em ambas as hipóteses o juiz age parcialmente no julgamento, não se sobrepondo às partes para a busca de uma solução que se coadune com a verdade, imperando, antes, a subjetividade do critério de aplicação da justiça. Trata-se de distorção do uso do poder judicante, descaracterização do procedimento aplicativo das objetivas e genéricas leis aos casos concretos. Se é possível falar de resolução de situações de julgamento, este é um processo que deve estar pautado na prudência e no reto juízo (*orthòs lógos*).

---

[399] "L'aptitude à la vie communautaire trouve dans la paideia son fermente essentiel. L'éducation éthique de l'enfant, em effet, est une éducation qui le prepare à la vie politique" (Vergnières, *Éthique et politique chez Aristote*: physis, êthos e nómos, 1995, p. 186).

[400] "La loi donc a pour fonction de commander et de juger, les magistrats ont pour rôle d'être les gardiens de la loi" (Vergnières, *Éthique et politique chez Aristote*: physis, êthos e nómos, 1995, p. 214). "Le jugement des magistrats est 'juste's'il satisfait à deux conditions: Un juge est juste non parce qu'il se réfère à une idée personnelle du juste, aussi excelente soit-elle, mais parce qu'il juge conformément à la loi: il ne rend pas la justice en son propre nom, mais au nom de la cité (...); Le bon juge n'est pas seulement un juge loyal, c'est un juge capable de relayer la loi dans les domaines où ele est absente, en faisant preuve d'équité(...)" (Vergnières, *Éthique et politique chez Aristote*: physis, êthos e nómos, 1995, p. 214).

Neste ponto, deve-se recordar que os juízes, entre os gregos, não eram cidadãos especializados em matéria legal; a ordem política democrática permitia, ao menos em Atenas, o acesso igualitário dos cidadãos, por sorteio à função judicante. Investidos de poder decisório, estavam os juízes expostos ao poder da palavra (*lógos*) e à influência dos retóricos que, não raras vezes, determinavam o encaminhamento das sentenças com argumentos que escapavam ao campo jurídico e acentuavam o império da persuasão dialética. Os retóricos eram exímios na arte dialética, no exercício da *lógica*, do *raciocínio* e da *palavra*.[401] Com isso, apenas se fortifica a concepção de Aristóteles, que defendia a primazia da educação pública, ao lado da formação doméstica, como meio de fortalecimento do convívio moral nas cidades. A deliberação e a decisão estando nas mãos do cidadão, visto que a este incumbia legislar, judicar e decidir, somente a educação (*paideía*) poderia fazer do exercício democrático uma realidade concreta. O retor (*rhétor*) ou logógrafo (*logográphos*), que se preocupa com a boa atuação processual, encontra na *Rhetorica*[402] subsídios abundantes, a serem manipulados de acordo com as exigências do caso particular, uma vez que

Aristóteles apresenta uma diversidade imensa de elementos para a análise da causação de injustiça, dos que podem ser vítimas de uma injustiça e da natureza dos delitos. Em detalhada exposição, exercício próprio do espírito peripatético, na observação e na análise psicológica, apresentam-se os motivos que agem, geralmente, como motores para a realização de uma injustiça. São, na verdade, elementos empíricos reunidos num conjunto não exaustivo de princípios ou fins que compõem o espectro patológico do obrar injustamente, entre os quais figuram:

1. não se crê na possibilidade de ser descoberto ou esta se afigura remota;
2. apesar de descoberto, crê-se ser impossível a aplicação de um castigo;

---

[401] "Essa arte dialética, à qual compete tão elevada missão, qual seja a de conduzir-nos à apreensão das verdades primeiras das ciências, concebe-a o filósofos fundamentalmente como uma arte de argumentar criticamente, de examinar, pôr à prova, isto é, como uma peirástica (*peirastiké*)" (Pereira, *Ciência e Dialética em Aristóteles*, 2001, p. 359).
[402] *Rhet.*, 1372 a, 4/ 1373 a, 41.

3. se aplicado o castigo, este é ínfimo relativamente ao lucro obtido como resultado da ação ilícita;
4. tem-se o dom da retórica ou da argumentação para a vitória dos acusadores;
5. desfruta-se de amizades influentes, poderosas ou ricas;
6. pode-se veicular a injustiça com a utilização de subordinados, como os escravos fiéis;
7. goza-se de amizade íntima com o juiz ou conta-se com a possibilidade de suborná-lo;
8. existe a possibilidade de adiar indefinidamente o processo, procrastinando-se o término do julgamento da questão judicial;
9. é possível frustrar-se o pagamento que seria devido;
10. no caso de um indigente, considera-se que nada tem a perder;
11. tem-se lei ineficaz ou de punição leve para o caso;
12. da ação praticada tirar-se-á proveito em forma de elogio ou lucro. Os que agem com tais motivações, geralmente, nunca foram descobertos, ou se o foram, nunca receberam punição;
13. sentem instantâneo prazer na realização da injustiça;
14. almejam vantagens posteriores ao cumprimento da pena que se sobrepõem ao sofrimento advindo da mesma;
15. podem contar com a benevolência no julgamento, alegando, por exemplo, a necessidade;
16. gozam de ótima reputação e estima sociais;
17. têm péssima reputação e não poderiam ter maiores prejuízos que os que já sofrem.

Aqueles que tem bens em abundância ou na medida da necessidade, próximos ou distantes, amigos ou inimigos do agente, assim como os não cautelosos, desavisados, que nunca intentaram um processo, deram causa a prejuízos, se ligam a antepassados que estiveram em querelas, geralmente, são passivamente atingidos pelos efeitos de um ato injusto intencionalmente dirigido ao proporcionamento de um dano.[403]

A análise não desmente a presença de um estudo empírico desenvolvido por Aristóteles, que, sem dúvida alguma, não descurou de acompanhar

[403] *Rhet.*, I, 1375 a.

as diversas facetas do problema da justiça, desde a sua prática e a sua faticidade, até a sua teoria, do seu aspecto fenomênico, ao seu aspecto conceitual. A causação da injustiça e a motivação dos atos de injustiça estão a comprovar a presença do espírito peripatético na análise das questões mais comuns desenvolvidas nas Assembleias e nos Tribunais de Atenas.

6. O justo político e o justo doméstico

Afora as acepções da justiça estudadas nos itens anteriores (total e particular; distributiva e corretiva; comutativa e reparativa), Aristóteles ainda apresenta a diferenciação entre o *justo político (díkaion politikón)* e o *justo doméstico (oikonomikón díkaion)*.[404] Estas diferenciações, agora, procuram tratar das partes da cidade, ou seja, dos cidadãos ativos no espaço público e envolvidos nas atividades políticas e públicas, e a esfera da casa e dos cuidados com a subsistência e a vida familiar.

Se a vida política é a mais elevada forma de organização comum, se segue que a justiça política é uma forma de justiça de caráter arquitetônico.[405] O *justo político (díkaion politikón)*[406] consiste na aplicação da *justiça na cidade*, na *pólis*, ou seja, é a justiça que organiza um modo de vida que tende à *autossuficiência* da vida comum (*autárkeian*), sendo capaz de dividir responsabilidades, segundo a multiplicidade de aptidões dos cidadãos, e segundo das necessidades da cidade e do Bem Comum. As comunidades que não se organizam politicamente não possuem leis e não exercem o justo político, mas uma outra forma de justo análoga a esta. Então, a escolha que cada cidade tem sobre o modelo de sua *politeía* determina o tipo de justiça que se aplica na vida em comum. Aqui, mais uma vez, a escolha da cidade definirá a forma de governo, e, com isso, a justiça política irá

---

[404] A respeito da diferença, *vide* Moraux, *op. cit.*, ps. 138/139.

[405] "L'espèce humaine, enfin, possède une prérogative supplémentaire: ele seule est capable d'accéder à la forme la plus achevée et la plus élevée de la vie sociable, la vie politique (*politikon* dans son sens éminent)" (Vergnières, *Éthique et politique chez Aristote*: physis, êthos e nómos, 1995, p. 148).

[406] "*Le juste politique ne doit donc pas être considéré comme une nouvelle distinction qui viendrait s'ajouter à celle qui a été faite entre juste distributif et juste correctif; il est le juste correctif et le juste distributif, mais envisagés cette fois dans leur réalisation au sein de la cité*" (*Éthique de Nicomaque*, 1958, tome II, p. 386).

variar de cidade para cidade, de tempos em tempos, conforme as escolhas dos cidadãos.[407]

Uma observação de caráter histórico, no entanto, deve ser feita, a respeito do justo político, antes que se aprofunde a sua noção. A cidade-estado (*pólis*), além dos cidadãos, era formada por filhos de cidadãos e por estrangeiros, membros indispensáveis para a perpetuação da vida social, sabendo-se que eram membros não ativos politicamente; nem todo aquele que é indispensável para a composição de uma cidade deve necessariamente ser parte ativa no processo político-deliberativo da cidade, de acordo com o estágio de evolução da cidadania na cidade antiga.[408] Desta forma é que, não pertencendo ao grupo dos pares, dos igualmente submetidos à lei, para eles não se aplicava a *justiça política*. Esta concentra seu foco de atenção apenas nos cidadãos de uma *pólis*; a estes eram dirigidas as leis.[409] Seu tratamento era, portanto, especial, sempre restrito a um estatuto reduzido de atribuições e possibilidades. Se sem legalidade e sem igualdade, geométrica ou aritmética, não se pode falar em *justiça política*, esta não é uma noção que abrange, do ponto de vista do estágio histórico, os estrangeiros, os menores, as mulheres e os escravos.[410]

Se *cidadão é aquele que governa e que é governado* – capacidade de ser eleito e de eleger na Assembleia –, e deste conceito excluem-se aqueles que não alcançaram a idade legalmente considerada como suficiente para a participação na vida cívica, as mulheres, aqueles que não gozam de liberdade,

---

[407] "Ora, é a esse 'justo simplesmente' que Aristóteles assimila o 'justo político'. Ele escreve: "O que se busca é também o justo simplesmente, o justo político" (10, 1134a 25-26). O justo é aqui então aquilo que o direito positivo define em um regime correto. Diz-se 'político' no sentido em que ele rege as relações dos cidadãos entre si e não as relações, no interior da família, entre pais e filhos, por exemplo, ou entre marido e mulher(...)" (Bodéüs, R., Os fundamentos naturais do direito e a filosofia aristotélica, *in Sobre a Ética Nicomaqueia de Aristóteles* (ZINGANO, Marco, org.), São Paulo, Odysseus, 2010, ps. 339 a 378, p. 353).

[408] "...as suas leis não tinham valor e ação senão entre os membros da sua mesma cidade. Não bastava habitar a urbe, para se estar submetido às suas leis e pela mesma protegido; cumpria ser cidadão. A lei não existia para o escravo, como também não protegia o estrangeiro" (Coulanges, *op. cit.*, vol. I, p. 294).

[409] " 'Le juste politique, proclame Aristote dans l'*Èthique à Nicomaque*, n'existe qu'entre ceux dont les relations mutuelles sont régies par la loi'. La loi dont il est question est la loi particulière à une *polis*, capacle de susciter um *éthos* collectif" (Vergnières, *Éthique et politique chez Aristote*: physis, êthos e nómos, 1995, p. 206).

[410] *Eth. Nic.*, 1134 a, 25/30.

ou aqueles que são estrangeiros, imediatamente temos que a estes não se aplica a justiça política (*díkaion politikón*), pois para estes não vige a lei, sendo por ela atingidos apenas obliquamente.[411]

O filho do cidadão e o escravo estão de tal maneira próximos ao pai-senhor que são concebidos como se partes do mesmo fossem,[412] diferenciando-se entre si no que tange às relações de poder que os vinculam ao pai-senhor, isto pelo fato de que o poder que se exerce sobre um assemelha-se ao que é aplicado ao regime monárquico (filho) e, o outro, assemelha-se ao regime tirânico (escravo).[413] Se não se pode cometer a injustiça contra si mesmo, uma vez que a injustiça pressupõe a bilateralidade, não há que se perquirir de uma justiça política aplicável a estes.[414] O agir, justa ou injustamente, para com o filho, ou, para com o escravo, refere-se a um uso do termo justiça que é aproximado/ análogo.[415]

Não obstante, para as relações que envolvem homem e mulher dentro do matrimônio, invoca-se a justiça doméstica (*oikonomikón díkaion*), tipo que difere em absoluto da justiça política (*díkaion politikón*).[416] Para com o filho se exerce uma forma de justiça (*patrikòn díkaion*) diferente daquela aplicável aos escravos (*despotikòn díkaion*), e, por sua vez, completamente diversa daquela aplicável à mulher (*gamikòn díkaion*).[417]

Nesta perspectiva, pode-se dizer que a *justiça doméstica* tem estas últimas como espécies. Sendo a *pólis* a culminância de todo o processo de integração e desenvolvimento humanos, e a ela aplicando-se o *justo político*, é natural que para o viver familiar se apliquem também regras de convívio que, além de diferirem do *justo político*, constituem o *justo doméstico*.[418]

---

[411] Toda a discussão acerca da cidadania se encontra mais profundamente desenvolvida no livro III da *Política*.

[412] Não pode ser um homem injustamente tratado por si mesmo, dado que a voluntariedade do praticar e a involuntariedade do sofrer estariam em plena contradição. Portanto, não é para consigo, mas para com o Estado que, em certo sentido, se comete uma injustiça que contrarie a lei (*Eth. Nic.*, 1138 a, 5/35).

[413] *Eth. Nic.*, 1160 b, 1/7.

[414] *Eth. Nic.*, 1134 b, 12/13.

[415] *Eth. Nic.*, 1134 b, 10.

[416] *Eth. Nic.*, 1134 b, 15. A respeito, *vide* Moraux, *op. cit.*, ps. 138/139.

[417] *Eth. Nic.*, 1134 b, 8 e 1134 b, 15/17.

[418] *Eth. Nic.*, 1134 b, 8/9.

A unidade que faz com que filho e escravo representem parte do próprio pai-senhor não se aplica à relação matrimonial, pois esta relação é semelhante ao exercício do poder do governo aristocrático, onde impera a liberdade entre os iguais. A igualdade é, pois, a característica da justiça gâmica, fundada que está no vínculo que visa à formação de uma pequena comunidade de vida em comum, para a superação das necessidades vitais e procriação da família.[419] Exerce-se proporcionalmente ao mérito, e a quem é superior é dispensada uma parte maior do bem e do que lhe é apropriado.[420] De fato, tendo a mulher maior liberdade e não sendo de todo subordinada ao homem,[421] para ambos aplicam-se regras necessárias à organização do lar, à gerência dos negócios familiares,[422] da educação dos filhos, da manutenção e subsistência daquela que representa o próprio gérmen da vida política. As regras políticas são, sem embargo, fruto da maturação gradativa das normas que se aplicam desde o relacionamento mais simples e primitivo que uniu homem e mulher para a procriação, processo organizativo humano, do qual o microcosmo familiar da *oikía* foi uma etapa.

O que é próprio do *justo político* é a criação de uma situação de autárquica na cidade, que visa à produção da felicidade e do Bem Comum. E é pelo fato de entre os homens existir a injustiça, o "atribuir demasiado a si próprio das coisas boas em si, e demasiado pouco das coisas más em si", que se faz mister um conjunto de regras que seja próprio ao convívio na cidade. Discriminando-se o justo do injusto, é a razão que passa a regrar a *pólis*.[423] Aliás, não de outra forma se define a justiça; a *justiça* é o discernimento do *justo* e do *injusto* (*e gar díke krísis tou dikaíou kaìtoû adíkou*),[424] de modo que somente a constância do exercício racional, aplicado às relações humanas, pode garantir a subsistência da vida em comum.

---

[419] "La justice domestique fait de la relation entre époux une véritable communauté; celle-ci vise um intérêt commun, la procréation des enfants et l'assistance 'reciproque pour la vie quotidienne..." (Vergnières, *Éthique et politique chez Aristote*: physis, êthos e nómos, 1995, p. 175).
[420] *Eth. Nic.*, 1161 a, 22/23.
[421] Aquino, *op. cit.*, ps. 181 e 182.
[422] A respeito da dimensão da *oikía* como a dimensão do labor e a dimensão da *pólis* como da liberdade, *vide* Bittar, "A evolução histórica do pensamento", *in* RFD, 89 (1994), p. 232.
[423] *Eth. Nic.*, 1133 a, 30/35.
[424] *Eth. Nic.*, 1134 a, 31/32.

6.1. A bifacialidade do justo político: justo legal e justo natural

É importante afirmar, desde logo, que a legislação não esgota toda a noção de justiça, no pensamento de Aristóteles.[425] As leis da cidade representam uma parte do justo, mas não a justiça, em suas várias acepções. Por isso, o justo legal responde às necessidades de cada cidade-estado, sendo decorrência da convenção pública entre todos os membros da cidade-estado, mais que a expressão de toda a justiça possível. Tendo-se esclarecido isto, fica claro que a noção de *justo político* abre, pois campo, para a análise de duas formas de justo,[426] a saber, o *justo legal* (*dikáion nomikón*), que corresponde à parte das prescrições vigentes entre os cidadãos de uma determinada *pólis* surgida da *nómos*, e o justo natural (*díkaion physikón*), parte que encontra sua fundamentação não na vontade humana preceituada, mas na própria natureza (*Toû dè politikoû dikaíou tò mèn physikón esti tò dè nomikón*).[427]

O *justo natural* (*díkaion physikón*) é aquele que por si próprio e em todas as partes possui a mesma potência (*dýnamis*) e que não depende, para a sua existência, de qualquer opinião, ou mera convenção. O *justo legal* (*díkaion nomikón*), em contraposição, é aquele que, a princípio, não importa se seja desta ou daquela forma, porém, uma vez estabelecido pela lei, por ato do legislador, deixa de ser indiferente, tornando-se obrigatório. O *justo natural* é aquilo que é por natureza e o *justo legal* é aquilo que é por convenção.[428] O *justo legal* constitui o conjunto de disposições vigentes na *pólis* que vincula por força do legislador.[429] Tem por objeto tudo aquilo

---

[425] É muito paeculiar a filosofia de Aristóteles; ela dificilmente poderia ser definida como um positivismo, ou simplesmente, como um jusnaturalismo, como bem afirma Lacerda: "Essas afirmações não fazem de Aristóteles, contudo, um jusnaturalista no sentido medieval do termo, uma vez que o justo natural e o convencional são partes da 'justiça política', que é algo imanente à cidade" (Lacerda, *O raciocínio jurídico*: uma visão aristotélica, 2005, p. 86).

[426] De acordo com P. Moraux, a distinção entre o justo legal (*díkaion nomikón*) e o justo natural (*díkaion physikón*) seria uma derivação das reflexões anteriormente empreendidas por Aristóteles em seu diálogo de primeira fase *Perì dikaios nes* (Moraux, *op. cit.*, p. 131).

[427] *Eth. Nic.*, 1134 b, 18/21.

[428] "Vejamos, primeiro, o problema do justo natural, examinado de modo sumário em EM V 10, 1134b 18-1135a 5. Aristóteles faz do justo natural uma parte do justo político, a outra parte sendo o justo convencional. Ambos são mutáveis, mas não do mesmo modo" (Zingano, *Aristóteles: Ethica Nicomachea: tratado da justiça*, 2017, p. 57).

[429] A respeito da justiça político-legal, deve-se dizer que a *pólis* se organiza a partir do desenvolvimento da própria natureza humana. Porém, mais ainda, a organização de todo

que poderia ser feito das maneiras as mais variadas possíveis, mas uma vez que foi convencionada, é a esta que se deve obedecer. Tendo várias formas de se estabelecer um determinado um conteúdo de lei, a opção é feita pelo legislador, conforme a forma de governo vigente, passando-se, assim, aquilo que *a priori* era indiferente que fosse de tal ou de qual maneira a ser vinculativo para todos os cidadãos que a ela se subordinam.[430] Ora, a vontade que se consigna com valor de justo para a vivência política, ao ser promulgada uma medida, está sujeita à variabilidade do juízo humano, encontrando, portanto, um grande conteúdo de relatividade espaço-temporal em seu conceito. Analogamente, pode-se pensar que como as medidas de mercadorias não são as mesmas em todas as partes,[431] para todos os povos e em todos os tempos, assim também ocorre com tudo aquilo que é matéria do justo que não é natural.[432]

Também, é a este tipo de justiça que se agregam as medidas legais de caráter particular, os decretos e as sentenças. As leis, em sua maior parte,

---

o aparato estrutural da *pólis* decorre da diversidade das partes que a compõem (artesãos, camponeses, guerreiros, magistrados...), das leis que a regem e do governo que a conduz (*politeía mèn gár esti táxis taîs pólesin he perì tàs achás* – *Pol.*, 1289 a, 15/16). A própria diversidade de regimes políticos (democracia, oligarquia, monarquia, república, aristocracia, tirania) é uma decorrência da diversidade de partes da *pólis*, pois cada qual destas possui aptidões diversas e desempenha atividades multifárias; daí falar-se em uma justiça democrática, em uma justiça oligárquica... uma vez que cada regime possui seus parâmetros políticos para a administração da justiça. O que ocorre é que opiniões e interesses diversos ocasionam critérios diversos para a estruturação do poder para o governo da cidade, o que é, não raras vezes, o estopim para a eclosão das sublevações ou revoluções; estas só ocorrem com o surgimento de desigualdades na participação do poder, todas invariavelmente decorrentes da implantação de um regime de governo. Então, o que se há de concluir é que o regime implantado reflete a estrutura de poder, e a distribuição deste, entre as partes da cidade. O regime, uma vez implantado, dá o tom que deve reger as leis, e estas servem como aparato de limitação do próprio regime. O que se tem até o presente momento é que a divisão das forças sociais determina o regime e que este, por sua vez, determina o conteúdo das leis que o regerão. Assim é que as leis são o limite de todo governo, mas também são decorrência de todo governo. Desta forma, as leis que estão concordes com os regimes retos são justas, e as concordes com os regimes corruptos não são justas (*allà mèn ei toûto, dêlon óti toùs mèn katà tàs orthàs politeías anagkaîon eînai dikaíous toùs dè katà tàs parekbebekyías ou dikaíous* – *Pol.*, 1282 b, 12/14). Não se pode concluir outra coisa senão que o justo legal é um reflexo das próprias instâncias de poder existentes e prevalecentes na *pólis*.

[430] *Eth. Nic.*, 1134 b, 20.
[431] "Cada cidade tinha os seus pesos e medidas" (Coulanges, *op. cit.*, vol. I, p. 310).
[432] F*Eth. Nic.*, 1134 b, 30.

dirigem-se genericamente aos cidadãos. Mas, muitas vezes, fazem-se necessárias decisões legislativas que se dirijam a uma situação especial, ou a um grupo especial de pessoas, ou mesmo a um único indivíduo, casos em que a apreciação legislativa discrimina a singularidade em meio ao todo em virtude da necessidade de adequação da lei ao critério da proporcionalidade que busca satisfazer a justiça em seu sentido absoluto. Os decretos, decisões emanadas do poder administrativo do governante, assim como as sentenças judiciais,[433] aplicação concreta da generalidade abstrata das disposições legais, estão, também, atreladas ao justo legal como parte da justiça política que se realiza na vida cívica. De outra maneira não poderia ser, uma vez que todas as medidas mencionadas encontram respaldo ou na circunstancialidade ou na especialidade de determinado sujeito, ou na particularidade do caso em julgamento, ressaltando-se em tais motivações a efemeridade e a relatividade características das matérias que não existem *phýsei*.

É da opinião de alguns que o justo político (*díkaion politikón*) se resume ao justo legal (*díkaion nomikón*),[434] pois, no argumento destes, as leis são mutáveis e não poderia existir uma justiça por natureza que admitisse a mutabilidade. O fogo que arde na Pérsia também arde na Grécia.[435] Isto, no entanto, não é verdade em sentido absoluto. Talvez entre os deuses exista um justo que seja verdadeiramente imutável, mas entre humanos, o justo por natureza está também sujeito à mutabilidade. Assim, deve-se admitir aquilo que é mais mutável (justo legal) subsistindo ao lado do que é menos mutável (justo natural), porém, mesmo assim, mutável. Ambas as formas de justo político (*díkaion politikón*), pois, são mutáveis.[436]

Desta forma, o *justo legal* equipara-se às demais convenções humanas, variando de local para local, de cidade para cidade, de tempos em tempos,

---

[433] "*Lo justo sentencial es aplicación de lo justo legal a los hechos particulares*" (Aquino, op. cit., p. 192).
[434] Eth. Nic., 1134 b, 24.
[435] wsper tò tûr kaì eláde kaì em Pérsais kaíei, tà dè díkaia kinoúmena orwsin (Eth. Nic., 1134 b, 26).
[436] Eth. Nic.,1134 b, 32. Sobre este tópico afirma Moraux: "*Dans l'Éthique, Aristote refute l'objection en montrant que le fait d'être par nature n'entraîne pas nécessairement l'immutabilité, du moins dans la partie du monde qu'occupent les hommes (...) Par analogie, on conclura qu'une certaine variabilité du droit naturel n'exclut point l'existence de ce dernier.*" "*Certes, il y a dans toute législation une série de dispositions purement conventionnelles et sujettes à des profondes variations dans le temps et dans l'espace. Mais à côté de cela, il existe une foule d'autres dispositions qui reflètent un droit de nature et qui, par conséquent, ne dépendent pas d'une convention arbitraire*" (Moraux, op. cit., ps. 133 e 136/137).

de forma de governo para forma de governo, de constituição para constituição. É o que ocorre com as medidas, que não são as mesmas aqui e ali, e, sendo diversas, obedecem aos padrões locais de mensuração dos mesmos objetos. O justo legal é convencional e, por isso, acompanha as diferenças entre os povos, as culturas, as tradições e as cidades. A outra parte, pois, que compõe o *justo político* (*díkaion politikón*), diferindo do justo convencional ou legal, é o *justo natural* (*díkaion physikón*),[437] consistindo no conjunto de todas as regras que encontram aplicação, validade, força e aceitação universais. Assim, pode-se definir o justo natural como sendo a parte do justo político que encontra respaldo na natureza não convencional das coisas, que tem força natural, não dependendo do arbítrio do legislador, sendo, por consequência, de caráter universalista.

Aquilo que participa da definição material da *justiça legal* (*nomikón díkaion*) é variável segundo o tempo e a cultura de cada cidade; apresenta-se geográfica e temporalmente de muitas maneiras, coadunando-se com a historicidade e com a cultura de cada cidade.[438] O *justo legal* (*nomikón díkaion*) é aquele que vem expresso na legislação vigente e, destarte, obedece ao padrão volitivo do legislador. A lei está, portanto, condicionada à própria evolução da razão humana exercida na organização política conforme o regime.

Mas, pelo justo natural, compartilham as cidades, de noções e princípios comuns, fundados na própria *natureza das coisas*. Tenha-se presente, por exemplo, que é indiferente que se fixe uma pena de dois anos, ou de dois anos e meio, para aquele que furtou, o que corresponde ao justo de acordo com a lei (*nomikón díkaion*), sendo que todos acordam no sentido da necessidade de punição para aquele que furta, o que corresponde ao *justo natural* (*physikón díkaion*).[439] Portanto, enquanto a *justiça legal* aponta para o caráter convencional, variável e arbitrário, a *justiça natural* aponta para a unidade de tratamento de determinada matéria reputada de relevo

---

[437] "Par physikòn díkaion, Aristote entend celui dont la validité est universelle et indépendante des décisions humaines. Le nomikòn díkaion tire au contraire sa validité de ces décisions; les règles qu'il renferme reposent uniquement sur des conventions, et non sur quelque fondement naturel absolu; en soi, il est indifférent qu'on sacrifie une chèvre plutôt que deux moutons; une différence de valeur entre les deux sacrifices n'apparaît qu'avec le moment où se prononce le législateur" (Id., ibid., p. 132).

[438] Aquino, *op. cit.*, p. 47.

[439] *Eth. Nic.*, 1134 b, 20.

para a cidade;[440] enquanto as respostas apresentadas pelo *justo legal* são muitas, de acordo com cada constituição política, a resposta oferecida pelo *justo natural* é estável, não obstante os povos, as cidades e as constituições.

Este debate sobre o legal e o natural não é originário de Aristóteles, mas muito anterior, considerando a cultura grega. Os sofistas pregaram em várias cidades, e, por isso, este foi um ponto de amplo discussão na tradição sofística ao longo do século V a.C.[441] Diziam que tudo aquilo que é pela natureza é imutável, e tendo as leis caráter variável, nada pode existir por natureza, mas só em virtude de lei. Só a vontade do legislador regularia a vida social. O questionamento é relevante e, por isso, aparece novamente na *Ética a Nicômaco*.[442]

Uma explicação que possa aclarar o problema e desdicotomizar o tema conduz necessariamente à perquirição do conceito aristotélico de natureza (*phýsis*). O vocábulo figura em quase todos os tratados, sendo corolário substancial de toda a filosofia aristotélica. Assim, *phýsis* é princípio (*arché*) e causa (*aitía*) de tudo o que existe.[443] Esta noção é crucial para a melhor compreensão da noção de *justiça natural* ou, segundo a natureza.

Seja na física, seja na metafísica, em Aristóteles, tudo parte para a realização de um fim que é inerente a cada coisa, e, neste sentido, cada coisa se dirige ao seu bem (*agathós*).[444] O movimento, ou seja, a atualização

---

[440] Moraux, *À la recherche de l'Aristote perdu: le dialogue sur la justice*, 1957, p. 137.

[441] Sobre o problema da oposição *phýsis-nómos* na cultura intelectual helênica, vide Schul, *Essai sur la formation de la pensée grecque: introduction historique à une étude de la philosophie platonicienne*, 1934, ps. 356/369. Vide, também, a respeito do problema, Gauthier-Jolif, *L'Éthique à Nicomaque*, 1959, tome II, ps. 392/393.

[442] *Eth. Nic.*,1134 b, 25.

[443] "...la naturaleza es un principio y causa de movimiento o del reposo en la cosa a la que pertenece *primariamente y por sí misma, no por accidente*" (*Phys.*, II, 192 b, 20). O que há de se aduzir, neste passo, é o fato de que Aristóteles, no texto da *Metaphysica* (III, 1014 b 16/1015 a, 19), se refere a cinco sentidos do termo phýsis, sublinhando como primeiro e próprio o sentido daquilo que contém em si mesmo princípio de movimento (1015 a, 13/16).

[444] "Eis, portanto, quais são as causas e os princípios 'primeiros' ou 'supremos', quer dizer, o objeto peculiar da metafísica: as causas e os princípios que condicionam toda a realidade, ou seja, as causas e os princípios que fundam os seres em sua totalidade" (Reale, *Ensaio introdutório*, Aristoteles: Metafísica, vol. 1, 2001, p. 39). "Com efeito, as causas 'supremas'ou 'primeiras'valem para toda a realidade e para todo o ser e, consequentemente, as causas da realidade enquanto realidade ou do ser enquanto ser só podem ser 'causas primeiras'ou

das potências de um ser, realiza-se guiado por uma pulsação natural interna ao ser; em sua atuação normal, está o ser destinado à realização da perfeição e da excelência inerente à sua estrutura, o que significa, nesta perspectiva, constância e regularidade na ocorrência dos fenômenos, além de fluidez e retitude de consequências. De fato, a cada causa sucede uma consequência, dentro da mecânica teleológica do ser. Não obstante, certa relatividade permeia o processo natural, uma vez que não é de todo absoluto e harmônico o movimento de atualização das potências do ser; falhas e distorções existem que estão a produzir o engano, o inesperado e o monstruoso. De qualquer forma, são estas exceções.

Etimologicamente, o termo *phýsis* participa desta acepção de *justiça*, e, portanto, não são poucas as implicações deste termo sobre a expressão: *justiça segundo a natureza*. A teoria da *phýsis* de Aristóteles ocupa um espaço não pouco relevante na estrutura teórica e na rede de conceitos que cerca a maior parte das conclusões filosóficas trazidas até nós por meio de seus principais escritos, especialmente se considerada a obra como um todo, que envolve a biologia, a psicologia, a física e a metafísica. O conceito de *phýsis* ganha na obra aristotélica muito mais um estatuto de princípio que de definição. O princípio aqui é o mesmo que *principium*, como ponto de partida, e o mesmo que base, núcleo de uma sistemática de múltiplos outros conceitos que sobre ele se lastreiam, com ele se interpenetram, com ele interagem como causa e efeito, como conteúdo e continente, ou como matéria e forma. O sistema aristotélico é condicionado à ampla noção de *phýsis*, noção que ora se procura rastrear de mais perto.

Neste contexto de considerações, cabe encetar, uma vez que não é noção meramente setorial, mas, ao contrário, estrutural do pensamento de Aristóteles, ao ser tomada na qualidade de princípio, como se poderá compreendê-la, para efeitos de nossa análise. Se é princípio, também este princípio encontra aparas e limites que lhe torneiam e configuram uma moldura palpável. Sua universalidade significacional se faz presente, pois à *phýsis* se associam outros conceitos, quais, ordem, fim, causa, regularidade, motricidade, princípio, estrutura, processo. Estas, entre outras, são noções

---

'supremas' e não causas particulares: se não fosse assim, elas seriam válidas só para este ou aquele setor do ser, e não para o ser como tal" (Reale, *Ensaio introdutório*, Aristoteles: Metafísica, vol. 1, 2001, p. 41).

presentes não só nos ensinos biológicos e físicos, mas também naqueles outros de caráter ético, político, psicológico etc.

Destas significações, a que mais se aproxima do conceito ora investigado, o de *díkaion physikón*, é o de *phýsis* como algo independente da vontade humana, como algo que decorre da essência da coisa, sem que para isso sejam necessárias a intervenção ou a vontade humanas. A *justiça natural (díkaion physikón)* é a parte da justiça política que decorre da própria finalidade da cidade, qual seja a felicidade. Por isso, em todas as partes, as cidades repelem o homicídio, a injúria e a infâmia, por exemplo. Não há felicidade na cidade, caso estas ações restem impunes. Isso decorre do fato do homem ser um *zwon politikón*, o que o faz ligado à cidade, à vida política e à busca pelo Bem Comum. Reger-se sob o signo de sua natureza para o homem significa estar sob o governo da razão, o que se traduz em nível social como estar sob o governo das leis, que são "a razão sem paixão".[445]

Se a *pólis* é um meio que sintetiza a própria forma de vida mais apropriada ao homem, a *justiça* que se realiza nesta necessariamente tem que ordenar o todo em harmonia com as partes que o compõem para o alcance do fim coincidente entre estas e aquele. É a *justiça natural* o princípio e causa de todo movimento realizado pela *justiça legal*. A primeira realiza-se paulatinamente pelo exercício do espírito humano em desenvolvimento na dos clãs, às famílias, das famílias às cidades. Tendo-se presente que imutabilidade e natureza não são absolutamente coincidentes, a *justiça natural (díkaion physikón)* não é em absoluto invariável, mas uma finalidade certa, estando submetida à contingência temporal inerente a tudo aquilo que participa da *realidade sublunar*. A imutabilidade é própria de uma realidade metafísico-inteligível e cognoscível por uma participação no divino, mas aquilo que é por *natureza* próprio do homem se submete a variações e mudanças. Ao homem assiste apenas aquilo que lhe é por natureza, sendo sua natureza racional e política, para o que a *justiça natural* aparece como parte da *justiça política*.[446]

---

[445] *Eth. Nic.*, 1134 a, 35/1334 b, 1.
[446] "*L'intelligible et le sensible ne sont pas deux êtres superposés l'un à l'autre: ce sont deux éléments de l'être, dont chacun est incomplet par lui-même, et qui ont besoin l'un de l'autre pour constituer l'être concret, seul réel*" (Werner, *La philosophie grecque*, 1972, p. 120).

Sublinhe-se que não há no pensamento aristotélico uma oposição entre *justiça natural e legal*,[447] estando ambas ligadas ao justo político, participando conjuntamente na racionalização do meio citadino. Não obstante, o *justo legal*, que tem o seu princípio no *justo natural*, pode deste nascer eivado ou não de vícios, ou erros humanos,[448] conforme esteja de "acordo com a natureza" ou destine-se "ao benefício exclusivo do poder de governo", conforme as formas retas ou corruptas de governo e sua proximidade/ distância do Bem Comum, que é o bem da cidade e dos interesses públicos. Com isso, nem sempre o *justo político* está "de acordo com a natureza", figurando corrompido nas formas de governo em que a constituição é apenas instrumento de poder, enquanto dominação, ou de aquisição de benefícios por parte de um único homem (tirania), de alguns (oligarquia), ou de muitos (democracia ou demagogia).

Aqui fica claro que a legitimidade das leis coaduna-se com a própria disparidade originária das mesmas, pois toda lei ou se destina à realização da razão de existir da comunidade política ou à satisfação de interesses momentâneos e arbitrários próprios das formas de governo corrompidas induzem ao distanciamento da vida em comum e geram o ódio social, o ressentimento e a desordem.[449] As constituições monárquica, aristocrática e *politeía* (algumas traduções falam em república) coadunam-se com a teleologia da justiça política, e inspiram leis retas, que levam à proximidade entre fins da cidade e fins públicos, afinando a aproximação entre *justo legal e justo natural* no interior da *justiça política*. Por isso, nestas constituições, a lei segue a retidão da razão, naquelas outras, o arbítrio da paixão e do despotismo, corrompendo os fins da vida em comum.

Nem toda legislação é legítima, o que depende da finalidade do próprio poder soberano. O que é legítimo corresponderia, no sistema aristotélico, ao que está de acordo com o interesse comum, ao Bem Comum, não importa se pelas mãos de um, de alguns ou de muitos. Legítima é

---

[447] "*Cosí Aristotele riconnette il diritto positivo e il diritto naturale, che i sofisti aveano tentato di scindere. Il diritto naturale è come l'ideale che deve manu manu attuarsi nel diritto positivo, è come la ragionalità perfetta, a cui le leggi dello Stato devono conformarsi per essere veramente giuste e legittime*" (Zuccante, *Aristotele e la morale*, p. 175).

[448] Aquino, *op. cit.*, p. 191.

[449] "*El poder político decae de su derecho, según Aristóteles, cuando su actividad no llega a contribuir eficazmente a aquella finalidad a causa de la cual el* ESTADO EXISTE" (Sanchez de la Torre, *op. cit.*, p. 215).

aquela lei conforme a forma de governo e as finalidades de alcance do Bem Comum, que traga repercussões práticas no sentido de conduzir os cidadãos ao hábito da virtude e fortalecer os laços de convívio, favorecendo a finalidade da vida feliz na cidade.

Das partes que compõem o *justo político*, aquela que é conforme à natureza é sempre boa, enquanto aquela que é conforme à lei pode ser boa ou má. Destes princípios pode-se concluir que a legislação perfeita é a adequação plena do legal ao natural, considerados os fins da convívio comum, ou seja o Bem Comum.

7. Equidade e justiça

Toda análise sobre a justiça, em Aristóteles, ainda não estaria acabada, caso não se considerasse a análise do tema da equidade (*epieíkeia*).[450] Por isso, deve-se, agora, introduzir, no curso da investigação, a problemática relativa aos conceitos de equidade (*epieíkeia*) e do que é équo (*tò epieikès*). A imersão representará, ao final do processo de adequado levantamento dos problemas e de solução detida de cada qual individualmente, a possibilidade de se perceber e de se aquilatar quais são as relações existentes entre a equidade e a justiça (*epieíkeia pròs dikaios nen*) – se são diferentes, em que são diferentes, em que medida são diferentes, quais os seus aspectos, como atuam, em que momento podem e devem ser invocadas – e entre o équo e o *justo* (*tò d'epieikès pròs tò díkaion*) – se se equivalem, se são idênticos, mutuamente fungíveis, se possuem o mesmo campo de aplicação, se são atividades *ante* ou *post factum*.[451]

O problema se propõe não por amor à teoria, mas porque o uso dos termos se aproxima tamanhamente que ora chamamos de *équa uma situação de justiça*, ora de *justa uma situação de equidade*. De fato, todos reconhecem que os termos não se equivalem perfeitamente, e, neste caso, o uso de um pelo outro conduz a equívocos notórios, de modo que, sendo semelhantes, porém não idênticos, devem ser distinguidos naquilo que lhes peculiariza. É no gênero (*éteron tô génei*) que se dizem aproximados os conceitos de

---

[450] "A verdadeira justiça não é nunca a justiça das leis, mas sim a correta adaptação dessa justiça legal, adaptação que, em situações complexas é apenas possível após uma decisão (*proaíresis*), à qual se chega por um processo deliberativo muitas vezes tortuoso" (Lacerda, *O raciocínio jurídico*: uma visão aristotélica, 2005, p. 110).
[451] *Eth. Nic.*, 1137 a, 31/33.

ambos os termos. Isto porque, metaforicamente (*metaphéromen*), costuma-se exaltar o équo e o homem dotado desta qualidade, fazendo-se do 'muito bom' (*agathós*) um sinônimo de 'équo' (*epieikès*); vale dizer, o équo está para uma *qualidade humana* que desborda dos limites daquilo que é simplesmente bom. Trata-se de uma *excelência* ainda maior do que aquela já contida no conceito do que é bom. Não por outro motivo, Aristóteles se refere ao tema como a uma *aporían óti tò epieikès díkaion*, como em 1137 b, 11/12, Por isso, para que se prossiga no exame da realidade do que é équo, é mister que se tenha presente também aquilo que é justo, pois com as distinções delineadas ter-se-ão por solidificadas as explicações a respeito da temática.[452]

O *équo*, sendo melhor que uma forma de *justo* – e aqui se percebe nitidamente qual a estrita relação existente entre a *equidade* e a *justiça*, em especial em sua acepção de *justo legal* –, não deixa de ser algo *justo*; porém, não simplesmente pelo fato de constituir um gênero diferente representa algo a mais que o justo. Em verdade, são a mesma coisa *o justo e o équo* (*tautòn ára díkaion kaì epieikès*), de maneira que, assim sendo, o équo é melhor e mais desejável que o justo.[453] Se équo e justo se equivalem, nesta medida, e da forma indicada segundo o gênero, não é verdade que o équo seja o justo segundo a lei (*ou tò katà nómon dé*), de acordo com o que está consignado nas leis da cidade, mas atuando como um corretivo do *justo legal* (*epanothoma nomímou díkaion*).[454]

---

[452] É no livro VII da *Ethica Nicomachea*, mais precisamente em 1154 a, 22/26, que Aristóteles explicita esta perspectiva da argumentação dizendo que não basta que se exponham a verdade e o verdadeiro, sendo necessário que se coloque em xeque também a perspectiva da erronia e as diferenças que existem entre um e outro dos conceitos. Através do conhecimento do falso, maior se torna a convicção em torno do verdadeiro.

[453] *Eth. Nic.*, 1137 b, 8/11.

[454] Neste artigo, Allan Beever procura demonstrar uma outra interpretação acerca da equidade na visão de Aristóteles: "In a famous passage in his *Ethics*, Aristotle considers the nature of equity and its relation to justice. His conclusion seems to be that equity's role is to prevent the law from adhering too rigidly to its own rules and principles when those rules and principles produce injustice. Hence equity permits judges to depart from legal principle in order to promote justice. In this article, however, I argue that this conclusion is problematic as it is inconsistent with other claims Aristotle makes, both in his short discussion of equity in the Ethics and elsewhere" (Beever, Aristotle on equity, law and justice, *in Legal Theory*, 10 (1), 2004, p. 33).

A necessidade da aplicação da *equidade* decorre do fato de que as leis atuam de forma a se dirigirem genericamente para todos, sem diferenciar todas as nuanças que possam existir na esfera das ações, de modo que surgem casos para os quais, se aplicada a lei (*nómos*) em sua generalidade (*kathólou*), estar-se-á a causar uma *injustiça por meio do próprio justo legal*. Exatamente para superar os problemas decorrentes da impossibilidade de haver uma legislação minimamente detalhista e futurista é que existe a equidade. Se a lei é, neste ponto e para estes fins, falha, isto não se deve nem ao conteúdo da lei em si, nem ao legislador;[455] não se trata de um erro legislativo, como anteriormente já estudado e admitido por Aristóteles, mas, sim, de um problema oriundo da própria peculiar conformação das coisas como são praticamente. Cada ação solicita um tipo de solução, de modo que nenhuma legislação poder-se-ia aplicar a esta dimensão dos fatos, com plena ciência do que se passa.

As leis, sendo abstratas, não conseguem resolver com propriedade e adequação todos os casos. De fato, a lei escrita é um imperativo que se formula impessoalmente abarcando sob sua tutela a pluralidade de cidadãos aos quais se dirige e a multiplicidade de casos que surgem na vida concreta da *pólis*. Lacunas aparecem em todo sistema legislativo escrito,[456] sendo que estas podem existir por vontade do legislador de que existam, ou mesmo contra a vontade deste. Assim, contra a sua vontade existirão "quando um fato lhe passa despercebido", e por vontade do legislador, "quando, não podendo precisar tudo, eles têm de estatuir princípios gerais que não são aplicáveis sempre, mas só as mais das vezes" (*Rhet.*, I, 1375 b).

Neste sentido, aplicar a equidade (*epieíkeia*) significa agir de modo a complementar o caso que se apresenta *hic et nunc* de modo que, assim o fazendo, está-se a agir como o faria o próprio legislador se presente estivesse. O aplicador, aqui, faz-se um legislador para o caso individual;[457] é na ausência, ou na falha de previsão da lei, que a equidade guarda a sua

---

[455] *Eth. Nic.*, 1137 b, 17/19.

[456] "Platon a bien compris la nécessité d'interpréter les lois écrites, dont il souligne les imperfections en des termes dont Aristote se souviendra; mais il ne peut qu'évoquer l'image d'une cité que dirigerait la sagesse et qui n'aurait nul besoin de lois; cette cité n'existe pas, il le sait, et il se soumet à la nécessité de la réglementation et des lois imparfaites; l'équité sera élément étranger au droit, l'indulgence, qui viendra corriger ce que les lois ont de trop absolu (...)" (Gauthier-Jolif, *op. cit.*, tome II, p. 432).

[457] *Eth. Nic.*, 1137 b, 22/24.

utilidade maior, sobretudo complementando, particularizando e respondendo pelo que quedou imprevisto.[458]

Não sendo algo muito diferente da natureza do justo, uma vez que a justiça e a equidade são coincidentes materialmente, deve-se ter presente que o *equitativo* é melhor que o *justo*, não se for tomado em seu sentido absoluto, mas sim no sentido que lhe é dado quando referente à parte da justiça política atinente à lei.[459]

A *equidade* é, pois, a *medida corretiva da justiça legal* quando esta engendra a injustiça pela generalidade de seus preceitos normativos.[460] Como afirma Bödéus: "Aristóteles reconhece como equitativo "o justo que não é regrado pela lei, mas constitui uma correção do justo definido pela lei" (EN, V, 14, 1137b, 12-13)".[461] A equidade, pois, encontra aplicação, quando se faz obsoleta a lei pela alterabilidade constante a que estão sujeitas as circunstâncias fáticas que passam a contradizer o que está cristalizado na legislação. O *justo legal* é estanque, a vida da *pólis* é dinâmica. Para ambas as situações se deve fazer uso da *equidade*, o que, traduzido em termos práticos, significa "ter em conta não a letra da lei, mas a intenção do legislador; não a parte, mas o todo" (*Rhet.*, I, 1376 b/ 1377 a).Assim como a necessidade de aplicação da *equidade* surge a partir da singularidade dos casos concretos, é exatamente no julgamento dos mesmos que dela deve lançar mão o julgador (*dikastés*).[462] O julgador que se faz legislador no caso concreto é um homem équo (*o epieikès*), neste sentido. A *prudência é*

---

[458] "Elle (l'équité) s'élève au-dessus de tel ou de tel droit positif, parce qu'elle est le droit selon la saine raison et selon la nature; elle peut être contre la loi, ou en dehors de la loi, elle n'est jamais contre le vrai droit, et, en corrigeant la loi, elle est la perfection du droit même et du juste" (Léon Ollé-Laprune, *op. cit.*, ps. 36 e 37).

[459] *Eth. Nic.*, 1137 b, 5/20. Também Carlos Aurélio Mota de Souza afirma a respeito do tema: "A eqüidade foi tratada dentro de sua filosofia moral realista como idéia de igualdade e idéia de justiça natural" (*Evolução do conceito de eqüidade*, 1989, p. 18).

[460] *Eth. Nic.*, 1137 b, 25.

[461] Bodéüs, R., Os fundamentos naturais do direito e a filosofia aristotélica, *in Sobre a Ética Nicomaqueia de Aristóteles* (ZINGANO, Marco, org.), São Paulo, 2010, ps. 339 a 378, p. 344.

[462] "Na EN, no entanto, não há menção alguma a árbitros; o problema da equidade e da lei é examinado unicamente à luz da atitude que deve tomar o juiz, pressupondo, por conseguinte, que a equidade não é da alçada somente de árbitros, mas pertence igualmente a juízes adjudicar certos casos com base na equidade" (Zingano, *Aristóteles: Ethica Nicomachea: tratado da justiça*, 2017, p. 62).

a virtude da razão prática[463] *que orienta o reto juízo*[464] – novamente a aplicação do *orthòs lógos* se releva como sendo um critério para o aperfeiçoamento ético até mesmo da própria *dikaiosýne* – permite-lhe discernir o que é melhor na situação de julgamento. Recorre-se, portanto, a um critério de abrandamento da rigidez legislativa, ou de complementação da falta da lei.

Nem sempre aquele que causou um mal o fez propositadamente em detrimento de outrem, ocorrendo circunstâncias em que a injustiça é praticada sem um conteúdo necessariamente intencional. Apesar de a lei punir severamente aquele que foi a causa eficiente de um mal, a equidade é recurso utilizável como critério de mensuração e adaptação da norma ao caso, para que da observância de uma estrita legalidade não se venha a ser mais arbitrário do que onde as leis não estão presentes. Não é outro o sentido de tal afirmação de Aristóteles: "Os atos que são perdoados são passíveis da equidade." Inadvertências, atos que escapam a toda previsibilidade humana e faltas, atos calculados, ou calculáveis, desprovidos de maldade, não devem ser punidos com o mesmo rigor com que o são os delitos e os atos de perversidade, o que enseja uma discriminação dos elementos psicológicos do agente, analisando-se "(...) não o estado atual do acusado, mas sua conduta constante ou sua conduta na maioria das circunstâncias" (*Rhet.*, I, 1376 b). Esta é uma forma de equidade aplicada pelo juiz na apreciação de um problema prático que se lhe apareça aos olhos. Além desta forma judicial de aplicação da equidade, outra há comum a todo homem, cultivável como qualquer virtude e disposição do caráter.

Como algo superior a um tipo de justiça, à justiça legal (*díkaion nomimón*), e utilizada como corretivo da mesma (*epanothoma nomímou díkaion*), a *equidade* também se origina no caráter do indivíduo como qualquer outra virtude (*areté*), ou seja, como uma disposição de caráter (*éxis*), que requer o hábito do homem equo. Entendida como virtude, significa não só "...lembrar-nos do bem, mais que do mal que nos foi feito, dos benefícios recebidos mais que dos não recebidos..." nas relações, mas, também,

---

[463] "A virtude típica da razão prática é a "sensatez" (*phrónesis*), enquanto a virtude típica da razão teórica é a "sabedoria" (*sophía*)" (Reale, *Introdução a Aristóteles*, 2012, p. 121).
[464] Neste caso, o juiz atua como se médico fosse: *"En la dosificación de lo que cada individuo puede soportar es donde se conoce el verdadero médico. Este es el hombre que sabe aplicar certeramente la medida adecuada en cada caso"* (Jaeger, *Paidéia: los ideales de la cultura griega*, 1946, III, p. 30).

"...suportar a injustiça que nos fere, preferir resolver uma desavença amigavelmente a apresentar uma ação no tribunal; recorrer a uma arbitragem mais do que a um processo, porque o árbitro considera a equidade e o juiz a lei..." (*Rhet.*, I, 1377 a).

Assim, o homem équo se distingue pela ação, e não pelo conhecimento, porque delibera bem, delibera com sensatez.[465] O homem équo age de forma a guiar-se menos pelas leis, e mais segundo: a) a capacidade de escolha e de ação com coisas équas; b) a orientação de não ser rigoroso na justiça, quando esta é a pior solução; c) inclinar-se a ter menos mesmo, quando a lei lhe é favorável em detrimento do outro.[466] Esta disposição cultivada pelo homem équo é a *equidade* (*epieíkeia*), e é nestas condições que se distingue da noção de *justiça*. Tem-se que nas relações entre particulares a *equidade* representa a excelência do homem altruísta que, ao ter de recorrer ao império coativo da lei, prefere valer-se de técnicas de civilidade e virtuosismo que seguem os princípios próprios da moral que permeou a escola socrática.

Portanto, que coisa é o équo, e que coisa é o justo, com que espécie de justo existe uma relação de equidade por abrandamento e correção, está claro. Também claro está quem é homem équo (*o epieikès*) e de que forma atua.

8. Amizade e justiça

Por fim, a questão da amizade aparece como relevante na análise do tema da justiça. E isso porque, para Aristóteles, *philía* e *dikaosýne* estão estreitamente ligadas, podendo-se mesmo dizer que a primeira é que se mostra como sendo o verdadeiro liame que mantém a coesão de todas as cidades.[467] É em função da amizade que se estabelecem as cidades, sendo as cidades o lugar de realização da natureza política do homem, o lugar de construção do que é comum e de busca da felicidade que se

---

[465] "O objeto da *phronesis* são os bens humanos, isto é os que podem ser submetidos à deliberação, uma vez que o *phrónimos* é, reconhecidamente, um deliberador (*bouleutikos*, como aparece em 1140a,30), cuja obra é deliberar (1141b10)" (Perine, *Quatro lições sobre a ética de Aristóteles*, 2006, p. 28).

[466] *Eth. Nic.*, 1131 b, 34/1138 a, 2.

[467] *Eth. Nic.*, 1155 a, 22/24. No mesmo sentido, afirma Kranz: *"Justicia y amistad (ésta todavia en grado más alto) forman para Aristóteles el fundamento ético de toda vida en comunidad..."* ("La filosofía griega", *in Historia da Filosofía*, p. 41).

realiza pelo atendimento do Bem Comum. A amizade, aqui, é entendida em seu sentido de *amizade política*, enquanto *amizade fundada na utilidade*, na medida em que existem muitas formas de amizade.[468] A *philía* é, neste sentido, louvada pelos legisladores, e sua semântica assemelha-se àquela da concórdia entre as cidades. De fato, é a *philía* a reciprocidade na cidade, o elo de convívio, ao qual o homem está predisposto por natureza, motivo pelo qual recebe amplo tratamento no contexto da *Ethica Nicomachea*.

Na mesma medida, e em algumas partes até com grande comprometimento recíproco entre os conceitos, apesar de não haver qualquer citação a um texto pitagórico ou outra referência expressa a respeito da tradição pitagórica, a noção aristotélica terá em consideração a noção da alteridade como elemento indispensável para a saúde da *politeía*. A questão da amizade não é nada nova para o pensamento helênico, e não negligenciáveis referências a este respeito podem-se encontrar no pensamento pitagórico.[469] Não só pela dimensão semântica se aparentam as investigações aristotélica e pitagórica, mas até pela extensão do tratamento que recebe a questão da amizade na *Ethica Nicomachea*, pois ocupa os livros VIII e IX, mais precisamente de 1155 a, até, 1172 a, 15, em uma longa série de argumentos.

Ademais de boas leis e de bons legisladores, para além das fronteiras da legislação e das normas, dos limites valorativos impostos pela normatização conjugada do legislador com a cidade, a amizade é símbolo

---

[468] "It seems, therefore, that Aristotle's notion of political friendship falls under the kind of advantage or utility friendship, and that both accounts of political friendship as presented in *NE* and *EE* point to this" (Leontsini, The motive of society: Aristotle on civic friendship, justice and concord, in *Res Publica: a Journal of moral, legal ans social philosophy* (EDYVANE, Derek; WOODS, Kerri, editors), vol. 09, no. 01, 2013, p. 26).

[469] "*Circa l'amicizia universale Pitagora impartì un insegnamento meravigliosamente perspicuo: si trattava dell'amicizia degli dèi verso gli uomini, per il tramite della pietà religiosa e del culto basato sulla conoscenza razionale; delle dottrine tra di loro, in generale dell'anima per il corpo e della ragione per le facoltà irrazionali, grazie alla filosofia e alla contemplazione speculativa che di questa è propria; degli uomini l'uno per l'altro; fra i cittadini, tramite la retta osservanza della legge, fra gli stranieri, tramite l'esatta scienza della natura umana, dell'uomo per la moglie, i figli, i fratelli e i parenti, in virtù di un incorruttibile sentimento di comunanza. Amicizia, insomma, di tutti per tutti, persino verso certi animali, per il tramite di un sentimento di giustizia e di naturale unione e solidarietà; amicizia del corpo mortale con se stesso, pacificazione e conciliazione delle contrastanti forze latenti in esso, da conseguire grazie alla buona salute, al regime di vita a questa adatto e alla temperanza, a imitazione della condizione di benessere che caratterizza gli elementi celesti*" (Giamblico, *Vita pitagorica*, XXXIII, 229).

de harmonia social, independentemente de qualquer prescrição; é ela a espontânea qualidade do ser que se dirige em direção do seu próximo para com ele conjugar de suas experiências, dificuldades e habilidades. É certo que, ao longo de uma vida inteira, se alcançam poucos amigos, sendo a amizade sincera algo raro. Mas, é exatamente isto que reforça a importância da *amizade política* como *amizade fundada na utilidade*, pois se a afeição rara por uma ou poucas pessoas é estreita, a *amizade política* oferece apoio à comunhão da vida e das instituições que suportam a cidade (*pólis*), da forma como o demonstra o estudo de Eleni Leontsini.[470]

A cidade se constrói, nesta medida, a partir da mútua referência entre os homens. Se o homem é animal político, a realização de todo contato que une os membros de um único corpo social. Se a natureza política do homem funda-se na utilidade e na *philía*, é evidente que esta última condiciona a existência da própria justiça. Neste sentido, pode-se dizer que "quando os homens são amigos não necessitam de justiça, ao passo que os justos necessitam também da amizade; e considera-se que a mais genuína forma de justiça é uma espécie de amizade" (*Eth. Nic.*, VIII, 1, 1155 a, 26/28).[471]

Ora, a *philía* pressupõe uma semelhança (*omoiótetá*),[472] e, em seu pleno sentido, torna a interação subjetiva uma relação justa, pois se caracteriza por *estar desprovida de todo interesse e de toda vontade de prejudicar*, que são substituídos, neste tipo de *relação verdadeiramente humano*,[473] uma vez que racional e equitativo, pela reciprocidade, pela espontaneidade, pelo auxílio mútuo, pela confiança, pela igualdade. Quando aqui se está a mencionar

---

[470] "Aristotle argues that one cannot be friends in the literal sense of the word with all one's fellow-citizens, since there is a limited number of personal friends one could have in the first place. In fact, as far as the kind of virtue friendship (NE 1156b6-8) is concerned, we would be lucky if we manage to acquire one such dear virtuous friend in our lifetime (NE 1156b9-19) that would be 'another self' (NE 1166a30-31)." (Leontsini, The motive of society: Aristotle on civic friendship, justice and concord, in Res Publica: a Journal of moral, legal ans social philosophy (EDYVANE, Derek; WOODS, Kerri, editors), vol. 09, no. 01, 2013, ps. 28-29).

[471] *Eth. Nic.*, 1155 a, 26/28.

[472] *Eth. Nic.*, 1155 a, 33.

[473] "La amistad no es sino cierta disposición moral, y si pudiera conseguirse que los hombres se condujeran de tal manera que no se dañaran unos a los otros, no habría otra cosa que hacer que procurarse amigos, puesto que los verdaderos amigos jamás se hacen daño. Además, si los hombres fuesen justos, nunca haría mal, y, por consiguiente, puede decirse que la justicia y la amistad son hasta cierto punto idénticas o, por lo menos, muy próximas" (*Moral a Eudemo*, 1948, livro VII, cap. I, p. 183).

a *philía*, não se está a vislumbrar outra forma qualquer de relação senão aquela existente entre pessoas virtuosas; de fato, é esta a mais desinteressada, a mais excelente e a mais perfeita manifestação do sentimento de amizade que se possa conceber, sendo, efetivamente, a mais completa e a mais duradoura de todas. Isto porque formas assemelhadas à amizade existem que se fundam na *utilidade* que uma pessoa tem para a outra, ou, ainda, no *prazer* que uma é capaz de proporcionar à outra. Nem uma, nem outra destas formas corresponde ao *próprio conceito de amizade*, sendo-lhe apenas equiparadas. Para que a justiça venha a imperar, mister se faz a existência da *philía*, razão do próprio coexistir social.[474] Isso reforça a ideia de quanto maior a amizade entre os cidadãos, mais justa e próspera será a cidade.[475]

Outras similaridades existem entre as noções de *justiça* e de *amizade*. De fato, deve-se explorar o aspecto amizade enquanto comunhão e enquanto relação para que se percebam as demais nuanças que estão a governar em comum ambos os conceitos. Parece mesmo que, na perspectiva em que se pretende lançar a investigação, *philía* e *tò díkaion* possuem as mesmas coisas como objeto e as mesmas pessoas por sujeito. Isto porque a amizade, tanto quanto o justo, se perfazem em comunidade, se realizam e se praticam com o outro; a noção de alteridade é precipuamente formativa da essência do significado de amizade, e o mesmo ocorre com o justo. Ao se mencionar amizade, pressupõe-se o outro; ao se mencionar justiça, pressupõe-se também o outro. Daí que o outro participe de toda forma de comunidade à qual o homem possa pertencer, quais, a dos familiares, a dos companheiros de navegação, a dos companheiros de armas... Para cada forma de comunidade, uma forma diferente de amizade, bem como,

---

[474] "*C'est donc avec autrui, avec des parents, avec des enfants, une femme, des amis, des concitoyens, que nous sommes naturellement appelés à vivre, et l'indépendance à laquelle nous devons aspirer n'est pas celle du solitaire, puisque, même dans la vie purement contemplative, la plus indépendante de toutes, il vaut mieux avoir des compagnons pour nous aider*" (Voelke, *Les rapports avec autrui dans la philosophie grecque*, 1961, p. 37).

[475] "As pointed out in the beginning of this paper, one of the most striking features of Aristotle's account is that he sees an important relation between justice and friendship. In his view, friendship is in some ways as important as justice—if not more—for the prosperity of the state." (Leontsini, The motive of society: Aristotle on civic friendship, justice and concord, in Res Publica: a Journal of moral, legal ans social philosophy (EDYVANE, Derek; WOODS, Kerri, editors), vol. 09, no. 01, 2013, p. 29).

até por decorrência do tipo diverso de relação de confiança e interesse, uma forma diferente de justiça.

Ademais, a amizade, na mesma medida da justiça, varia conforme o tipo de comunidade à qual pertença o homem. A amizade existente entre os companheiros se estende até onde vai a associação que mantêm entre si. Assim, é comum que se diga que "...as coisas dos amigos são comuns" (*koinà tà phílwn*).[476] A variedade de comunidades às quais possa pertencer um homem determina a variedade de formas de justiça que também possa haver em cada uma; assim, de uma forma entre pais e filhos, de outra, entre irmãos, de outra, entre os amigos, de outra, ainda, entre os cidadãos. A forma do liame estabelece o maior ou o menor grau de amizade e de justiça que possam existir nestes importes relacionais. No mesmo sentido a respeito da injustiça.[477]

Assim, *o grau de justiça está mais presente onde maior a proximidade e a afeição da amizade*. Em suma: a) a cada comunidade que pertence o indivíduo, corresponde um bem particular e próprio dela; b) cada pequena comunidade à qual o homem possa pertencer está inserida na comunidade política (*politikè koinonía*), âmbito maior que abrange todas as demais comunidades particulares; c) se a cada comunidade corresponde um bem particular, também à comunidade política corresponde um bem, que, no entanto, é coletivo, comum a todos; d) o bem geral e comum a todos é, de acordo com os *nomotétai*, o justo, que é o que é útil para todos. Gradativamente, pois, percebe-se um movimento ascensional do menos ao mais, do particular ao coletivo, da amizade restrita à amizade mais lata, do justo localizado e determinado a um justo genérico e comum.[478]

No entanto, ademais das noções comungadas pela amizade e pela coisa justa, deve-se frisar que nem tudo entre ambas é espelhado pela relação de semelhança. O igual (*tò íson*) não é da mesma forma (*ouk omoíos*) para o que é justo e para o que se convenciona chamar de amizade. De fato, para aquilo que é justo, igual em sentido primeiro (*prótos*) é o igual proporcional

---

[476] *Eth. Nic.*, 1159 b, 31.
[477] O grau de injustiça é muito maior de acordo com o tipo de comunidade que se ofenda, de modo que, quanto maior a afeição, a proximidade, a semelhança e a interação, pior será a injustiça praticada pelo agente. Neste sentido é que exemplifica Aristóteles dizendo que é muito pior deixar de ajudar um amigo que deixar de ajudar um estrangeiro etc. A respeito, vide *Eth. Nic.*, 1160 a, 3/5.
[478] *Eth. Nic.*, 1160 a, 8/14.

ao mérito, e, em sentido segundo, é o igual segundo a quantidade; na amizade, ao contrário, o igual segundo a quantidade é igual em sentido primário, enquanto o igual proporcionado ao mérito é igual em sentido secundário.[479] A noção de igual para a amizade e para o justo, portanto, está em completa inversão.

Também alguns traços devem ser passados acerca da relação entre o exercício e a amizade, e a justiça que se pratica em cada forma de comunidade política e em cada forma de Constituição. Várias formas há para que se organize a vida política, e daí se descreverem as Constituições de acordo com o governo político em três formas corruptas e em três formas normais de condução do poder, quais sejam: monarquia (*basileía*) e tirania (*tyrannis*); timocracia (*timokratía*) e democracia (*demokratía*); aristocracia (*aristokratía*) e oligarquia (*oligarchía*).[480] Os benefícios de um rei em prol de seus súditos é uma grandeza de espírito que consente se diga analogamente ser o rei o pastor de um povo; trata-se de uma forma de amizade que se manifesta no governo das coisas, e a excelência reside no fato de que se trata de coisas comuns a todos. Há aqui a aplicação da idéia de proporção, pois aquele que governa o faz de modo a dirigir a *res publica*, resultando de sua atuação a prática de uma justiça especial a aplicar aos súditos, qual seja, a do tipo distributivo (*díkaion nomimón*). De outra forma, no entanto, ocorrerá com as relações que se fundam na igualdade, qual as relações da timocracia e da democracia, onde prevalece a ideia de amizade e de justo aritmético. As formas degeneradas de governo conduzem a uma supressão da amizade, pois, efetivamente, onde o patriarca reina de modo a verter toda a parte de benefícios exclusivamente para si e para os seus, não pode haver a mínima confiança de seus súditos, o que inviabiliza a sustentação da idéia de amizade nestas formas de governo.[481] Estas, pois, as considerações que se deviam esclarecer em torno da questão da amizade (*philía*), e sua relação com a justiça (*dikaosýne*), em Aristóteles.

---

[479] *Eth. Nic.*, 1158 b, 29/33.
[480] *Eth. Nic.*, 1160 a, 31/1161 a, 9.
[481] *Eth. Nic.*, 1161 a, 10/1161 b, 10.

CONCLUSÕES

A noção de justiça é aberta e eivada de inúmeras acepções, invocando uma necessidade de investigação e compreensão muito específicas dos avanços promovidos pela teoria de Aristóteles, especialmente no campo da ética e da política, para o tratamento do tema. O que a exposição permite, após longa digressão, é afirmar que as acepções da justiça são as seguintes: 1. justo total (*díkaion nomimón*); 2. justo particular (*díkaion íson*); 2.1. justo distributivo (*díkaion dianemetikón*); 2.2. justo corretivo (*diorthótikon díkaion*); 2.2.1. justo comutativo; 2.2.2. justo nas relações não voluntárias; 3. justo político (*díkaion politikón*); 3.1. justo legal (*díkaion nomikón*); 3.2. justo natural (*díkaion physikón*); 4. justo doméstico (*oikonomikón díkaion*); 4.1. justo despótico (*despotikòn díkaion*); 4.2. justo conjugal (*gamikòn díkaion*); 4.3. justo paternal (*patrikòn díkaion*). Mas, a teoria de Aristóteles não se exaure na compressão das acepções do termo justiça, devendo-se conectar a questão da justiça às demais que lhe são correlatas.

O justo está escorado nas bases do *éthos* e da *proaíresis*, pois se percebe que a compreensão da ação humana é de suma importância na abordagem empreendida por Aristóteles. A medida e o equilíbrio, a deliberação, o caráter, o hábito, a vontade são pontos de extrema importância para a compreensão do tema. Nesta toada é que um *ato de justiça/ injustiça* não é o mesmo que uma *ação justa/ injusta*; também é a partir destes parâmetros conceituais que a prática de um ato de injustiça ou de justiça não faz de um indivíduo um homem injusto ou justo. Estas, pois, as nuanças que são transmitidas pelos principais textos que tratam do tema, quais sejam o da *Ethica*, o da *Rhetorica* e o da *Politica*.

Dentro de uma apreciação histórica do fenômeno filosófico-cultural helênico, Aristóteles ressalta-se, dentre outros filósofos, pelo refinado trabalho conceitual, que já havia sido deixado em estado de grande e rebuscada apreensão pela teoria de Platão, alcançando agora tratamento mais empírico e concreto, no campo da ação e da virtude, e, portanto, ao alcance de cada indivíduo pelo hábito. O pensamento aristotélico concretizou o legado helênico nas categorias de sua *epistéme*. Não se distanciando da tradição e das abordagens consagradas durante o fio da evolução conceptual da justiça, e, muito pelo contrário, elaborando uma visão heterogênea da ideia de justiça, dentro da multivocidade semântica que lhe é inerente, Aristóteles cunhou uma nova concepção acerca dos elementos informativos da *pólis* grega.

A justiça, entendida como uma *areté* do espírito humano, não vem a ser outra coisa senão a própria realização dos fins da vida em comum na cidade. Sendo o homem um animal político, organiza-se na cidade, e elege formas de governo, por meio das quais organiza as leis e dá corpo à justiça e à busca do Bem Comum, possibilitando, com isso, a forma de vida autárquica e a realização da felicidade (*eudaimonía*) no que é comum e do interesse público de todos.

Sob um ponto de vista estritamente jusfilosófico, ressalte-se que a justiça é entendida como a adequação da conduta individual ao conjunto em que se encontram inseridos os indivíduos, necessidade real de estabelecimento de uma ordem que viabilize a conjunção de interesses múltiplos e variegados sob a tutela da racionalidade legislativa. Portanto, é ao membro da sociedade que cabe contribuir para a construção de um meio de convívio ainda mais aprimorado. O aparato legislativo é a própria garantia da subsistência da sociedade, enquanto capaz de fornecer, por seus poderes legislativo, executivo e judiciário, meios para o estabelecimento de princípios de conduta que induzam ao benefício de todos por meio de uma política voltada para o aprimoramento do social, assim como meios de equacionamento das disparidades geradas pelas diferenças intersubjetivas e das condutas que se revestem de um caráter de ilicitude frente aos ideais almejados pela constituição (*politeía*).

Se, por um lado, tem-se que à sociedade dos iguais incumbe construir, pelo hábito de cada componente, os destinos dados ao homem no viver racional, também, por outro lado, incumbe ao governo, através da *politeía*, ditar e traçar os critérios da *justiça distributiva* para o estabelecimento de uma proporcionalidade entre os cidadãos. O julgamento imparcial por parte do juiz (*dikastés*) viabiliza-se pela existência de um corpo de leis que contenha preceitos genéricos, que consintam o tratamento indiferenciado dos cidadãos que façam parte de um processo público.

Tanto no âmbito vertical, segundo os vínculos de subordinação existentes entre governantes e governados, quanto no âmbito horizontal, segundo as relações entre particulares, figuram princípios de justiça aplicáveis para o estabelecimento da ordem. De um lado, *justiça distributiva* e *justiça corretiva, justiça em sentido particular* (*díkaion íson*), de outro, *justiça total* (*díkaion nomimón*). A plena harmonia da justiça, em todas as suas acepções, corresponde ao perfazimento completo do ideal de organização da vida comum.

Concretamente, a justiça se faz presente na sociedade pela aplicação dos preceitos legais, nos julgamentos, na observância da lei, na utilização da equidade para a amenização dos rigores legais advindos da generalidade das leis. Se se pode dizer que o governo das leis é a fiança de um sistema social equilibrado, também se pode dizer que a *epieíkeia* é o recurso de que deve se valer o juiz (*dikastés*) para a devida ponderação da generalidade à particularidade, e o homem equitativo para a distribuição do équo.

A justiça é critério social não só de correção, mas de prevenção e organização, enquanto entendida em sua totalidade. Todas as suas acepções favorecem esse entendimento. Não obstante sua presença imprescindível para o próprio equacionamento do meio que consente a realização da natureza política humana (*phýseis politikón zwon*), o exercício da amizade (*philía*) dispensaria a necessidade de critérios corretivos, uma vez que a interação humana seria de todo revestida de pacificidade, distanciada de todo interesse imediato, responsável pela desigualdade das relações intersubjetivas.

Ao final, pode-se mesmo afirmar que Aristóteles proporcionou à cultura grega a mais completa e criteriorisa abordagem do termo *justiça* (*dikaiosýne*), à sua época já entendida como *virtude-da-justiça*, e não simplesmente como um traço da divina e distante *Thémis*, e nem como mera convenção da cidade (*nómos*), variáveis e indiferente à mudança do legislador. Ao situar no campo da ética a discussão sobre a justiça, e ao aproximá-la das questões fundamentais da política, da equidade e da amizade, Aristóteles deixará para a cultura ocidental um legado que será recuperado inúmeras vezes, posteriormente, entre os medievais e os modernos, e mesmo, mais recentemente, entre os estudos contemporâneos sobre o direito e a justiça. Daí, a obrigatoriedade da leitura e do conhecimento da teoria da justiça em Aristóteles, como passo de profunda humanidade dos assuntos da área, seja para a ética, seja para a política, seja para o direito.

REFERÊNCIAS

ABRAÃO, Rosa Maria Zaia Borges. *Mediação e ética das virtudes*: a *philía* como critério e inteligibilidade da mediação comunitária. São Paulo: Faculdade de Direito da Universidade de São Paulo, Tese de Doutorado, 2008.

ACKRILL, J. L., Sobre a eudaimonia em Aristóteles, in *Sobre a Ética Nicomaqueia de Aristóteles* (ZINGANO, Marco, coord.), São Paulo, Odysseus, 2010, ps. 103-125.

ALLAN, Donald J. *Aristote: le philosophe*. Trad. Ch. Lefèrre. Paris: Béatrice-Nauwelaerts. Louvain: Nauwelaerts, 1962.

ANDRADE, Rachel Gazolla de. *Platão: o cosmo, o homem e a cidade*. Petrópolis: Vozes, 1994.

AQUINO, São Tomás de. *La justicia: comentários a el libro quinto de la Ética a Nicómaco*. Trad. Benito R. Raffo Magnasco. Buenos Aires: [s.n.], 1946.

ARAÚJO, Vandick Nóbrega de. *Fundamentos aristotélicos do Direito Natural*. Porto Alegre: Fabris, 1988.

ARENDT, Hannah. *A condição humana*. Trad. Roberto Raposo. 4. ed. Rio de Janeiro: Forense Universitária, 1980.

ARISTÓFANES. As nuvens. In: *Os pensadores*. São Paulo: Abril Cultural, 1972.

ARISTÓTELES. *Éthique de Nicomaque*. Trad. Jean Voilquin. Paris: Librairie Garnier-Flammarion, 1965.

__. *Etica Nicomachea*. 3. ed. Trad. Marcello Zanatta (Biblioteca Universale Rizzoli). Milano: Rizzoli, 1993.

__. *Ética Nicomáquea; Ética Eudemia*. Trad. Julio Pallí Bonet. Madrid: Gredos, 1993.

__. *L'Éthique à Nicomaque*. Trad. René Antoine Gauthier; Jean Yves Jolif. Louvain: Publications Universitaires de Louvain. Paris: Éditions Biatrice-Nauwelerts, 1958.

__. *Moral: La grand moral; Moral a Eudemo*. 4. ed. Trad. Patrício Azcárate. Buenos Aires: Espasa-Calpe, 1948.

__. *La politique*. Introduction, notes et index par J. Tricot. 2. ed. Paris: J. Vrin, 1970.

___. *A Política*. Trad. Nestor Silveira Chaves. São Paulo: Athena, [s.d.].

___. *Art of rethoric*. Trad. J. H. Freese. London: Willian Heinemann Ltd. Cambridge: Harvard University Press, 1959.

___. *Constitution d'Athènes*. Trad. George Mathieu; Bernard Haussoulier. 2. ed. Paris: Les Belles Lettres, 1930.

___. *De la génération et de la corruption*. 2. ed. Trad. J. Tricot. Paris: J. Vrin, 1951.

___. *Gran ética*. Buenos Aires: Editorial Labor, [s.d.].

___. Metafísica; Ética à Nicômaco; Poética. In: *Os pensadores*. Seleção de textos por José Américo Motta Pessanha. São Paulo: Abril Cultural, 1979.

___. *Morale et politique*. Trad. C. Khodoss. Paris: Presses Universitaires de France, 1961.

___. *Política*. Trad. Mário da Gama Kury. Brasília: Editora Universidade de Brasília, 1985.

___. Tópicos. Dos argumentos sofísticos. In: *Os pensadores*. Trad. Leonel Vallandro, Gerd Bornheim. São Paulo: Abril Cultural, 1978.

___. *Obra jurídica (Éticas a Nicômaco, Éticas a Eudemo, Retórica)*. Trad. Fernando Couto. Porto: Res Jurídica, [s.d.].

ARNAOUTOGLOU, Ilias, *Leis da Grécia antiga*. Tradução de Ordep Trindade Serra; Rosiléa Pizarro Carnelós. São Paulo: Odysseus, 2003.

AUBENQUE, Pierre. *Le problème de l'être chez Aristote: essai sur la problématique aristotélicienne*. Paris: Presses Universitaires de France, 1962.

BARKER, Sir Hernest. O estado grego. In: *Teoria política*. Brasília: Editora Universidade de Brasília, 1978.

BARRE, André. *Aristote: choix de textes avec étude du système philosophique et notices biographiques et bibliographiques*. Paris: Méricant, [s.d.].

BEEVER, Allan, Aristotle on equity, law and justice, in *Legal Theory*, Cambridge University Press, 10 (1), 2004, ps. 33-50.

BEKKERI, Immanuelis. *Aristotelis opera*. Edidit Academia Regia Borussica. Berlim: Berolini *apud* W. Gruyter et Socios, 1940.

BERTI, Enrico. *As razões de Aristóteles*. Tradução de Dion Davi Macedo. São Paulo: Loyola, 1998.

BITTAR, Eduardo C. B. *Curso de filosofia aristotélica*: leitura e interpretação do pensamento aristotélico. São Paulo: Manole, 2003.

___. *Curso de filosofia do direito*. 11ª. edição. São Paulo: Atlas, 2015.

___. A teoria aristotélica da justiça. In: *Revista da Faculdade de Direito da Universidade de São Paulo*, USP, v. 92, ps. 53-73, 1997.

___. A evolução histórica da filosofia. In: *Revista da Faculdade de Direito da Universidade de São Paulo*, USP, v. 89, ps. 227-254, 1994.

___. O aristotelismo e o pensamento árabe: Averróis e a recepção de Aristóteles no mundo medieval, in *Revista Portuguesa de História do Livro e da Edição*, Ano XII, no. 24, Lisboa, Centro de Estudos de História do Livro e da Edição – CEHLE, Edições Távalo Redonda, 2009, ps. 61-103.

REFERÊNCIAS

BOBBIO, Norberto. *Estado, governo, sociedade; por uma teoria geral da política*. Trad. Marco Aurélio Nogueira. Rio de Janeiro: Paz e Terra, 1987.

___. *La teoria delle forme di governo nella storia del pensiero politico*. Torino: G. Giappichelli Editore, 1976.

BODÉÜS, Richard. Aristote et la condition humaine. In: *Revue Philosophique de Louvain*, n. 81, ps. 189-203, maio, 1983.

___. Os fundamentos naturais do direito e a filosofia aristotélica, *in Sobre a Ética Nicomaqueia de Aristóteles* (ZINGANO, Marco, org.), São Paulo, Odysseus, 2010, ps. 339 a 378.

BONNARD, André. *Civilisation grecque*. Lausanne: Éditions Clairefontaine, [s.d.].

BRENTANO, Franz Clemens. *Aristóteles*. Trad. Moisés Sanchez Barrado. Barcelona: Labor, 1930.

BRUN, Jean. *Aristote et le lycée*. 2. ed. Paris: Presses Universitaires de France, 1965.

CASSIN, Barbara, LORAUX, Nicole. Peschanski, Catherine. *Gregos, bárbaros, estrangeiros*. Trad. Ana Lúcia de Oliveira e Lúcia Cláudia Leão. Rio de Janeiro: Editora 34, 1993.

CAMPOS, Haroldo de. *Ilíada*. 5.ed. Introdução e organização Trajano Vieira. Volume I e II. São Paulo: Arx, 2003.

CHEVALIER, Jacques. *Histoire de la pensée*. Paris: Flammarion Éditeur, 1955.

CICCO, Cláudio de. A justiça e o Direito moderno. In: *Revista Brasileira de Filosofia*. São Paulo, XXXIX/162, abr./maio/jun., 1991.

COELHO, Luís Fernando. *Introdução histórica à filosofia do Direito*. Rio de Janeiro: Forense, 1977.

CORNFORD, F. M. *Estudos de filosofia antiga: Sócrates, Platão e Aristóteles*. Trad. Maria Angelina Ródo. São Paulo: Atlântida Editora, 1969.

COULANGES, Fustel de. *A cidade antiga*. Trad. Fernando de Aguiar. 8. ed. Lisboa: Livraria Clássica, 1953.

CRESSON, André. *Aristóteles*. Lisboa: Setenta, 1981.

DEL VECCHIO, Giorgio. *La giustizia*. 5. ed. Roma: Studium, 1959.

DIEHLS, Hermann. *La evolución de la filosofía griega*. Buenos Aires: Arayu, [s.d.].

DROYSEN, J. G. *Histoire de l'hellénisme*. Trad. A. Bouché-Leclerq. Paris: Ernest Leroux Éditeur, 1883.

DURANT, Will. A filosofia de Aristóteles. In: *Os grandes filósofos*. Trad. Maria Theresa Miranda. Rio de Janeiro: Ediouro, [s.d.].

DÜRING, Ingemar. *Aristóteles*. Trad. Bernabé Navarro. 2. ed. México: Universidad Nacional Autónoma de México, 1990.

FARIA, Maria do Carmo Bittencourt de. A verdade em Aristóteles: conformidade ou manifestação? In: *Revista Filosófica Brasileira*, III/1, ps. 44-51, jun., 1986.

FARIAS, Maria do Carmo Bettencourt de, *A liberdade esquecida*: fundamentos ontológicos da liberdade no pensamento aristotélico. São Paulo: Loyola, 1995.

FERRAZ JÚNIOR, Tercio Sampaio. *Introdução ao estudo do Direito: técnica, decisão, dominação*. São Paulo: Atlas, 1988.

___. "La noción aristotélica de justicia". In: *Atlântica*. Madrid, III, ps. 166-194, mar./abr., 1969.

GIAMBLICO. *Vita pitagorica*. Trad. Maurizio Giangiulio. Milano: Rizzoli, 1991.

GILISSEN, John. *Introdução histórica ao Direito*. Trad. A. M. Hespanha; L. M. Maraísta Malheiros. Lisboa: Fundação Calouste-Gulbenkian, 1986.

GIORDANI, Mário Curtis. *História da Grécia*. Petrópolis: Vozes, 1967.

GLOTZ, Gustave. *A cidade grega*. Trad. Henrique de A. Mesquita; Roberto Cortes de Lacerda. São Paulo: Difel, 1980.

GOMPERZ, Theodor. *Pensadores griegos: historia de la filosofía de la Antigüedad*. Trad. J. R. Bumantel. Buenos Aires: Editorial Guarania, 1883.

GORMAN, Peter. *Pitágoras*: uma vida. Tradução Rubens Rusche. São Paulo: Cultrix/Pensamento, 1979.

GUIMARÃES, Mirna Botelho de Barros. A filosofia da linguagem nos gregos. In: *Revista Brasileira de Filosofia*, São Paulo, XXXIX/160, ps. 334-345, out./nov./dez., 1990.

HAMEDI, Afifeh, The Concept of Justice In Greek Philosophy (Plato and Aristotle), *in Mediterranean Journal of Social Sciences*, 5 (27 P2), Rome, December, 2014, ps. 1163-1167. Disponível em http://www.richtmann.org/journal/. Acesso em 29.12.2020.

HAMELIN, O. *Le système d'Aristote*. 4. ed. Paris: J. Vrin, 1985.

HARRISON, James. *Themis: a study of the social origins of greek religion*. London: Merlin Press, 1989.

HIRSCHBERGER, Johannes. *História da filosofia na Antigüidade*. Trad. Alexandre Correia. São Paulo: Herder, 1959.

HÖFFE, Otfried. *Justiça política: fundamentação de uma filosofia crítica do Direito e do Estado*. Trad. Ernildo Stein. Petrópolis: Vozes, 1991.

JAEGER, Werner. *Aristóteles: bases para la historia de su desarrollo*. Trad. José Gaos. México: Fondo de Cultura Económica, 1992.

___. *Paidéia: los ideales de la cultura griega*. Trad. Joaquín Xirau. México: Fondo de Cultura Económica, 1946.

___. *Demóstenes: la agonía de Grecia*. Trad. Eduardo Nicol. México: Fondo de Cultura Económica, 1994.

JAGUARIBE, Hélio. *A democracia grega*. Brasília: UNB, 1982.

KELSEN, Hans. *A ilusão da justiça*. Trad. Sérgio Tellaroli. São Paulo: Martins Fontes, 1995.

___. *O que é justiça? A justiça, o Direito e a política no espelho da ciência*. Trad. Luís Carlos Borges. São Paulo: Martins Fontes, 1998.

KRANZ, Walther. La filosofía griega. In: *História da filosofia*. Trad. Afonso José Castaño Piñan. México: Hispano Americana, [s.d.].

LACERDA, Bruno Amaro. *O raciocínio jurídico*: uma visão aristotélica. UFMG: Movimento Editorial da Faculdade de Direito da UFMG, 2005.

LAERCIO, Diogenes. *Vidas, opiniones y sentencias de los filósofos más ilustres*. Trad. José Ortiz y Sanz. Buenos Aires: El Ateneo, 1947.

LEONTSINI, Eleni, The motive of society: Aristotle on civic friendship, justice and concord, *in Res Publica: a Journal of Moral, Legal and Social Philosophy* (EDYVANE, Derek; WOODS, Kerri, editors), Springer, vol. 09, no. 01, 2013, p. 21-35.

LUCIANO. *Diálogo dos mortos*. Trad. Henrique G. Murachco. São Paulo: Edusp/Palas Athena, 1996.

MAGALHÃES-VILHENA, *O problema de Sócrates: o Sócrates histórico e o Sócrates de Platão*. Lisboa: Gulbenkian, 1984.

MELLO, José Barbosa. *Síntese histórica do livro*. São Paulo: Ibrasa; IBDC, 1979.

MORAUX, Paul. *À la recherche de l'Aristote perdu: le dialogue sur la justice*. Paris: Éditions Béatrice-Nawuelaerts. Louvain: Publications Universitaires de Louvain, 1957.

___. L'évolution d'Aristote. In: *Aristote et Saint Thomas d'Aquin: journées d'études internationales*. Louvain: Presses Universitaires de Louvain; Béatrice-Nauwelaerts, 1957.

MORRALL, John B. Aristóteles. In: *Pensamento político*. Trad. Sérgio Duarte. Brasília: Editora Universidade de Brasília, 1981.

MOSSÉ, Claude. Atenas: a história de uma democracia. In: *Pensamento político*. Trad. João Batista da Costa. Brasília: Editora Universidade de Brasília, 1979.

NOGUER, José Poch. *Aristóteles*. Trad. Adonias Filho. Rio de Janeiro: Ediouro, [s.d.].

OLLÉ-LAPRUNE, Léon. *Essai sur la morale d'Aristote*. Paris: Eugène Belin et fils, 1881.

PEREIRA, Aloysio Ferraz. *História da filosofia do Direito: das origens a Aristóteles*. São Paulo: Revista dos Tribunais, 1980.

___. *Textos de filosofia geral e de filosofia do Direito*. São Paulo: Revista dos Tribunais, 1980.

PEREIRA, Oswaldo Porchat. *Ciência e Dialética em Aristóteles*. São Paulo: Editora UNESP, 2001.

PERINE, Marcelo. *Quatro lições sobre a ética de Aristóteles*. São Paulo: Loyola, 2006.

PETERS, F. E. *Termos filosóficos gregos: um léxico histórico*. 2. ed. Lisboa: Gulbenkian, 1983.

PLATÃO. *Oeuvres complètes*. Paris: Les Belles Lettres, 1964.

___. *Oeuvres complètes*. Publiées sous la direction de M. Émile Saisset, avec notes et argumentes par MM. E. Chauvet et A. Saisset. Paris: Eugène Fasquelle Éditeur, 1869.

PLUTARCO. *Les vies des hommes illustres*. 2. ed. Trad. Ricard. Paris: Librairie Garnier Frères, [s.d.].

REALE, Miguel. *Filosofia do Direito*. 2. ed. São Paulo: Saraiva, 1957.

REALE, Giovanni. *Introdução a Aristóteles*. Tradução de Eliana Aguiar. Rio de Janeiro: Contraponto, 2012.

___. Ensaio Introdutório. Aristóteles: Metafísica. Tradução Marcelo Perine. Volume 1. São Paulo: Loyola, 2001.

RIVAU, Albert. *As grandes correntes do pensamento antigo*. Trad. Antônio Pinto de Carvalho. São Paulo: Saraiva, 1940.

ROBIN, Léon. *La morale antique*. 2. ed. Paris: Presses Universitaires de France, 1947.

___. *Aristote*. Paris: Presses Universitaires de France, 1944.

RÓDO, Maria Angelina. *Estudos de filosofia antiga; Sócrates, Platão e Aristóteles.* Coimbra: Atlântida, 1969.

ROHDEN, Huberto. *O pensamento filosófico na Antigüidade: o drama milenar do homem em busca da verdade integral.* 4. ed. São Paulo: Alvorada, 1989.

ROLAND-GOSSELIN, Marie Dominique. *Aristóteles: el hombre; el filósofo; el moralista.* Trad. José Ferrel. México: Editorial América, 1943.

ROMEYER-DHIRBEY, Gilbert. Le statut social d'Aristote à Athènes. In: *Revue de Métaphisique et de Morale,* Paris, n. 3, ps. 365-378, juillet-septembre, 1986.

ROSS, W. D. *Aristóteles.* Trad. Diogo F. Buenos Aires: Ed. Pró-Buenos Aires, Sudamericana, 1957.

___. *Aristóteles.* Trad. Luís Felipe Bragança S. S. Teixeira. Lisboa: Dom Quixote, 1987.

SAMARANCH, Francisco. *Cuatro ensayos sobre Aristóteles: política y ética; metafísica.* México: Fondo de Cultura Económica, 1991.

SILVA, Oswaldo Porchat de Assis Pereira da. *A noção aristotélica de ciência.* Tese de doutorado apresentada à FFLCH/USP. São Paulo: USP, 1967.

SOUZA, Carlos Aurélio Mota de. *Evolução do conceito de eqüidade.* Tese de doutorado apresentada à FDUSP. São Paulo, 1989.

SOUZA, José Cavalcante de. A reminiscência em Platão. In: *Revista Discurso,* I/2, ps. 51-67, 1967.

STEFANI, Jaqueline; MOLON, Marcel André, A responsabilidade moral em Aristóteles, *in Controvérsia,* São Leopoldo, v. 10, n. 01, jan.-abr., 2014, p. 20-34.

THIRY, André. Saint Thomas et la morale d'Aristote. In: *Aristote et Saint Thomas d'Aquin: journées d'études internationales,* 1957.

TORRE, A. Sanchez de la. *Los griegos y el derecho natural.* México: Madeial Tecno, 1962.

TOVAR, Antônio. *Vida de Sócrates.* 2. ed. Madrid: Revista de Occidente, 1953.

TOYNBEE, Arnold J. *Helenismo: história de uma civilização.* Trad. Waltensir Dutra. 4. ed. Rio de Janeiro: Zahar, 1975.

TUCIDIDE. *La guerra del Peloponeso.* Trad. Franco Ferrari; bibl. Giovanna Daverio Rocchi. Milano: Rizzoli, 1985.

VASCONCELLOS, Fernando de Almeida e. *História das matemáticas na Antigüidade.* Paris-Lisboa: Livrarias Aillaud e Bertrand, [s.d.].

VERNANT, Jean-Pierre, NAQUET, Pirre-Vidal. *Trabalho e escravidão na Grécia antiga.* Trad. Marina Appenzeller. São Paulo: Papirus, 1989.

VERGNIÈRES, Solange. *Éthique et politique chez Aristote: physis, êthos e nómos.* Paris: Presses Universitaires de France, 1995.

VEYNE, Paul. *Acreditavam os gregos em seus mitos?* Trad. Horácio Gonzales; Milton Meiura Nascimento. São Paulo: Brasiliense, 1984.

VIEIRA, Paulo Eduardo Bicudo. *A justiça aristotélica.* São Paulo: P. E. B. Vieira, 1989. Tese de doutorado pela FDUSP, 1990.

VILLEY, Michel, KALINOWSKI, Georges. La mobilité du Droit Naturel chez Aristote et Thomas d'Aquin. In: *Archives de philosophie du Droit*, t. 29, ps. 187-199, 1984.

VOELKE, André-Jean. *Les rapports avec autrui dans la philosophie grecque*. Paris: J. Vrin, 1961.

VOILQUIN, Jean. *Les penseurs grecs avant Socrate: de Thalès de Milet à Prodico*. Paris: Garnier Frères, 1964.

WERNER, Charles. *La philosophie grecque*. Paris: Payot, 1972.

WIGGINS, D., Deliberação e razão prática, in Sobre a *Ética Nicomaqueia de Aristóteles* (ZINGANO, Marco, coord.), São Paulo, Odysseus, 2010, ps. 126-154.

XÉNOPHON. *Apologie de Socrate*. Trad. François Ollier. Paris: Les Belles Lettres, 1961.

ZELLER, Édouard. *La philosophie des grecs considérée dans son dévéloppement*. Trad. Émile Boutroux. Paris: Hacchette, 1884.

ZINGANO, Marco, L'acte volontaire et la théorie aristotélicienne de l'action, in *Journal of Ancient Philosophy*, no. 03, 2009, ps. 1-17.

ZINGANO, Marco. *Aristóteles: Ethica Nicomachea: tratado da justiça*. Tradução e comentário de Marco Zingano; texto grego de Susemihl e Apelt. São Paulo: Odysseus, 2017.ZUCCANTE, Giuseppe. *Aristotele e la morale*. Firenze: Vallecchi Editore, [s.d.].

GLOSSÁRIO DE TERMOS GREGOS

O presente glossário é um instrumento para a melhor abordagem da obra, facilitando o acesso ao vocabulário grego. Procura-se resgatar o valor semântico primário das palavras, tendo-se tomado por base para a construção do presente glossário algumas referências bibliográficas básicas a respeito.

(*adíkema*): substantivo que designa o ato injusto.

(*tò agathón*): o Bom tomado em sua acepção ideal; o Belo

(*agorá*): espaço público aberto para as discussões, debates e assembleias populares, assim como local de encontro dos cidadãos, frequentemente utilizado como mercado e local de vendas; foro.

(*anagnóstes*): nome utilizado para a designação daquele que tem o hábito da leitura e da consulta textual de manuscritos; designativo com o qual foi contemplado Aristóteles na Academia por Platão.

(*arkhaí*): pontos de partida ou princípios, podendo ser entendidos como causa inicial de algum fenômeno.

(*areté*): substantivo que designa a perfeição, a plena atualização de uma potência, sendo, normalmente, entendido como correspondente à virtude.

(*areté politiké*): virtude política ou capacidade de vida em meio ao convívio político.

(*bíos theoretikós*): modo de vida dedicado à teoria, ou mesmo à pura contemplação.

(*bíos politikós*): modo de vida caracterizado pela participação política e pela inserção nos negócios públicos.

(*bíos praktikós*): modo de vida dedicado à prática. Assume, frequentemente, o papel de oposição a um modo de vida destinado à teoria.

(*tò díkaion*): substantivo neutro significando o justo, em absoluto, ou o que é relativo ao justo.

(*díkaion nomimón*): justo total, correspondendo à virtude total.
(*díkaion physikón*): parte do justo político, correspondendo ao justo natural ou segundo a natureza humana.
(*díkaion nomikón*): justo legal ou convencional, resultante da promulgação humana; parte do justo político que depende da vontade humana e da decisão legislativa.
(*díkaion íson*): justo igual, significando o justo parcial, em contraposição ao justo total.
(*díkaion politikón*): justo político, conceito que se contrapõe ao justo doméstico.
(*díkaion oikonomikón*): justo doméstico, contrapondo-se ao justo que tem sua valia na sociedade política.
(*díkaion empsykon*): justo personificado na figura do juiz (*dikastés*).
(*díkaion diorthótikon*): justo corretivo.
(*tò dikaioprágema*): a ação justa, a prática do justo.
(*díkaios*): homem justo.
(*díke*): a justiça; o termo recebe inúmeras interpretações na história literária e cultural helênica.
(*dikaiosýne*): a justiça entendida em seu aspecto subjetivo e individual como virtude; prática reiterada de atos de justiça.
(*dóxa*): opinião.
(*epagogé*): indução.
(*epieíkeia*): equidade.
(*epistéme*): ciência.
(*éthos*): hábito.
(*eudaimonía*): felicidade.
(*eidaí*): idéias.
(*philía*): amizade.
(*philokálos*): substantivo utilizado para a qualificação daquele que se afina com a busca e com a realização do Belo.
(*philósophos*): filósofo.
(*phrónesis*): dentro do contexto das obras de Aristóteles, tal nome significa a sabedoria prática.
(*phronimós*): aquele que é dotado de sabedoria prática.
(*phýsis*): natureza, relativo àquilo que é natural.
(*isonomía*): igualdade perante as leis, ou igualdade formal.
(*kalós*): o belo.
(*koinón*): nome referente a tudo aquilo que é comum a todos os participantes de um grupo ou sociedade.
(*koinobíous*): vida comunitária.
(*koinonía*): comunidade.
(*logográphos*): logógrafo, redator de discursos.
(*mesotés*): justo meio, justa medida.
(*métoikos*): meteco, estrangeiro em solo ateniense.
(*métron*): medida.
(*nómisma*): moeda.
(*nómos*): norma, ou lei; frequentemente utilizada como gênero de convenção social.
(*nómos póleos*): norma elaborada dentro da cidade-estado.
(*oikía*): esfera doméstica, em contraposição à esfera política.
(*orthòs lógos*): reta razão, reto juízo, medida e adequação no exercício da razão logística e deliberativa.
(*órganon*): instrumento.
(*paideía*): ensino, ou educação.
(*perípatos*): passeio interno ao ginásio de Aristóteles, amplamente arborizado,

utilizado para os estudos e discussões filosóficas.

(*politeía*): constituição, ou governo, regime.

(*pólis*): cidade-estado, comunidade política resultante da organização racional humana em sociedade.

(*práxis*): prática, ação.

(*proaíresis*): decisão, fruto do exercício da razão prática deliberativa.

(*phýsis*): natureza.

(*sophía*): sabedoria, da razão teórica.

(*sophós*): designa aquele que é sábio, ou reputado como tal.

(*téchne*): técnica, arte.

(*télos*): fim ou causa final de algum fenômeno.

(*Thémis*): deusa da justiça; o termo tem inúmeras concepções na literatura, desde Homero a Hesíodo etc.

(*theoría*): teoria.